예비교사 워크북

-교육실습의 이론과 실제-

진영은 · 조인진 공저

학지사

머리말

교사는 교육실천가다. 교육실천가로서 교사는 학교현장의 교육에 관한 이론에 능통할 뿐만 아니라 교육이론을 교육 실제에 적용할 수 있는 실천적 능력을 잘 갖추어야 한다. 이러한 의미에서 교육실천을 위한 사전 경험의 획득 과정인 교육실습은 매우 중요하다.

교육실습은 교사양성대학이나 일반대학에서 교직과정을 이수하는 학생에게 교육현장의 교육활동에 직접 참여하도록 함으로써 교사교육의 효과성을 높이고자 하는 과정이다. 그러나 교육실습에 대한 이해나 준비 없이 현장에 나감으로써 교육실습에서 이루고자 하는 목표를 얻지 못하고, 아무것도 준비하지 못한 채 교사자격증을 취득하여 교사가 되는 경우가 많은 것이 현실이다.

이러한 의미에서 이 책은 교육실습을 하게 되는 예비교사가 교육실습에 임하기 전에, 교육실습의 성격은 무엇이고 실제 무엇을 어떻게 실습할 것인지 등에 관하여 잘 이해하고 준비하여 현장에 나감으로써 효율적인 교육실습을 할 수 있도록 돕고자 하는 데 그 목적을 두었다.

이 책은 전체 5부로 구성되어 있다. 제1부는 교육실습에 대한 전반적인 안내를 위한 교육실습의 성격을 다루고 있다. 제2부는 교육실습에서 핵심영역인 수업실습을 위한 수업계획과 수업기술의 실제를 다루고 있다. 제3부는 예비교사가 생활지도와 상담, 특별활동지도, 학급경영, 학교경영에 대하여 심층적으로 접근하여 학교현장에서 실무연습을 보다 더 잘할 수 있도록 구성하였다. 제4부는 교육실습 후에 교육실습에 대한 반성과 평가를 위한 내용이다.

제5부는 예비교사가 미리 알아 두어야 할 교사의 역할과 자질, 교직윤리에 대한 내용을 정리하였다.

또한 이 책에서는 교육실습에 대한 이론뿐만 아니라 실제를 연습할 수 있도록 각 장의 끝부분과 필요한 부분마다 각 장에서의 내용을 연습하고 점검해 볼 수 있는 워크시트와 참고자료를 제시하였다. 따라서 이 책을 읽는 독자는 워크시트 등을 통해서 학교현장에서 실습해야 할 것을 미리 연습하고 검토해 볼 수 있을 것이다.

끝으로 이 책이 나오기까지 격려해 주고 관심을 가져 준 성균관대학교 교육과정연구회 회원 여러분께 고마움을 전한다. 또한 출판을 맡아 주신 학지사의 김진환 사장님과 수고해 주신 편집부 여러분에게 감사를 드린다.

저자

차 례

제4부 교육실습의 반성 및 평가

제5부 교사와 교직윤리

Worksheet 차례

제1부

교육실습의 성격

제1장

교육실습의 기초

1. 교육실습의 개념과 성격
2. 교육실습의 의의와 목적
3. 교육실습의 기본 자세와 태도

1. 교육실습의 개념과 성격

(1) 교육실습의 개념

교육실습은 교사양성대학이나 일반대학에서 교직과정을 이수하는 학생들에게 교육현장의 교육활동에 참여하도록 함으로써 교사교육의 효과성을 높이고자 하는 과정이다.

(2) 교육실습의 성격

① 교육실습은 교육활동이다

교육실습은 교직이수 학생들을 위한 실기교육이다. 실습과정 동안 교생실습생들은 실습학교의 학생들에게 정규교사가 하는 것과 다름없는 교육적 지도를 한다.

② 교육실습은 연구활동이다

교육실습은 교사로서 갖추어야 할 지적 · 정의적 · 기술적 능력과 자질을 습득하는 과정인 동시에 학생교육에 대한 실천적 연구과정이다.

③ 교육실습은 전문직 교육방법이다

교육실습은 전문적 이론을 습득한 후에 현장의 실제 상황에서 임상적 경험을 익히는 전문직 교육방법의 하나다.

2. 교육실습의 의의와 목적

(1) 교육실습의 의의

교사는 교육실천가다. 교육실천가에게는 교육이론을 바탕으로 한 실천적 능력과 총체적 경험의 조화가 중요시된다. 이론에만 밝고 현장지도 능력을 갖추지 못했다거나, 이와 반대로 실천적인 기능이나 기술은 뛰어나지만 교육이론에 대한 이해가 부족하다면 훌륭한 교사가 될 수 없다. 이러한 의미에서 '교육실천을 위한 사전 경험의 획득' 과정인 교육실습은 매우 중요하다. 교사로서의 준비과정에서는 이론 적용, 학습지도 기술의 함양, 인격 도야 등 현장을 통해 얻을 수 있는 실천적 경험이 중시되어야 한다.

교육실습의 의의는 다음과 같이 정리할 수 있다.

- 교육실습은 교사자격 취득을 위한 법적 요건으로서 교직과정의 한 영역이다. 교원양성기관의 학생이 부설학교나 협력학교에서 일정 기간 동안 현장교사로서 다양한 역할을 체험하는 과정을 말한다. 이때 교육실습 중에 있는 학생을 교육실습생 또는 간단히 교생(student teacher)이라 한다.
- 대학에서 배우고 익힌 교양과목과 전공과목 및 교직과목을 통합하여 교육현장인 학교에서 구체적으로 적용하고 실천하는 과정이다.
- 일선 학교와 연계하여 대학에서 학습한 기본 이론과 일반 원리를 교육현장에 실제로 응용, 전개함으로써 교사로서의 품성과 능력을 배양하고 평가받으며, 현장의 실정과 문제점을 파악하여 이를 연구, 해결하는 능력을 배양하는 현장교육이다. 이를 성공적으로 수행하였을 때 교사로서의 자격을 인정받고, 소정의 절차를 거쳐 교사로서 교직 사회에 입문할 수 있다.

(2) 교육실습의 목적

교육실습의 목적은 교육실습을 통하여 이론과 실제를 결합할 기회를 체험함으로써 훌륭한 교사로서 품성과 능력을 개발하는 것이다. 이러한 목적하에 올바른 교육관의 습득, 교직에 대한 종합적 이해력 증진, 수업계획 수립과 수업기술 함양, 학습지도 및 생활지도 능력과 학급경영 능력 신장 그리고 학교경영 및 학교조직의 일원으로서 역할 습득이라는 구체적 목표를 도출할 수 있다.

결국 교육실습은 교사양성과정에 있어 교육에 관한 이론적 연구를 심화하고, 교직에 대한 실제적 경험을 통하여 교육의 이해와 기능 그리고 교직 사명감을 진작시켜 유능한 교육자로서 갖추어야 할 기본적인 자질을 함양하도록 하는 데 그 기본 목적이 있다.

교육실습의 구체적인 목적을 제시하면 다음과 같다.

- 교육실습은 교직에 대한 종합적인 이해를 갖도록 하는 데 도움을 준다.
- 교육실습은 대학에서 이론적으로 습득한 지식을 적용하고 검증하며 심화하는 기회를 제공한다.
- 교육실습은 교육현장에서 필요한 교직 기술을 함양한다.
- 교육실습은 교생들에게 교직자로서 자기평가 기회를 제공하며, 교직에 대한 적성을 검증할 수 있는 기회를 제공하고, 교육자로서 신념과 태도를 확립하는 데 도움을 준다.

3. 교육실습의 기본 자세와 태도

교생은 교사가 되기 위한 준비과정에서 교사로서 역할을 실천하지만 배정 학교의 교원은 아니며, 외부인으로서 '가르치며 배우는' 예비교사이면서 동시에 학생이라는 위치에 있다. 따라서 교육실습 중에는 교생으로서 자세와 태도, 역할을 성실히 수행하여야만 한다.

교육실습에 임하는 교생의 기본 자세에 대해 몇 가지 사항을 언급하면 다음과 같다.

- 교육실습 전 과정을 통하여 교생으로서 신분을 잊지 않는다. 교사이면서 학생인 신분에 어긋나지 않도록 학생들에 대한 영향을 고려하여 용모와 언행에 주의하고, 실습학교의 교직원에 대하여 예의를 갖추고, 겸허한 태도로 배움에 임한다.
- 항상 배우고 연구하는 태도로 교육실습에 임한다. 긍정적이고 적극적인 태도를 가지며, 문제가 있을 경우에는 지도교사와 의논하여 처리한다. 항상 연구하는 태도로 연구할 과제를 찾아 지도교사와 협의하여 문제를 해결한다.
- 수업 준비를 철저히 한다. 수업에 자신이 생길 때까지 교재연구를 해야 하며 충분한 자료를 준비한다. 교생의 지도를 받고 있는 학생들은 교생의 실험 대상이 아니므로 교생은 학생들의 수업에 지장을 초래하지 않도록 충실하게 수업을 준비한다. 수업지도안은 일차적으로 지도교사의 승인을 받는다.
- 교육실습 기간 중에는 교육실습에만 전념한다. 그동안 해 왔던 여러 가지 일을 정리하여 실습학교의 출퇴근 시간을 엄수하고, 교사로서 준비하는 데 주력한다.
- 학생들을 애정으로 대하고 학생들을 이해하기 위해 노력한다. 특히, 편애나 정도가 지나친 친절은 삼가고, 학생들의 이름을 기억하도록 하며, 학생들에게 관심과 열의를 보인다.

- 실습학교의 제반 방침과 규칙을 인정하고 준수한다.
- 시간을 엄수하고, 주어진 사무 처리는 신속하고 정확하게 하되 행정절차와 체계를 존중한다.

Worksheet 교생실습에 임하는 나의 자세와 태도

	학생으로서	교사로서
자세		
태도		

제2장

교육실습의 과정과 영역

1. 참관실습
2. 실무실습
3. 수업실습

교육실습은 참관실습, 실무실습, 수업실습으로 구분되며, 사범대학 재학생은 수료하기 전까지 이를 모두 이수해야 한다. 최소한의 실습기간은 참관실습과 실무실습이 각각 1주일 이상, 수업실습이 4주 이상이 되어야 한다. 각 실습의 목적과 내용은 다음과 같다.

참관실습 → 실무실습 → 수업실습

[그림 2-1] 교육실습의 과정

1. 참관실습

(1) 참관실습의 목적

참관실습은 실무실습, 수업실습의 전 단계로 교육활동의 특정 부문에서 지도교사를 보조하면서 실제 교육활동 전반에 대해 많이 보고 들음으로써 학생들을 이해하고, 학교 교육활동에 대한 전반적인 사항을 구체적으로 파악하는데 그 목적이 있다.

관찰자는 교육실천을 염두에 두고 다음과 같은 입장에서 관찰한다.

① 교육연구자로서 입장

교직과정에서 학습한 교육이론을 배경지식으로 하여 실제를 관찰한다.

② 학생 이해자로서 입장

선입견이나 편견을 버리고 있는 그대로 학생 실태를 관찰한다.

③ 교육실천가로서 입장

실습생은 자신도 곧 학생지도에 임해야 하는 입장에 놓여 있음으로 적극적, 실천적 자세를 가지고 관찰한다.

(2) 참관실습의 내용

참관실습에서 수행해야 할 구체적인 내용은 다음과 같다.

① 학교의 일상적 활동

- 학급경영 및 교과지도 계획에 필요한 자료의 수집, 정리, 보조
- 각종 사무처리의 절차와 서류양식의 이해 및 서류 작성의 보조
- 학급 및 학교에 비치하는 각종 장부의 기입 및 검토
- 학생들에 대한 조력(학생회활동, 과외활동, 특별활동)
- 공용 공간의 이용에 대한 지도, 시설 및 비품 관리의 보조

② 교과학습지도

- 교육과정운영의 연간계획 작성 보조
- 수업지도안 작성, 교재연구, 실험실습 준비, 수업자료 제작 보조
- 지도교사와 협의하여 수업운영의 특정 영역, 특정 시간에 일부 참여
- 특수재능아의 심화학습이나 장애아의 보충학습지도 조력

③ 생활지도

- 등하교지도
- 교내외 생활지도 보조
- 특별활동지도 보조
- 개별상담지도 보조
- 학생들과의 의사소통을 통해 친밀한 관계 형성
- 사례연구(지도교사의 허가에 의한)

④ 특별활동지도

- 계발활동지도
- 자치활동 보조

⑤ 학급경영

- 학급경영 계획의 수립과 학급경영안 작성 보조
- 학급환경의 구성 및 정리
- 출석 · 결석 상황 등 학생 이동에 관한 사항 점검
- 표준화검사와 각종 조사의 실시 · 처리 보조
- 학급 학생의 안전과 건강 · 복지에 대한 배려와 관리 보조
- 학급 내 교우관계 파악
- 학급의 각종 일지 작성
- 학급의 집단과정(홈룸이나 학급단위의 행사활동)에 참여 · 조력
- 조회, 종례의 운영
- 학생회활동지도

⑥ 지역사회와 관계

• 학급에서 가정통신문 작성
• 학교의 대지역사회활동 및 업무 주관 교사의 역할과 사무 보조

(3) 참관실습의 방법

• 관찰방법: 자연적 관찰법, 현장표본 관찰법, 시간표본 관찰법
• 관찰기록: 일화기록법, 체크리스트법, 평정척도법(p. 131~132 참고)

〈표 2-1〉 참관실습의 내용

영 역	내 용
학교의 일상적 활동	• 학급경영, 교과지도에 필요한 자료의 수집 · 정리 · 보조 • 사무처리 서류 작성 보조 • 각종 장부의 기록 • 학생들에 대한 조력 • 공용 공간 이용 지도
교과학습지도	• 교육과정 연간 운영계획 작성 보조 • 수업지도안의 작성, 교재연구, 실험실습의 준비, 수업자료의 제작 보조 • 특수재능아의 심화학습 및 장애아의 보충학습지도 조력
생활지도	• 등하교지도 • 교내외 생활지도 • 개별상담 • 학생들과의 의사소통 • 사례연구(지도교사의 허가에 의한)
특별활동지도	• 계발활동지도 • 자치활동 보조
학급경영	• 학급경영 계획 수립과 학급경영안 작성 보조 • 학급환경의 구성 및 정리 • 출석 · 결석 상황 등 학생 이동에 관한 사항 점검 • 학생의 안전과 건강 · 복지에 관한 배려와 관리 보조 • 학급 내 교우관계 파악 • 학급의 집단과정에 참여 · 조력 • 조회, 종례의 운영
지역사회와 관계	• 학급에서 가정통신문 작성 • 학교의 대지역사회활동 및 업무 주관 교사의 역할과 사무 보조

Worksheet 학급경영 참관 기록지를 작성해 봅시다

<table>
<tr><td colspan="2">학 급</td><td></td><td>담 임</td><td></td></tr>
<tr><td colspan="2">학급경영 주제</td><td colspan="3"></td></tr>
<tr><td rowspan="3">학급 경영 전략</td><td>학급경영 목표</td><td colspan="3">(1)
(2)
(3)</td></tr>
<tr><td>학급경영 방침</td><td colspan="3">(1)
(2)</td></tr>
<tr><td>학급경영 중점사항</td><td colspan="3">(1)
(2)
(3)
(급훈)</td></tr>
<tr><td colspan="2">주제 실천 방안</td><td colspan="3">(1)
(2)
(3)
(4)
(5)</td></tr>
<tr><td colspan="2">학습지도</td><td colspan="3">(1)
(2)
(3)</td></tr>
<tr><td colspan="2">생활지도</td><td colspan="3">(1) 교내생활
①
②
③
④

(2) 교외생활
①
②
③
</td></tr>
</table>

2. 실무실습

(1) 실무실습의 목적

실무실습은 참관실습의 토대 위에 학교에서 이루어지는 각종 행정 · 재정 등의 경영활동 전반과 교사가 교육상 수행해야 할 실무를 체험해 보는 실습이다. 따라서 교사가 갖추어야 하는 기본적 자세와 실무처리능력을 함양하고 학교에 대한 적응을 용이하게 하는 데 그 목적이 있다.

(2) 실무실습의 내용

실무실습에는 교수 · 학습에 관련된 사무와 학교경영, 학급경영에 관련된 사무가 있다.

① 교육자의 자세

- 교직관
- 교사의 언어와 용모 및 태도
- 교사의 근무태도

② 학습지도 및 평가

- 교재연구 및 각종 실험도구 준비
- 수업전개 과정, 수업지도안 작성, 수업방법 연구, 수업자료 제작
- 수행평가와 기록방법
- 생활기록부 누가 작성

③ 학급의 업무처리

- 출석부 정리
- 학급일지
- 학급의 월간, 일간, 학기말, 학년말 사무처리
- 물품, 시설, 환경 관리

④ 학교의 사무처리

- 공문서 처리와 연락, 대처방안
- 학교 내의 제반 기록, 게시물 작성 관리
- 학교시설물 관리

⑤ 공문서의 처리

- 문서수발 관리
- 민원 전화 응대
- 공문서 작성요령, 기안, 결재, 처리과정
- 민원관계 서류처리

⑥ 각종 회의

- 교장, 교감의 업무내용 알기
- 각 부서의 업무내용 알기

⑦ 기 타

- 학교운영 전반에 관한 실무실습
- 교직단체, 교원복지단체 등에 관한 실무실습
- 각종 행사에 관한 실무실습

〈표 2-2〉 실무실습의 내용

영 역	내 용
교육자의 자세	• 교직관 • 교사의 언어와 용모 및 태도 • 교사의 근무태도
학습지도 및 평가	• 교재연구 및 각종 실험도구 준비 • 수업전개 과정, 수업지도안 작성, 수업방법 연구, 수업자료 제작 • 수행평가와 기록방법 • 생활기록부 누가 작성
학급의 업무처리	• 출석부 정리 • 학급일지 • 학급의 월간, 일간, 학기말, 학년말 사무처리 • 물품, 시설, 환경 관리
학교의 사무처리	• 공문서 처리와 연락, 대처방안 • 학교 내의 제반 기록, 게시물 작성 · 관리 • 학교시설물 관리
공문서의 처리	• 문서수발 관리 • 민원 전화 응대 • 공문서 작성요령, 기안, 결재, 처리과정 • 민원관계 서류처리
각종 회의	• 교장, 교감의 업무내용 알기 • 각 부서의 업무내용 알기
기 타	• 학교운영 전반에 관한 실무실습 • 교직단체, 교원복지단체 등에 관한 실무실습 • 각종 행사에 관한 실무실습

3. 수업실습

(1) 수업실습의 목적

수업실습은 실제 수업, 학급운영, 학생지도 등 교사에게 요구되는 전 영역에 걸친 구체적인 계획과 실천에 관한 내용으로 이루어지는 교육실습의 핵심 단계다. 따라서 수업실습의 목적은 미래 교사로서 현장경험을 습득하는 데 있다. 대학에서 배운 지식과 교수법을 지도교사의 지도하에 계획하고, 학급현장에 적용하여 수업기술을 터득하고, 현직에서의 적응력을 심도 있게 함양한다.

(2) 수업실습의 내용

수업실습 시 수행하여야 할 내용으로는 다음과 같은 것이 있다.

① 교과학습지도

- 수업관찰
- 수업설계
- 교재연구 및 수업자료에 관한 연구
- 수업전개
- 수업평가

② 특별활동지도

- 특별활동 조직 및 계획
- 특별활동지도
- 특별활동평가

③ 생활지도

- 학생행동 관찰
- 안전지도
- 개인 및 집단상담

- 문제학생지도
- 부적응아지도

④ 학교 및 학급경영 활동

- 경영 관찰
- 학급경영 실습
- 학교경영 실습
- 분장 업무의 처리

〈표 2-3〉 수업실습의 내용

영 역	내 용
교과학습지도	• 수업관찰 · 설계 • 교재연구 및 수업자료에 관한 연구 • 수업전개 • 수업평가
특별활동지도	• 특별활동 계획 및 조직 • 특별활동지도 • 특별활동평가
생활지도	• 학생행동 관찰 • 안전지도 • 개인 및 집단상담 • 문제학생지도 • 부적응아지도
학교 및 학급경영 활동	• 경영 관찰 • 학급경영 실습 • 학교경영 실습 • 분장 업무의 처리

Worksheet 동료 예비교사의 수업관찰 체크리스트

학년　　　반	학생 수:	교사:
교과:	단원:	일시:
학습목표:		

척도를 참고하여 각 문항에 점수를 체크해 주세요.
(척도: 5=매우 좋음, 4=약간 좋음, 3=좋음, 2=약간 나쁨, 1=매우 나쁨)

1. 동기부여(Motivation)

문 항	1	2	3	4	5
학생들이 수업에 주의집중(attention)하도록 하였는가?					
학생들의 관심(interests)을 끌었는가?					
학생들에게 이 수업이 왜 중요한지를 설명하였는가?					
학생들에게 이 수업이 그들과 어떻게 관련이 있는지 설명하였는가?					
학생들에게 적절한 질문을 던졌는가?					
학생들의 활동이나 반응에 대하여 적절하고 긍정적인 보상을 주었는가?					

2. 도입(Introduction)

문 항	1	2	3	4	5
오늘 수업에 대한 목적을 말이나 글 혹은 행동 등으로 제시하였는가?					
지난 시간에 배운 내용을 간단히 상기시켰는가?					
오늘 배울 내용 전반에 대하여 간단히 설명하였는가?					
흥미로운 도입 접근방법을 수행하였는가?					

3. 본론(Body of Instruction and Organization)

문 항	1	2	3	4	5
개념(Concept)이나 기술(Skill)에 대하여 체계적이고 순차적인 방법으로 설명 또는 시연하도록 조직화되었는가?					
수업 중 학생들의 적극적인 참여가 있었는가?					
수업내용과 관련된 예나 사실 등을 제시하였는가?					
수업 중 여러 하위 주제 간 연결의 전이가 매끄러웠는가?					
교사는 학생들의 학습활동에 대한 관리(Management)를 잘하였는가?					
수업내용이 오늘 할당된 학습 주제나 제목과 관련이 있었는가?					
교사는 오늘 수업내용과 관련하여 지식 수준이 높았다고 생각하는가?					

4. 마무리(Conclusion)

문 항	1	2	3	4	5
다음 수업에 대한 예고(Preview)가 있었는가?					
수업을 마치기 전에 중요한 점을 요약하였는가?					
과제나 시험 등을 명확히 전달하였는가?					
수업을 자연스럽게 끝맺었는가?					
수업 후 학생들에게 시간을 할애하였는가?					

제2부

예비교사의 수업연습

제3장

수업계획

1. 수업계획과 준비
2. 수업설계

1. 수업계획과 준비

수업계획과 준비는 성공적인 수업을 위해 교사에게 꼭 필요하며, 수업의 질과 효율성을 높이기 위한 구체적이고 실천적인 사전계획이다.

수업에 임하기 전에 교사는 학생에게 무엇을 어떻게 가르쳐야 할 것인가 하는 것을 미리 구체적으로 계획해야 한다. 수업 단원의 계획에는 주제의 설정과 학습과제 분석, 수업전략 등 적절한 수업절차의 설계를 포함하며, 구조적이고 개념적이다. 소단원의 계획과 준비는 계획과정을 적용하는 측면과 관련이 있으며, 수업목표의 상세화, 단원의 조직과 수업자료, 연습문제, 실험도구, 평가도구 등의 준비를 포함한다.

(1) 수업 단원 계획

① 주제의 선정

한 단원의 주제나 테마를 선정하는 것으로, 주제에는 사실, 관계 또는 개념을 포함한다. 이 주제는 교육과정의 요구와 학생의 필요가 고려된 후에 일반 목표의 형태로 선정된다.

② 학습자 분석

주제가 일단 선정되면, 단원의 주제와 관련된 학습자들의 인지적 · 정의적 · 신체적 특성을 진단하고, 학생의 흥미와 능력 등의 준비 상태를 분석한다.

③ 학습과제 분석

가르칠 수업내용에 대한 분석이 학습과제 분석이다. 학습과제 분석은 상호 연관은 있으나 서로 구분되는 다음의 몇 가지 절차로 구성된다.

- 정보처리과정 분석: 목표 성취를 위해 필요한 과제를 결정하는 것. 목표를 구성하고 있는 과제의 구성 요소를 결정
- 과제 분류: 성취 목표를 사실, 개념, 관계, 법칙, 인지전략, 운동기술 또는 태도와 같은 학습 유목으로 분류하는 것
- 학습과제 분석: 학습목표를 달성하기 위해 학생이 성취하고 있어야 하는 선수학습 요인을 확인하는 것

④ 계열화와 시간계획

최종 학습목표를 달성하기 위해 하위 학습과제 구성 요소를 위계적 또는 비위계적인 순서로 구조화할 수 있다. 학습과제 구성 요소를 학습 순서에 따라 번호나 화살표로 표시한다.

⑤ 수업전략의 선정

이전 단계 학습과제의 분석과 목표, 학습자 분석에 기초하여 수업전략을 선정한다. 수업전략은 다음과 같은 사항을 계획한다.

- 수업방법
- 매체와 자료의 활용

- 학습활동
- 학생집단 편성

⑥ 동기유발과 학습강화기법의 계획

수업계획은 학생의 학습을 동기화할 수 있는 절차에 의해 보강되어야 한다. 교사는 학생의 흥미를 강화하고 유지할 수 있는 방법을 강구해야 한다(동기유발전략은 다음 장의 2절에서 다룬다).

⑦ 피드백과 교정절차의 계획

교사들은 학생의 성취에 대한 피드백을 학생에게 제공하기 위한 다양한 방안을 고려해야 한다. 또한 최초의 수업 후에 의도된 수업목표를 성취하지 못한 학생들을 위해서 대안적인 보충자료와 활동도 고안되어야 한다.

⑧ 평가절차의 계획

학습결과에 대한 평가는 지속적인 과정이어야 한다. 평가절차는 수업을 시작하기 전의 진단평가와 수업 중간단계에서 수업의 효율성과 학생의 진보를 알아보기 위한 형성평가, 마지막으로 단원 총합평가를 위한 성취도평가를 계획한다.

(2) 소단원 계획과 준비

단원의 내용이 상세화되고, 의미 있는 계열로 구조화되어 전반적인 수업전략이 결정되면, 수업목표의 진술, 필요한 수업자료 목록, 교수절차와 평가방법 등을 포함하는 소단원 수업을 계획하고 준비한다.

① 수업목표의 상세화

수업목표는 학습결과와 관련하여 표현되어야 하며, 소단원 수업을 마쳤을 때 학생이 성취했을 것이라고 기대되는 구체적이고 명료한 행동으로 진술되어야 한다.

② 수업내용의 계획

수업내용의 계획은 무엇을 가르쳐야 할지를 결정하는 단계다. 이를 위해서는

> **Tips 목표진술을 위한 ABCD**
>
> A(Audienc): 누가 학습할 것인가?
>
> B(Behavior): 학습자가 수업 후 최종적으로 지니게 될 능력을 관찰 가능한 행동 용어로 진술
>
> C(Condition): 목표달성에 관련되는 관찰 가능한 조건
>
> D(Degree): 목표달성 여부를 나타내는 기준

다음 사항을 고려해야 한다.

- 진술된 수업목표를 달성할 수 있는 내용을 선정한다.
- 학습의 전이를 고려하되, 흥미 있고 도전적인 학습경험이 되도록 계획한다.
- 학생들은 자신들의 필요에 부합되지 않는 학습에는 활발히 참여하지 않는다는 것을 고려해야 한다.

③ 수업방법의 계획

수업계획의 개발단계다. 이것은 수업절차, 교수와 학습활동 그리고 학생들로 하여금 수업목표를 성취할 수 있도록 하는 방법을 계획하는 것과 관련된다.

- 학습과제와 학생의 적성에 알맞은 수업전략을 선정한다.
- 소단원의 도입, 본문, 결론 부분을 계획한다.
- 개별 학생의 요구에 부응하는 수업을 계획해야 한다.

④ 학습을 촉진하는 방법의 탐색

학생의 학습을 신장시키고 촉진할 수 있는 전략과 방법을 고안해야 한다. 학생들의 효과적인 학습을 위한 일반적인 고려사항은 다음과 같다.

- 교과내용을 설명하거나 제시하기 위한 교수 보조자료와 실례를 자주 사용해야 한다.
- 회상과 이해를 돕는 수업기법과 전략을 설계해야 한다.
- 핵심내용, 방법, 절차를 설명하기 위한 수업방법과 전략을 잘 선택하고 계획하여야 한다.

• 학생들의 흥미, 가치, 태도를 고려한 외적 동기유발 체제를 조직화하여야 한다.

⑤ 수업자료와 매체의 준비

교사는 소단원에 필요한 모든 교수자료와 매체의 목록을 작성한다. 여기에는 시청각 자료와 멀티미디어 자료, 기자재, 과제 연습지, 평가지, 모형, 참고서적, 문구류와 같은 품목으로 구성된다.

⑥ 수업절차 준비

수업사태는 계열화하여 주의깊게 조직되어야 한다. 수업은 크게 도입, 전개, 연습과 정리 부분으로 구분된다.

• 도입: 학생의 선수학습과 관련되도록 하고, 학생들에게 소단원의 개요를 제시해 주거나 학습하고자 하는 동기를 부여해 주는 활동을 계획하고 준비한다.
• 전개: 교수 · 학습 활동이 이루어지는 단계다. 설명, 정보 제시, 본보기 보여주기, 조직적인 질문, 교사 주도의 토론 또는 교사가 안내하는 연습 등이 포함되도록 한다.
• 연습과 통합정리: 학생들이 이전의 소단원이나 바로 앞의 전개 부분에서 학습하였던 것을 연습, 일반화하고, 적용하기 위한 목적을 가진 자율학습과제가 포함되도록 한다.

⑦ 수업의 조직

효과적인 수업을 위해 자원을 조직화해야 한다. 수업을 조직화할 때는 다음과 같은 사항을 고려해 볼 수 있다.

• 각 소단원을 위한 학급활동 시간표를 작성한다.
• 필요한 수업자료가 모두 준비되었는지, 행정적인 준비가 다 완료되었는지 확인한다.
• 학급의 학습집단 조직을 효과적으로 계획한다.
• 수업공간을 효과적으로 조직한다.

⑧ 평가계획

소단원 계획의 한 부분으로 계획이 성공적으로 진행되었는지, 제시된 학습목표가 성취되었는지를 평가하기 위한 절차다. 평가를 계획할 때 학생들의 성취 여부를 객관적으로 나타내 보일 수 있는 증거들을 수집할 수 있도록 한다.

〈표 3-1〉 수업계획

수업 단원 계획		소단원 계획
1. 주제 선정		1. 수업목표의 상세화
2. 학습자 분석		2. 수업내용의 계획
3. 과제 분석		3. 수업방법의 계획
4. 계열화와 시간계획	⇒	4. 학습을 촉진하는 방법의 탐색
5. 수업전략의 선정		5. 수업자료와 매체의 준비
6. 동기유발과 학습강화 기법 계획		6. 수업절차 준비
7. 피드백과 교정절차 계획		7. 수업의 조직
8. 평가절차 계획		8. 평가계획

Worksheet 수업지도안을 작성해 봅시다

<table>
<tr><td colspan="2">교과명</td><td></td><td colspan="2">교실: 일시: 차시:</td></tr>
<tr><td colspan="2">학습단원 및 소주제</td><td></td><td>담당교생</td><td></td></tr>
<tr><td colspan="2">학습목표</td><td colspan="3"></td></tr>
<tr><td colspan="2">학습자료 및 매체</td><td></td><td>대상 및 인원수</td><td></td></tr>
<tr><td colspan="2" rowspan="2">단계</td><td colspan="2">교수 · 학습활동</td><td rowspan="2">자료 및 소요 시간</td></tr>
<tr><td>주요 내용 및 활동</td><td>수업 형태</td></tr>
<tr><td rowspan="4">도입</td><td>주의집중</td><td rowspan="4"></td><td rowspan="4"></td><td rowspan="4"></td></tr>
<tr><td>동기부여</td></tr>
<tr><td>학습목표 제시</td></tr>
<tr><td>선행학습과 관련</td></tr>
<tr><td rowspan="2">전개</td><td>학습내용 제시</td><td rowspan="2"></td><td rowspan="2"></td><td rowspan="2"></td></tr>
<tr><td>학습자 참여</td></tr>
<tr><td rowspan="4">정리</td><td>요약</td><td rowspan="4"></td><td rowspan="4"></td><td rowspan="4"></td></tr>
<tr><td>질의응답</td></tr>
<tr><td>과제 부여</td></tr>
<tr><td>차시 예고</td></tr>
<tr><td colspan="2">첨부 자료</td><td></td><td></td><td></td></tr>
</table>

2. 수업설계

(1) 수업설계의 기초

'수업설계'는 수업을 행함에 있어서 계획이 필요하다는 것과 그 계획은 체계적이어야 한다는 의미를 포함하고 있다. 가네와 브리그스(Gagne & Briggs, 1977)는 "수업설계란 학습의 필요와 목적을 분석하고, 이 필요와 목적을 성취하기 위한 수업실행 체제를 개발하는 전 과정으로 수업자료와 수업활동 내용의 개발, 수업의 시행과 개정, 수업평가 활동 등이 포함되는 과정"이라고 설명하였다.

가네와 브리그스에 의한 수업설계에 대한 기본 관점을 요약하면 다음과 같다(진위교, 홍성연, 1985).

- 수업설계는 학습자 각 개인의 학습을 돕는 것을 목적으로 한다.
- 수업설계에는 단기적 국면과 장기적 국면이 있다. 단기적 국면에는 몇 차시 분량의 수업지도안이나 레슨 플랜(lesson plan)이 속하며, 이것이 모인 단원이나 과목에 대한 설계는 장기적 국면에 속한다.
- 학습자의 성공적인 학습과 발달을 위해서 수업은 체계적으로 설계될 필요가 있다.
- 수업설계는 필요와 목적 분석에서 평가에 이르기까지 체제접근에 의해 이루어져야 한다.
- 수업설계는 학습이 어떻게 일어나며, 어떤 학습 조건에서 일어나는가에 관한 지식에 그 기초를 두어야 한다.

수업설계에 참여하는 사람으로는 수업원리와 수업이론 개발을 연구하는 교육학자, 심리학자, 학교에서 수업을 설계하며 수업을 진행하는 교사, 교과서 및 교재 등의 수업자료를 제작 · 개발하는 수업자료 개발가 등이 있다. 또한 학교 외의 기업체나 군에서 수업을 설계하고 자료 등을 개발하는 자도 이에 포함된다.

수업을 설계할 때는 수업절차, 수업활동, 수업매체와 수업조직 등 수업 요소를 고려해야 한다. 이 요소에 대해 간단히 살펴보면 다음과 같다.

(2) 수업절차

수업절차에 대해서는 여러 가지 모형이 개발되고 소개되었다. 그 가운데 글레이저(Glaser, 1963)의 수업절차모형은 가장 기본적이고 일반적인 모형으로 '수업절차의 기본 모형' 이라고 부른다. 글레이저의 수업모형을 그림으로 나타내면 다음과 같다.

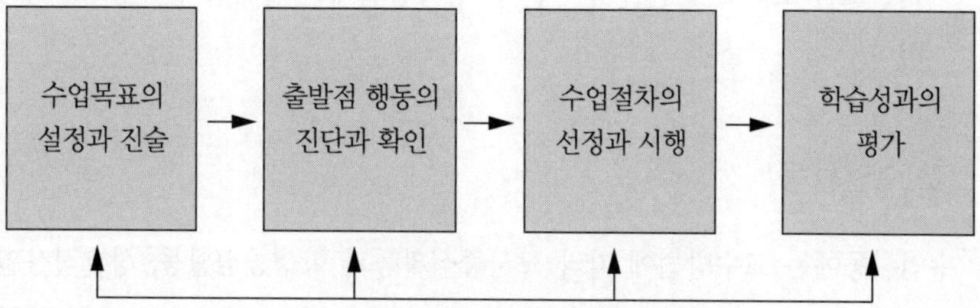

[그림 3-1] 피드백 순환선

글레이저의 일반모형은 [그림 3-1]과 같이 네 단계로 되어 있다. 이 네 단계의 수업활동은 서로 연결되어 있는데, 앞 단계는 다음 단계의 활동을 결정하며 안내한다. 피드백(환류)선은 각 단계를 유기적으로 연결하여 상호 관련적이며, 상호 보완적인 관계를 맺는다. 이처럼 글레이저의 모형은 일반적이고 포괄적인 모형으로 학습자나 학습과제에 따라 융통성 있게 접근할 수 있게 되어 있다. 각 단계에 대한 설명은 다음과 같다.

- 수업목표의 설정과 진술단계는 한 단위의 수업과정이 끝날 때, 학습을 통해 학습자가 보이기를 기대하는 학습성과로 행동 유형을 설정하여 관찰 가능한 행동목표로 진술하는 단계다.
- 투입행동이라고도 부르는 출발점 행동의 진단과 확인단계에서는 한 수업 단위를 시작하는 데 있어서 학생이 지니고 있어야 할 지식, 이해, 기능,

태도 등을 진단한다. 즉, 선행학습의 유무를 진단하고 학습결손을 발견하여 학습결손에 대한 처치를 하는 단계다.

- 수업목표가 설정되어 진술되고 출발점 행동을 위한 선행학습의 진단과 처치가 이루어지면 학습지도의 단계가 따른다. 이 단계에서는 수업목표와 학습과제, 학습자의 특성, 수업환경 등을 고려하여 가장 적절한 교수방법을 선정한다. 도입 · 전개 · 정착 · 형성평가와 심화 또는 보충학습의 절차로 수업이 이루어진다.
- 마지막 단계인 학습성과의 평가단계에서는 수업목표에 비추어 학습성취도를 평가하고 그 결과를 활용한다. 이때 평가도구는 신뢰도와 타당도, 객관도를 고려하여 만들어야 한다. 평가방법에는 절대평가와 상대평가가 있다.

(3) 수업활동

수업활동에는 교수방법에 따라 교사중심활동과 학생중심활동, 상호작용활동 등이 있다. 수업활동의 유형은 수업목표, 학습과제, 수업시간의 양, 교육시설이나 환경 등에 의하여 결정된다.

- 교사중심활동의 대표적인 교수법은 강의법이다. 이 밖에 유의미 수용학습법, 과학탐구 교수법, 사회탐구 교수법, 법리적 교수법 등이 있다.
- 학습자중심활동에서는 완전학습, 개별화 교수법, 프로그램 학습, 컴퓨터 보조수업, 집단조사, 소집단 협동학습, 토의식 교수법, 회의식 교수법 등을 활용한다.
- 상호작용활동이 이루어지는 교수법으로는 발문 교수법, 대화 교수법, 시네틱스와 역할극 등이 있다.

(4) 수업매체

교사와 학생은 교육과정을 매개로 하여 수업을 진행하며, 효율적인 수업이 이루어지도록 다양한 시청각매체와 교수공학을 활용한다. 수업매체는 넓은 의미로 교수자나 교과서도 포함시킬 수 있다. 그러나 좁은 의미로는 시각정보 또는 언어정보를 파악 · 처리하여 재현하는 데 필요한 각종 시청각자료를 비롯한 전자식 또는 기계적인 수단을 의미한다(Gerlach & Ely, 1980).

수업매체는 크게 시각교수매체, 청각교수매체, 다감각교수매체, 컴퓨터의 네 유형으로 분류할 수 있다.

- 시각교수매체로는 슬라이드(slide), 필름 스트립(film strip, 줄사진), OHP(overhead projector) 등의 정지 투사매체(still projection media)와 그림 및 사진, 그래프, 도해와 차트 등 투사기가 필요 없는 정지 비투사매체, 모형(model), 표본(specimen), 활동실물(mock-up)과 입체자연모형(diorama) 등 입체매체가 있다.
- 청각교수매체의 대표적인 것으로 녹음기와 라디오를 들 수 있다.
- 다감각교수매체로는 영화, 텔레비전, 비디오 등을 들 수 있다.
- 컴퓨터는 1960년대 초부터 교육에 활용되어 개별학습이나 시뮬레이션 등에 활용되고 있는데, 그 사용이 더욱 다양하고 활발해지고 있다.

(5) 수업조직

수업을 할 때에는 학생조직과 교사조직에 대한 고려가 있어야 한다. 학생조직으로는 전체가 하나가 되는 대집단과 중집단, 협동학습과 같은 소집단, 능력별로 집단을 형성하는 능력별 집단, IPI와 CAI 같은 개별화 수업 등이 있다. 교사조직으로는 학급담임제, 교과담임제, 팀담당제 등이 있다.

(6) 수업설계의 일반적 모형

일반적으로 모형은 자료(data)나 현상을 요약 · 축소하여 제시함으로써 자료나 현상을 이해하기 쉽게 해 주며, 다루기 편리하게 해 주는 역할을 한다. 이러한 모형에 대한 이해에 비추어 볼 때, 수업설계모형이란 수업설계과정을 축소 · 단순화하여 제시함으로써 수업설계과정을 잘 이해하고 쉽게 접근하기 위한 것이라 할 수 있다. 체제적 수업설계과정에서는 일반적으로 수업에 대한 필

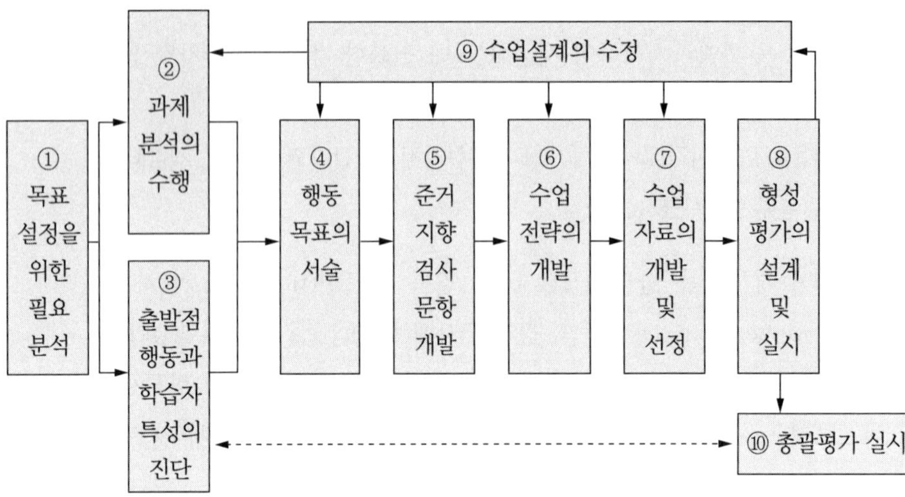

[그림 3-2] 딕과 캐리(Dick & Carey, 1990)의 수업설계모형

요분석, 설계, 개발, 시행(수행), 평가의 과정을 거치게 된다. 대표적인 수업설계모형으로는 딕과 캐리(Dick & Carey, 1990)의 모형([그림 3-2])을 들 수 있다.

체제적 수업설계의 각 단계별 과정을 요약하면 다음과 같다.

① **목표설정을 위한 필요분석**(Assess Needs to Identify Goals)

학습자가 학습해야 할 필요를 분석하여 수업 후에 학습하게 될 학생의 행동양식 또는 학습성과의 유목을 설정한다.

② **수업분석의 수행**(Conduct Instructional Analysis)

학습과제를 분석하여 학습의 위계를 밝혀내며, 설정된 목표를 달성하기 위해 필요한 하위목표와 기능을 밝혀내고 목표를 세분화한다.

③ **출발점 행동과 학습자 특성의 진단**(Identify Entry Behaviors and Learner Characteristics)

수업을 시작하는 시점에서 학습자가 학습에 필요한 기능을 갖추고 있는지의 준비도 상태를 진단 · 확인하며, 필요한 기능을 보충한다. 또한 학습자의 인지적 · 신체적 · 정의적 · 사회적 특성 등을 진단 · 확인하고 학습자의 특성을 고려하여 수업을 설계한다.

④ 행동목표의 서술(Write Performance Objectives)

수업분석과 출발점 행동의 진단에 기초하여 학습자가 수업을 통하여 얻을 성과를 관찰 · 측정 가능한 구체적 행동목표를 서술한다. 이처럼 서술된 행동목표는 평가를 위한 준거로 사용된다.

⑤ 준거지향검사 문항 개발(Develop Criterion-Referenced Test Items)

준거지향검사는 서술된 행동목표에 일치하는 평가문항을 개발하여 학습자가 수업을 통하여 기준에 얼마나 도달하였는지를 측정하고자 하는 것이다. 준거지향검사의 유형에는 사전검사, 사후검사, 학습증진검사가 있다.

⑥ 수업전략의 개발(Develop an Instructional Strategy)

목표에 서술되어 있는 학습성과를 이룰 수 있도록 수업자료와 수업 요소를 활용하는 절차를 계획하는 단계다. 학습의 전달방법과 전달매체, 제시되어야 할 학습사태를 결정한다. 수업전략은 개략적으로 수업 전 활동(도입활동), 정보 제시, 학습자 참여(연습 및 피드백), 검사 실시, 사후활동 등으로 구분된다.

⑦ 수업자료의 개발 및 선정(Develop or Select Instructional Materials)

수업전략에 기초하여 실제 수업에서 교사와 학생들이 활용할 자료, 즉 학습지침, 수업요강, 수업자료, 검사자료와 교사지침 등을 개발한다.

⑧ 형성평가의 설계 및 실시(Design and Conduct Formative Evaluation)

형성평가를 설계하고 실시함으로써 지금까지 개발한 수업자료가 적절한지 평가해 보고 피드백(환류)을 통하여 수정해 나가기 위한 것이다. 형성평가에는 학습자 개인별 평가(one-to-one evaluation), 소집단 평가(small-group evaluation), 현장평가(field evaluation) 등 세 단계가 있다. 처음에는 1 : 1의 단위에서 수업을 시행하고 평가하여 피드백하고, 다음으로 소집단에 수업을 시행하여 평가한 후 피드백한다. 그 후에는 현장에 적용한 후 평가하여 수정해 나간다.

⑨ 수업설계의 수정(Revise Instruction)

형성평가를 통해 각각의 수업설계 단계가 올바르게 결정되었는지를 검토한 후 평가 결과 잘못된 부분을 수정한다. 이러한 평가와 수정을 거듭하여 학습자에게 가장 적절한 수업설계안을 작성한다.

⑩ 총괄평가 실시(Conduct Summative Evaluation)

계획된 수업설계안을 학생들에게 시행한 후 총괄평가를 실시한다. 총괄평가의 결과는 수업설계안의 시행을 통하여 설정된 수업목표가 얼마나 달성되었는지, 수업설계안이 얼마나 효율적인지를 보여 주며, 그 결과를 피드백하여 다음 수업설계안을 계획하는 데 활용한다.

이상에서 설명한 체제적 수업설계모형의 열 단계 중 첫 번째부터 세 번째 단계는 분석단계, 네 번째 단계부터 여섯 번째 단계는 설계단계, 일곱 번째부터 아홉 번째까지는 개발단계, 열 번째 단계는 평가단계다(구체적인 교과별 수업설계의 예시는 부록을 참고하라.).

Worksheet 수업계획과 준비 체크리스트

□ 학생이 도달해야 할 구체적인 학습목표를 진술하였다.

□ 소단원에 포함된 핵심 아이디어, 개념 그리고 명제들로 과제를 분석하였다.

□ 간단하고 주의 깊게 계열화된 활동으로 소단원의 수업절차를 계획하였다.

□ 흥미 있고 도전적인 학습경험이 되도록 계획하였다.

□ 수업내용과 학생의 적성에 알맞은 다양한 교수전략을 선택하였다.

□ 학생들이 수업에 적극적이고 활발하게 참여하도록 계획하였다.

□ 학생의 능력, 개인차, 흥미 정도가 잘 고려되도록 계획하였다.

□ 교과내용을 설명하거나 제시하기 위해 필요한 수업 보조자료 사용을 위한 계획을 세웠다.

□ 실제 수업 여건에 따라 수정 · 보완할 수 있도록 융통성과 탄력성이 부여되도록 계획하였다.

□ 적절한 과제가 부여되도록 계획하였다.

□ 학생들의 흥미, 가치, 태도를 고려한 외적 동기유발 체제를 조직화하였다.

□ 학습을 위한 수업공간을 효과적으로 사용할 수 있도록 조직화하였다.

□ 수업을 효과적으로 운영하기 위한 시간 배분을 계획하였다.

□ 학습목표의 달성 여부를 확인하기 위한 평가계획을 조직하였다.

제4장 수업기술

1. 효과적인 강의
2. 동기유발
3. 질문 주고받기
4. 토론지도
5. 수업매체
6. 평가하기

1. 효과적인 강의

강의는 가장 일반적이고 전통적인 수업방법이다. 그럼에도 불구하고 효과적인 강의를 하는 것은 쉽지 않다. 효과적인 강의를 위해 고려해야 할 다양한 강의기술과 설명전략을 살펴본다.

1) 강의기술

수업은 언어를 통한 커뮤니케이션 과정이다. 수업내용을 잘 전달하려면 효과적인 강의기술을 고려해야 한다. 교사는 효과적인 강의를 위하여 강의 진행과 구성, 학생과의 상호작용, 언어적(목소리) 표현과 비언어적(몸동작) 표현, 칠판쓰기와 매체 활용 등에서 자기점검이 필요하다.

(1) 강의 진행

수업을 진행하는 과정에서 시간관리와 열의, 강의 속도 등을 고려해야 한다.

① 강의에 열의가 느껴지는가

열의가 있는 교사의 몸동작에는 생동감이 있고, 목소리가 분명하고, 메시지가 확실하고, 말 한마디 한마디에 자신이 있어야 한다.

② 시간을 의미 있게 보내는가

교사가 시간을 잘 관리하는 모습은 학생들에게 본보기가 될 수 있다. 수업은 제 시간에 시작해서 제 시간에 끝내는 것이 좋다. 수업을 늦게 시작하거나, 빨리 끝내 버리거나, 수업내용과 무관한 이야기로 시간을 지나치게 허비하지는 않는지를 살펴볼 필요가 있다. 수업시간이 끝났음에도 계속 강의가 진행되는 경우 이미 학생들의 마음은 교실을 떠나 있다.

③ 강의 속도가 적절한가

수업의 결론은 끝부분에 제시되는 경우가 대부분이다. 따라서 강의를 처음에는 느긋하게 진행하다가 끝에 가서 급하게 마무리한다면 중요한 내용을 학생들에게 인식시키지 못하는 결과를 초래할 수도 있다.

(2) 강의 구성

강의는 시작과 끝이 명확해야 하며 수업내용은 그 안에 단락과 핵심으로 구성되어야 한다.

① 강의에 시작이 있는가

수업의 시작은 지난 시간에 무엇을 하였는지, 이번 시간에는 무엇을 하고자 하는지, 그것을 왜 하고자 하는지에 대한 설명으로 이루어진다.

② 강의에 숨 돌릴 여유가 있는가

사람의 집중력은 시간이 갈수록 떨어지게 된다. 한 시간짜리 수업은 하나의 단막극이기보다는 중간중간 숨 돌릴 틈을 주는 다막극으로 구성되는 것이 학생들의 집중력을 높이는 데 도움이 된다. 따라서 15~20분마다 변화를 주면 수업시간 내내 학생들의 집중력을 높일 수 있다.

③ 호기심을 유도하는가

학생들에게 도전감을 주고 지적 호기심을 자극하는 것은 학생들의 학습동기를 유발하는 데 매우 중요하다.

④ 가장 중요한 내용이 부각되는가

한 번의 수업에는 반드시 핵심내용이 있게 마련이다. 이 핵심내용을 학생들이 지나치지 않도록 강의의 시작과 끝에 반복해서 강조하는 것이 필요하다.

⑤ 강의에 끝맺음이 있는가

강의의 끝은 그 강의의 목적을 달성하였는지의 여부로 판단할 수 있다. 각 강의마다 정해진 목표를 달성하고 분명하게 매듭을 짓는 것은 좋은 강의가 될 수 있다.

(3) 상호작용

수업에서 교사와 학생, 학생과 학생 사이의 상호작용은 매우 중요한 요소다.

① 학생들이 수업에 참여할 기회를 주는가

바람직한 수업은 교사의 일방적인 주도로 이루어지기보다는 학생들의 적극적이고 능동적인 참여를 유도하여 교사와 학습자, 학습자와 학습자 간의 상호작용이 활발히 이루어져야 한다.

② 학생들에게 격려와 칭찬을 자주 해 주는가

학생들은 교사가 자신에 대하여 관심을 갖고 있는지 알고 싶어 한다. 따라서 학생들을 자주 격려해 주고 칭찬해 주면 학생들은 더욱 의욕적으로 수업에 참여하게 될 것이다. 또한 학생들에게는 즉각적으로 피드백이 이루어져야 효과적이다.

③ 학생들에게 효과적인 질문을 하고, 학생들이 질문하도록 유도하는가

질문은 교수자와 학생이 대화를 할 수 있는 효과적인 상호작용 방법이다. 좋은 질문은 학생들의 주의를 집중시킬 수 있고, 학생들의 참여를 유도하며, 사고를 발전시킨다. 따라서 철저하게 준비된 효과적인 질문을 하고, 학생들이 질문할 수 있도록 유도하는 질문을 던지는 것이 효과적이다.

(4) 목소리

언어적 표현에서 가장 신경을 써야 할 부분은 발음의 정확성, 목소리의 크기, 말의 속도 그리고 적절한 억양과 소리의 변화다.

① 발음은 정확한가

대부분의 사람은 자기 나름대로의 발음 방식으로 커뮤니케이션을 한다. 예를 들면, 'ㅡ', 'ㅓ' 모음이나 'ㄹ', 'ㅎ' 자음을 정확하게 발음하지 못하는 경우가 있고, 혀 짧은 소리를 내는 경우도 있다. 또는 '음~', '에~', '그래서~' 등 불필요한 말을 말하는 사이사이에 집어넣거나 말끝을 어물어물하게 넘겨서 무슨 말을 하는지 분명하게 알아들을 수 없는 경우도 있다.

② 목소리의 크기는 적절한가

목소리의 크기는 말을 효과적으로 전달하는 데 필수적이다. 교사의 목소리가 너무 커서 교실에 쩌렁쩌렁 울리거나 목소리가 너무 작아서 잘 들리지 않는 것은 곤란하다. 따라서 이때에는 교실 뒤편에 앉아 있는 학생에게 물어서 소리의 크기를 적절하게 조절한 후 강의를 시작하는 것이 필요하다.

③ 말의 속도는 적절한가

말의 속도가 너무 빠르면 학생들은 내용을 제대로 이해하지 못하고 교사의 말을 따라가기에 바쁘다. 또한 말의 속도가 너무 느리면 학생들은 다른 생각을 하게 될 가능성이 커진다. 말의 내용을 강조할 것인가 아닌가에 따라서도 말의 속도가 달라진다. 요점을 얘기할 때는 되도록 천천히 신중하게 말하고, 내용상 비중이 없는 얘기를 할 경우에는 말의 속도를 빨리 할 수 있다. 주의를 집중시키고 말의 내용을 반전시키고자 할 때는 말을 하다가 잠시 멈추는 것도

효과적이다.

④ 목소리의 억양과 속도는 변화가 있는가

아무리 목소리 크기와 속도가 적절하다고 할지라도 단조로운 소리가 계속 이어진다면 금방 지루해지게 된다. 듣기 좋은 강의를 하기 위해서는 목소리의 강약을 변화시키고, 음의 높고 낮음, 속도의 빠르고 느림에 적절한 변화를 주어야 한다. 이 자체만으로도 학생들에게 내용의 중요성과 교사의 의도를 전달할 수 있다.

(5) 몸동작

의사소통에는 언어적 표현뿐만 아니라 비언어적 표현도 중요하다. 따라서 비언어적인 몸동작, 자세, 시선 표정 등을 적절히 관리해야 한다.

① 몸동작이 의도적이고 적절한가

커뮤니케이션을 할 때의 행동을 세심하게 분석해 보면 60여 가지의 신체적인 동작 또는 제스처가 있다고 한다. 이러한 몸동작은 해당 상황마다 서로 다른 여러 가지 의미를 나타낸다. 따라서 원하는 효과를 낼 수 있도록 적절하게 몸동작을 활용해야 한다.

② 서 있는 자리를 옮겨 주는가

학생들이 오랜 시간 동안 한 군데에 시선을 맞추고 집중하다 보면 피로해지기도 하고, 졸음이 오기도 한다. 그러므로 강의를 하는 동안 가끔 자리를 옮기거나 가능하면 교단에서 내려와 학생들 사이를 지나다니면 학생들의 시선을 집중시키는 데 도움이 될 수 있다. 그러나 지나치게 왔다갔다 하는 것은 오히려 산만해질 수 있다.

③ 학생들에게 시선을 주고 있는가

강의를 하는 동안 모든 학생과 한 번 이상의 눈 맞춤을 하는 것은 매우 중요하다. 이때에는 시선을 너무 빨리 움직이지 말고 학생이 교사와 눈이 마주쳤다는 것을 인식할 때까지 순간적으로 시선을 정지시키는 것이 좋다.

④ 몸동작과 시선의 효과를 극대화하는가

교실 안에는 교사 눈에 보이지 않는 숨은 공간이 없어야 한다. 뒤에 앉은 학생일지라도 칠판 글씨가 잘 보이는지 등의 질문을 통해 자연스럽게 시선과 관심을 가져 준다면 교실의 전체적인 분위기가 살아날 수 있다.

(6) 칠판쓰기

강의를 진행하면서 칠판을 활용하는 것은 의사전달의 효과를 높일 수 있다.

① 학습효과를 높이도록 칠판을 사용하는가

칠판을 활용할 경우에는 다음의 네 가지 효과가 있다.

- '시각적' 효과: 말로는 묘사나 설명이 충분히 설명이 되지 않을 때 그림이나 도표, 수식으로 표현할 수 있다.
- '악센트' 효과: 칠판에 요약해서 쓰거나 쓴 글에 밑줄 혹은 원을 그리면서 중요한 점을 부각시킬 수 있다.
- '브레이크' 효과: 강의 진도가 급하게 나가거나 말의 속도가 빨라질 때 판서를 하여 속도를 늦추고 학생들에게 생각할 기회를 줄 수 있다.
- '본보기' 효과: 전문인 또는 학자의 필기 습관을 보여 줄 수 있다.

② 판서는 중요한 내용만 다루는가

교재에 나오는 내용을 그대로 판서하는 것보다는 교사의 말 중 중요한 내용을 요약하는 형태로 판서를 하는 것이 훨씬 효과적이다. 그러나 수업시간 내내 판서만 하게 되면, 학생들은 판서 내용을 베끼기에 급급해서 교사의 설명도 제대로 듣지 못하고, 수업시간 내내 교사의 뒷모습만 쳐다보게 될 수도 있다.

(7) 매체 활용하기

수업에서 매체를 활용할 때는 매체 내용과 속도, 분량을 고려해야 한다.

① 매체는 수업내용을 보완하는가

일반적으로 수업시간에 파워포인트나 OHP를 통한 자료를 제시할 경우에는 교사의 말을 보완할 수 있는 형태로 자료를 제시해야 한다. 이미 스크린에 제시되어 있는 내용을 교사가 줄줄이 읽어 내려가는 것은 강의가 지루하게 되는 지름길이다.

② 진도가 적절한가

칠판쓰기는 강의 진행 속도를 늦추는 반면 파워포인트나 OHP는 강의 진행을 가속하는 결과를 가져올 수 있다. 따라서 학생들이 충분히 이해하고 생각할 수 있는 시간이 제공되도록 진도를 적절하게 조절해야 한다.

③ 분량이 적절한가

매체를 통해 강의를 진행하다 보면 필요 이상으로 많은 분량의 내용을 다룰 수 있다. 따라서 중요한 내용을 효과적으로 제시할 수 있도록 매체자료를 준비해야 한다.

Worksheet 효과적인 강의기술 체크리스트

구 분	문 항	개선이 필요함		O K		잘함
목소리	1. 목소리의 크기가 적절한가?	1	2	3	4	5
	2. 말하는 속도가 적절한가?	1	2	3	4	5
	3. 발음이 분명한가?	1	2	3	4	5
	4. 목소리에 변화가 있는가?	1	2	3	4	5
	5. 목소리에 생동감(자신감)이 있는가?	1	2	3	4	5
몸동작	1. 몸동작이 의도적이고 적절한가?	1	2	3	4	5
	2. 서 있는 자리를 옮겨 주는가?	1	2	3	4	5
	3. 학생들에게 시선을 주고 있는가?	1	2	3	4	5
	4. 모든 학생을 살펴보는가?	1	2	3	4	5
	5. 몸동작의 효과를 극대화하는가?	1	2	3	4	5
칠판 / OHP 쓰기	1. 잘 보이는가?	1	2	3	4	5
	2. 짜임새 있고 정돈되어 있는가?	1	2	3	4	5
	3. 악센트 효과가 있는가?	1	2	3	4	5
	4. 양이 적절한가?	1	2	3	4	5
	5. 말하는 내용을 중복하지는 않는가?	1	2	3	4	5
강의 진행	1. 강의에 열의가 느껴지는가?	1	2	3	4	5
	2. 시간을 의미 있게 보내는가?	1	2	3	4	5
	3. 강의 속도가 적절한가?	1	2	3	4	5
	4. 호기심을 유도하는가?	1	2	3	4	5
강의 구성	1. 강의 목표가 확실하게 전달되는가?	1	2	3	4	5
	2. 강의가 여러 단락으로 나눠져 있는가?	1	2	3	4	5
	3. 한 가지 이상의 강의 방법을 사용하는가?	1	2	3	4	5
	4. 가장 중요한 내용이 부각되는가?	1	2	3	4	5
질문, 대답, 반응	1. 학생들에게 효과적인 질문을 하는가?	1	2	3	4	5
	2. 학생들이 참여(대답)할 기회를 주는가?	1	2	3	4	5
	3. 학생들의 대답에 긍정적 반응을 보이는가?	1	2	3	4	5
	4. 학생이 못하였을 때 격려해 주는가?	1	2	3	4	5
	5. 학생들이 질문하도록 유도하는가?	1	2	3	4	5

2) 효과적인 설명전략

(1) 적절한 예시의 사용

학습은 적절한 설명과 유의미하고 흥미 있는 예를 제시함으로써 촉진된다. 설명과 예시는 학습을 효과적으로 하기 위해서 의미 있게 잘 구조화되어야 하고, 설명되고 제시되는 교과내용이 명확하게 서술되어야 한다. 다음은 적절한 예시를 사용하여 설명할 때의 고려사항이다.

- 학생들의 이해를 촉진할 수 있는 적절한 예를 선택해야 한다.
- 예를 들 때에는 의미성을 강조해야 한다.
- 교과내용을 설명하고 제시하기 위해 구체적이며 시각적인 예를 사용해야 한다.
- 동일한 내용에 대해서 다양한 관점으로 접근할 수 있고, 교과내용의 다양한 맥락에 적용할 수 있다는 것을 보여 주는 다양한 예를 사용해야 한다.
- 너무 많은 세부사항을 설명하거나 제시하여 혼란을 주지 말아야 한다.

(2) 학습을 촉진하기

학생의 학습을 촉진하기 위해 설명과 예시를 사용할 때 적용할 수 있는 일반적인 고려사항은 다음과 같다.

- 학생들이 학습목표를 성취하기 위해 사용해야 할 절차와 그 학습목표를 알려 주어야 한다.
- 새로운 교과내용을 소개하기에 앞서 선행 지식과 기초적인 개념을 항상 다시 가르쳐야 한다.
- 학생의 관심을 끌기 위해 재미있는 머리말을 제공해야 한다.
- 새로운 교과내용을 다룰 때 교수를 서두르지 말아야 한다.
- 설명할 교과내용의 주요 특성을 분석하고, 그 특성과 예의 관련 요소 사이의 관계성을 강조해야 한다.
- 전문용어를 사용하지 말고, 교과내용의 복잡한 부분을 지나치게 강조하

지 말아야 한다.

- 교과내용을 설명하기 위해서 단순화된 도표, 차트, 선, 모형 등을 사용해야 한다.
- 모든 학생이 설명하는 것을 보고 들을 수 있도록 해야 한다.
- 설명이나 제시를 하는 동안 학생들의 주의를 집중시키도록 해야 한다.
- 학생들의 반응에 민감하게 대처한다. 이때 학생들이 적극적인 반응을 보이지 않는다면 설명이나 제시를 조정해야 한다.
- 학습한 아이디어의 연결을 촉진하도록 언어나 그림으로 된 매체를 제공해야 한다.
- 모든 설명은 간결하고 요령 있게 해야 한다.
- 교과내용의 일반화와 적용을 보여 주기 위해 폭넓고 다양한 상황에서 교과내용이 사용됨을 제시해 보여야 한다.

(3) 설명기법과 방식

효과적인 설명을 하기 위해서는 다음과 같은 설명기술과 방법에 대한 고려가 필요하다.

- 설명과 제시의 기술을 다양하게 사용하고 어떤 특정한 방식에 치우치지 말아야 한다.
- 생동감 있고 열성적인 설명방식을 개발해야 한다.
- 따뜻하게 반응해 주는 교수법을 개발해야 한다.
- 설명하거나 제시할 때 편안하고 목적이 있는 방식을 사용해야 한다.

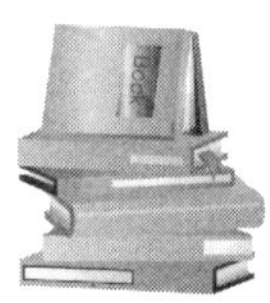

Worksheet 효과적인 설명전략 체크리스트

□ 학생들의 이해를 촉진할 수 있는 적절한 예, 즉 구체적이며 시각적인 예를 다양하게 사용하였다.

□ 너무 많은 세부사항을 설명하거나 제시하여 어수선하게 하지 않았다.

□ 새로운 내용을 소개하기에 앞서 선행 지식과 기초적인 개념을 회상하게 하였다.

□ 설명할 교과내용의 주요 특성을 분석하고, 그 특성과 예의 관련 요소 사이의 관계성을 강조하였다.

□ 전문용어를 사용하지 않고 교과내용의 복잡한 부분을 지나치게 강조하지 않았다.

□ 단순화된 도표, 차트, 선, 모형 등을 사용하여 설명하였다.

□ 설명을 하는 동안 학생들의 주의를 집중시키도록 하였다.

□ 학생들의 반응에 민감하게 대처하며, 학생들이 적극적인 반응을 보이지 않을 때 설명을 조정하였다.

□ 학습한 아이디어의 연결을 촉진하도록 언어나 그림으로 된 매체를 제공하였다.

□ 간결하고 생동감 있으며, 열성적인 설명방식을 개발하였다.

2. 동기유발

수업에 있어서 고려해야 할 가장 중요한 요소 중 하나는 학습자의 동기를 유발하는 것이다. 어떤 훌륭한 교사가 좋은 수업을 한다고 해도 학습자가 학습하고자 하는 동기가 없다면 효과적인 수업은 일어나지 않는다. 따라서 교사는 다양한 방법을 통하여 학습자의 동기를 유발시키고자 노력해야 한다. 동기유발은 시간적 · 공간적 · 환경적 차원에서 복합적으로 이루어지므로 동기화는 수업 전부터 수업이 종결된 이후까지 모든 교수활동에 수반되어야 한다.

1) 학습동기유발 전략-켈러의 ARCS 모형

켈러(Keller, 1987)는 학습동기를 유발하기 위한 원리는 주의집중(attention), 관련성(relevance), 자신감(confidence), 만족감(satisfaction)이며, 이 네 가지 요소가 골고루 극대화될 때 학습동기가 높아진다고 하였다.

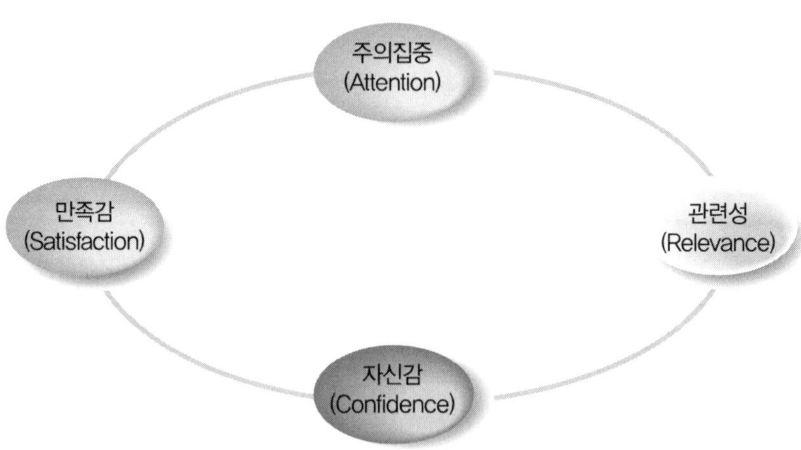

[그림 4-1] ARCS 모형에 의한 동기유발 전략

〈표 4-1〉 동기유발 전략

요소	전 략
주의집중 (Attention)	◉ 교수자료의 제시 기법을 다양하게 한다. • 인쇄자료에서는 여백 두기, 굵은 글씨체 쓰기, 제목 붙이기, 밑줄치기 등을 활용한다. • 그림이나 도표를 영상으로 제시할 때는 잠시만 비추어 주고 변화를 준다. • 교수자의 음성을 다양하게 변화시킨다. ◉ 구체적인 예를 사용한다. • 실물을 보여 주거나 실제 상황 속에서 일화를 제시한다. • 적절한 비유를 활용한다. ◉ 특이한 상황이나 문제상황을 제시한다. • 기대하지 않았던 자극이나 개념적 갈등을 유발시킨다. • 상반된 결과나 견해를 제시한다. • 전문가의 상이한 입장을 소개한다. • 경험 요소를 비유적 방법으로 제시한다.
관련성 (Relevance)	◉ 새로운 학습과제를 친숙하게 만든다. • 친밀한 인물이나 사건을 활용한다. • 모형을 활용하여 설명한다. ◉ 학습자들의 요구를 충족시킨다. • 실용적인 목표를 제시한다. • 목적지향적인 학습 형태를 활용하고, 목적의 선택 가능성을 제공한다. ◉ 학습내용의 미래지향적 가치에 관해 알려 준다. • 현재의 학습내용이 실생활에 어떻게 적용되는지 알려 준다. • 학생들의 미래나 인생 목표에 학습과제를 관련시킨다.
자신감 (Confidence)	◉ 학습목표를 분명하게 알려 준다. • 수업목표를 명확하고 구체적으로 알려 준다. • 평가기준 및 피드백을 제공한다. ◉ 난이도 수준에 따라 학습과제를 계열화한다. • 쉬운 것, 단순한 것, 하위 내용부터 시작하도록 한다. • 다양한 수준의 시작점과 난이도를 제공한다. ◉ 학생에게 개인적 학습 조절전략을 사용하도록 한다. • 학습의 속도, 학습의 종료 등을 학생이 조절할 수 있도록 한다. • 학생이 원하는 학습내용을 손쉽게 찾을 수 있도록 한다.

(계 속)

만족감 (Satisfaction)	◉ 수행결과에 대해 다양한 피드백을 제공한다. • 정답뿐만 아니라 정답에 이르는 경로를 알려 주는 정보도 함께 제공한다. • 의미 있고 사려 깊은 피드백으로 사기를 북돋운다. ◉ 학습한 내용을 일반화하여 적용해 보도록 한다. • 연습문제나 모의상황을 제공한다. • 후속 학습상황에서 적용할 수 있도록 한다. ◉ 학습결과에 공정함을 느끼도록 한다. • 수업목표와 내용의 일관성을 유지한다. • 연습과 시험문제를 일치시킨다.

2) 동기유발의 원리

(1) 학생들에게 동기 부여하기

- 현실적인 목표를 세우고 이러한 목표를 달성하려고 시도하는 학생들을 강화시킨다.
- 학생들에게 높은 성취를 달성하도록 동기화하기 위하여 도전적이고 다양한 학습활동과 경험을 제공한다.
- 학생들이 성공을 경험하고 유능하다는 느낌을 갖게 한다.

(2) 여러 유형의 강화 사용하기

- 개인이나 특정 학생집단에 효과가 있을 것 같은 잠재적 강화자를 선택한다.
- 강화자와 학생들의 지적 · 사회적 성숙도를 연결한다.
- 적절한 강화자를 선택할 때 학생 개개인의 흥미와 가치를 고려한다.
- 강화자로 토큰을 사용한다.
- 별로 원하지 않는 학습활동을 위한 강화자로 인기가 있는 학급활동을 사용한다.
- 광범위하게 연습하고 과다하게 학습을 하게 되는 경우에는 강화자로 구

두 격려와 칭찬을 자주 사용한다.

- 만일 정적 강화자가 효과가 없는 것으로 나타나면 부적 강화자를 사용한다.
- 학습과제의 수준과 성질에 적합하도록 강화의 형태와 강도를 다양하게 한다.
- 새로운 반응을 학습하는 초기단계에서는 지속적인 강화를 사용한다.
- 학습이 충분히 이루어졌을 때는 간헐적 강화계획을 이용한다.

(3) 강화의 시점과 방법

- 새로운 학습과제나 더 많은 노력과 주의가 필요한 과제에는 즉각적인 강화를 제공한다.
- 학습에 해로운 행동은 절대 강화하지 않는다.
- 원하는 목표 행동에 성공적으로 근접하도록 강화시킴으로써 새로운 수행 방식을 고무시킨다.
- 집단수행과 관련하여 강화한다.
- 학생들의 업적을 도표화하여 공개한다.
- 지나치게 높은 수준의 동기를 자극하거나 능력 이상의 수준까지 성취하도록 학생들에게 압력을 가하지 않는다.
- 체벌의 사용을 피한다.

Worksheet 효과적인 동기유발 전략 체크리스트

- □ 현실적인 목표를 세우고 이러한 목표가 달성하려고 시도하는 학생들을 강화하였다.
- □ 학생들에게 높은 성취를 달성하도록 동기화하기 위하여 도전적이고 다양한 학습활동과 경험을 제공하였다.
- □ 학생들이 성공을 경험하고 유능하다는 느낌을 갖게 하였다.
- □ 열심히 연습하고 학습하는 경우에 강화자로 언어적 격려와 칭찬을 자주 사용하였다.
- □ 학생들의 지적 · 사회적 성숙도와 강화인자를 적절하게 연결하였다.
- □ 적절한 강화인자를 선택할 때 학생 개개인의 흥미와 가치를 고려하였다.
- □ 별로 원하지 않는 학습활동을 위한 강화자로 인기가 있는 학급활동을 사용하였다.
- □ 학습에 해로운 행동은 강화하지 않았다.
- □ 정적 강화인자가 효과가 없을 때 부적 강화인자를 사용하였다.
- □ 학습과제의 수준과 성격에 적합하도록 강화의 형태와 강도를 다양하게 하였다.
- □ 새로운 반응을 학습하는 초기단계에서는 지속적인 강화를 사용하였다.
- □ 학습이 충분히 이루어졌을 때는 간헐적 강화를 이용하였다.
- □ 새로운 학습과제나 더 많은 노력이나 주의가 필요한 과제에는 즉각적인 강화를 제공하였다.
- □ 체벌의 사용을 피하였다.
- □ 지나치게 높은 수준의 동기를 자극하거나 능력 이상의 수준까지 성취하도록 학생들에게 압력을 가하지 않았다.
- □ 학생들의 성취를 도표화하여 공개하였다.

3. 질문 주고받기

교사의 질문은 수업상황에서 의사소통방식을 이끌고 확장시키며, 동시에 통제하는 강력한 도구라 할 수 있다. 질문은 수업을 역동적으로 이끄는 데 있어 중요한 기술 중 하나로, 교사와 학생은 교육내용과 관련하여 상호 질문을 함으로써 수업을 생동감 있게 만들 수 있다. 효과적인 질문은 학생들로 하여금 적극적으로 응답하게 하고, 학습에 흥미를 갖도록 하는 동기를 제공하며, 학습과정에 적극적으로 참여하도록 이끈다(Borich, 2002).

1) 질문능력 향상을 위한 기법

교사는 수업을 효과적으로 증진시키기 위해 다양한 질문기법을 사용한다. 적절한 질문기법은 학생들 스스로 질문에 대한 해답을 찾을 수 있도록 돕고 수업에 학생들의 참여를 촉진시킨다. 질문능력을 향상시키기 위한 기법을 살펴보면 다음과 같다(Cole & Chan, 1981).

- 잠시 생각할 시간(잠깐 멈춤)을 주어야 한다. 교사는 학생이 질문에 대한 답을 구상할 수 있도록 시간을 제공하여야 한다.
- 격려한다. 학생이 완전한 답을 하기 위해서는 교사의 자극이나 격려가 요구되며, 이 경우 학생들은 답을 제공할 가능성이 높아진다.
- 반복한다. 학생들이 교사의 질문을 정확히 듣지 못했다면 교사는 학생들이 주의를 기울이도록 반복해서 질문을 한다.
- 고쳐서 질문한다. 학생들이 질문의 의미를 제대로 파악하지 못했다면 학생들이 쉽게 이해할 수 있는 형태로 질문을 쉽게 설명해 준다.
- 추가적인 정보를 제공한다. 학생들은 정보의 주요 내용을 모르기 때문에 종종 질문에 대한 정확한 답을 할 수 없다. 교사는 이런 점을 정확히 진단하고, 추가적인 정보를 제공해 줌으로써 답을 하도록 유도한다.
- 추가적 질문을 한다. 학생들은 보통 너무 제한적인 답을 한다. 이럴 경우

교사는 학생들이 자신의 생각을 명확하게 표현할 수 있도록 도움을 주며 다른 관점에서 질문을 살펴볼 수 있도록 학생을 자극한다.

- 답을 예측하도록 격려한다. 학생들은 답을 확실히 알지 못할 경우 질문에 반응하기를 꺼린다. 따라서 교사는 학생들이 자신감을 갖고 긍정적인 태도를 가질 수 있도록 답에 대한 예측이 가능한 질문을 하고 정보를 제공한다.
- 특정 학생이 질문에 답을 하지 못할 경우 다른 학생에게 질문한다.
- 만약 질문이 너무 어려워 대부분의 학생이 답을 하지 못할 경우 교사는 질문의 인지적 요구 수준을 낮추어 학생의 수준에 적합한 질문이 되도록 조정할 필요가 있다.
- 교사는 평가적 논평이나 해설을 하면서 학생들의 대답을 일련의 질문에 연결하거나 질의-응답 과정 중간중간에 정보를 요약해 줌으로써 교육내용을 전체적으로 구조화할 수 있다.

2) 질문전략

소크라테스가 활발하게 사용함으로써 유명해진 질문법은 대화를 통해 지식을 교환하는 방법이다. 질문은 가르치는 이와 배우는 이가 서로 대화를 나누고 있다는 증거이고, 전달한 내용이 제대로 전달되었는지를 확인하는 과정이며, 학생들의 주의를 집중시키고 호기심을 불러일으킬 수 있는 방법이다.

(1) 질문의 왜(Why), 누구(Who)에게, 무엇(What)을, 어떻게(How)

① 전략 1. 왜(Why)

첫째, 주의집중과 동기유발을 위해서다. 수동적인 청취자가 아니라 적극적으로 묻고 답하는 참여자의 입장이 되므로 스스로 공부해야 할 필요성을 느끼게 된다.

둘째, 교사와 학생의 역동적인 상호작용을 위해서다. 질문은 서로 오가는 것을 전제로 하기 때문에 적극적인 상호작용이 이루어진다.

셋째, 다양한 사고능력을 배양하기 위해서다. 질문을 주고받음으로써 생각하는 힘을 키워 주고, 다양한 의견을 교환함으로써 비판, 성찰, 반성하는 능력을 기를 수 있다.

② 전략 2. 누구(Who)에게

질문은 흔히 교사가 학생에게 혹은 학생이 교사에게 한다. 그러나 때로는 학생이 학생에게 질문하고 답하게 함으로써 활발한 토의가 이루어지게 할 수 있다. 좋은 질문을 하기 위해서는 좋은 답을 하는 것보다 내용을 더 깊이 알고 있어야 하기 때문에 학생들끼리 질문을 하고 답할 수 있는 기회를 주는 것도 좋다.

③ 전략 3. 무엇(What)을

첫째, 교과내용을 진행해 나가는 각 관계를 모두 포함하는 다양한 질문을 해야 한다.

둘째, 질문은 교수목표와 관련이 있어야 한다.

셋째, 학생들이 대체로 정답을 말할 수 있는 질문을 해야 한다.

넷째, 질문은 직접적이고 명확해야 하며, 학생들이 잘 아는 단어나 언어를 사용해야 한다.

다섯째, 학생들의 지식 · 경험 · 능력에 적합한 질문을 해야 한다.

여섯째, 한 번에 한 가지의 핵심에 초점을 맞추는 간단한 질문을 해야 한다.

일곱째, 여러 능력 수준의 학생들에게 맞는 다양한 수준의 난이도를 지닌 질문을 해야 한다.

④ 전략 4 . 어떻게(How)

첫째, 질문할 수 있는 환경인지를 고려한다. 질문식 수업은 학생 수가 적고, 질문을 통해 상호작용하며, 해결할 수 있는 학습내용이어야 한다.

둘째, 질문의 목적을 분명히 한다. 질문을 활용한 수업을 하는 이유는 학생들의 주의를 끌기 위해서, 특정 내용을 강조하기 위해서, 스스로 생각해 볼 수 있는 기회를 주기 위해서, 수업을 끝내며 정리하기 위해서, 이론들 간의 관계를 토론하기 위해서 등 여러 가지로 볼 수 있다. 어떤 목적으로 질문을 하는지를 분명히 해 주면 더욱 명쾌한 질문이 될 수 있다.

셋째, 이해할 수 있는 질문을 한다. 학생들이 질문에 대답하지 못하는 것은 답 자체가 어렵기 때문인 경우도 있지만 질문을 이해하지 못하기 때문일 수도 있다. '이렇게 설명한 것에 대해 이해하기 힘든 내용은 없습니까?', '이렇게 정리해 보는 것에 대해 동의하지 않는 부분이 있습니까?' 등 구체적으로 답변할 수 있도록 질문을 하는 것이 좋다.

넷째, 질문과 관련된 힌트를 준다. 즉시 답이 나오지 않으면 질문을 반복하거나 다른 학생을 지목하기 쉬운데, 그것보다는 시간을 주며 질문과 관련된 힌트를 주는 것이 좋다.

다섯째, 좋은 질문만을 골라서 한다. '예/아니요'로 답할 수밖에 없는 폐쇄형이 아닌 개방형 질문, 직접질문보다는 간접질문의 형태가 적당하다. 또한 여러 가지 내용이 섞인 이중질문이 아닌 단일질문과 간결하고 명료한 질문이 좋다.

여섯째, 한 번에 한 가지 질문, 쉬운 질문에서 어려운 질문의 순서로 계열적 · 논리적으로 질문을 해야 한다.

(2) 대답 유도하기

적절한 때에 질문할 수 있는 기술을 터득하는 것도 중요하지만 질문을 한 후에 학생들이 대답을 하도록 유도하는 기술 역시 중요하다. 학생들의 무반응은 학습된 것이다. 따라서 무반응을 쉽게 용납하기보다 반응을 보일 수 있는 기회를 주어 양방향적 학습이 이루어지도록 도와야 한다.

① 전략 1. 반응이 나올 때까지 기다린다

질문 후 대답이 나올 때까지 기다리는 방법이 있다. 이 방법은 쉬운 것이 아니다. 침묵이 흐르는 동안의 눈싸움에서 대개는 교사가 지기 때문이다. 그러나 기다림의 고비를 넘기면 교사의 마음을 읽어 주는 학생이 나오게 마련이다.

② 전략 2. 대답할 수 있도록 다시 질문한다

같은 내용의 질문이지만 조금 다른 각도에서 생각해 볼 수 있는 질문을 제시할 수 있다. 종합적인 대답을 요구하는 포괄적인 질문이었다면 부분적인 대답이 가능한 질문으로 바꾸어 볼 수도 있다. 뿐만 아니라, 학생들의 학습 준비도에 따라서 이해하지 못하는 경우도 있으므로 학생의 수준에 맞추어 다시 질문할 수 있다.

③ 전략 3. 함께 토의한 후 대답하도록 유도한다

전혀 반응이 없는 경우엔 옆에 앉아 있는 학생들과 함께 토론할 수 있는 시간을 준 후 논의한 내용을 발표하게 할 수 있다. 토론과정을 통해 질문에 대한 해답을 찾아낼 수 있고, 질문 자체에 대해 무심했던 마음을 추스를 수 있는 기회가 된다. 뿐만 아니라, 함께 토의한 내용이므로 개인의 부담이 아닌 공동의 책임이 되기 때문에 대답하는 것도 자연스러워진다.

④ 전략 4. 틀린 답을 제시해 본다

물음에 대해 일부러 틀린 답을 제시해 줌으로써 정답에 이르는 생각의 범위를 좁혀 줄 수 있다. 특히, 학생들이 자주 실수하는 단골 오답을 기억해 두었다가 제시해 주면 한층 더 진지하게 경청할 수 있도록 도울 수 있다.

(3) 질문받기

질문이라는 훌륭한 양방향 통신수단이 교사에 의해서만 이루어질 때가 있다. 학생들이 질문을 하지 않는 이유는 권위에 도전하기를 겁내기 때문이며, 질문하는 과정에서 자신의 허점이 드러나는 것에 대한 두려움 때문이다. 이러한 그릇된 오해와 근거 없는 불안을 최소화할 수 있는 지혜와 여유가 있을 때에만 학생들은 질문할 수 있다.

① 전략 1. 일단 환영해 준다

엉뚱한 질문으로 곤란하게 하는 단골 악동이 손을 들어도 기회를 주어야 한다. 단순히 웃기려고 하는 질문인 경우에도 농담으로 무시하기보다는 적절한 정도로 진지하게 대해 주는 것이 좋다. 또한 어떤 질문이든 너무 예민하게 반응하거나 방어적인 태도를 취하지 말고 환영해 주는 여유가 필요하다.

② 전략 2. 질문의 의도를 파악한다

자기 과신을 위해 질문이 아닌 설명을 하거나 내용과 동떨어진 장황한 질문을 하는 경우 등 다양한 상황이 벌어질 수 있다. 따라서 질문의 내용에 앞서 질문자의 감정을 읽어 주려는 노력이 필요하다. 질문의 내용이 불분명한 경우에는 질문을 되묻는 방법으로 확인하는 것이 좋다.

③ 전략 3. 질문에 대해서 긍정적으로 반응해 준다

질문의 내용이 주제에서 빗나갔거나 답하기 어려운 질문인 경우에도 먼저 긍정적으로 반응해 주어야 한다. 어떤 경우에든 질문을 무시하거나 모르면서 아는 척한다는 인상을 주지 말아야 한다. 또한 단답형으로 대답하는 성의 없는 태도도 금물이다.

④ 전략 4. 여유 있게 대답해 준다

질문이 끝나자마자 기다렸다는 듯 즉시 대답하는 것은 오히려 질문의 효과를 떨어뜨릴 수 있다. 질문하는 동안 학생 스스로가 해답을 발견할 수도 있다. 또한 여유를 가지고 대답하는 자세가 질문할 수 있는 분위기를 북돋을 수 있다.

⑤ 전략 5. 질문에 혼자 답해야 된다고 생각하지 않는다

학생이 질문하고 교사가 답하는 것이 일반적이지만 때로는 그룹의 역동성을 이용하여 학생의 질문에 다른 학생이 답할 수 있도록 기회를 줄 수 있다(권성호, 2002 참고).

Tips 질문기술과 학생 수의 영향

학생 수	질문기술
1~20명	교사와 학생 모두 많은 질문을 한다. 학생들과 교사는 스스로, 또한 모두 함께 강의에 대해 토론한다.
21~30명	교사는 질문하고 학생들은 대답한다. 학생들은 어느 정도 질문을 한다. 학생 상호 간에 약간의 토론이 있다.
31~50명	교사가 질문하고 학생들은 대답한다. 학생들은 조금 질문을 한다. 학생들 간에 제한된 토론만 있다.
51~100명	교사가 질문하고 학생들은 대답한다. 학생들은 조금 질문을 한다. 학생들은 가까이에 앉은 학생들 하고만 토론할 수 있다. 교사에게 피드백이 적거나 없다.
100명 이상	교사가 질문을 한다. 학생은 동의하는지 동의하지 않는지에 대해 손을 들어 표시한다. 학생의 코멘트나 질문은 거의 없다. 학생들은 가까이에 앉은 학생들 하고만 토론할 수 있다. 교사에게 피드백이 적거나 없다.

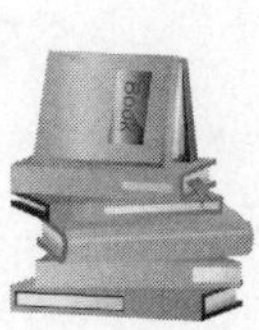

Worksheet 효과적인 질문전략 체크리스트

- □ 교과내용을 진행해 나가는 각 관계에서 다양한 질문을 하였다.
- □ 질문은 직접적이고 명확하였으며, 학생들이 잘 아는 단어나 언어를 사용하였다.
- □ 학생들의 지식 · 경험 · 능력에 적합한 질문을 하였다.
- □ 한 번에 한 가지 핵심에 초점을 맞추는 간단한 질문을 하였다.
- □ 여러 능력 수준의 학생들에게 맞는 다양한 난이도 수준의 질문을 하였다.
- □ 쉬운 것에서 어려운 것 순서로 질문하였다.
- □ 특정한 교수목표를 성취할 수 있도록 논리적 계열로 질문하였다.
- □ 질문을 한 후 학생들이 적절한 답을 생각할 수 있는 적당한 시간을 주었다.
- □ 학습활동의 목적, 교과내용의 난이도에 맞게 질문의 속도와 기다리는 시간을 조정하였다.
- □ 교실의 모든 학생에게 고루 질문하였다.
- □ 같은 질문이나 질문에 대한 학생의 대답을 습관적으로 반복하지 않았다.
- □ 학생들을 긴장하게 만들거나 위협적으로 질문하지 않았다.
- □ 학생들이 대답을 확실히 모를 때, 지적인 추측을 해 보도록 용기를 북돋아 주었다.
- □ 일상적이지 않은 특이한 대답도 잘 수용하였다.
- □ 학생이 질문을 잘못 이해하고 있을 때, 쉬운 말로 다시 질문하였다.
- □ 학생들의 답이 부적절하고 불완전할 때 보충적인 정보를 제공해 주었다.

4. 토론지도

토론수업은 학생이 자기 의견을 적절하게 표현하는 능력과 함께 자발성, 자아 확립, 민주적 질서의식을 기를 수 있다. 또한 타인의 의견을 존중하는 것을 배움과 동시에 타인을 이해할 수 있는 기회가 된다. 자기 의견을 주장하기 위해서 필요한 설득력, 타협 등의 합의기술, 대화기술, 사회적 대처기술 등 공동생활 방법을 터득하기도 한다.

1) 토론수업의 준비

토론이 시작되기 전, 교사는 수업목표를 명확하게 설정하고 이에 맞는 주제와 방식을 선정한다. 이때 학습자의 능력이나 수준, 관심 정도, 수업내용의 맥락, 제반 여건 등을 고려해야 한다. 특히, 학습자들이 관심을 갖지 않거나 문제의식을 느끼지 못하는 주제인 경우에는 효과적인 토론을 기대할 수 없다(이성호, 1999).

토론수업을 준비하는 단계에서는 다음과 같은 점에 유의해야 한다.

- 토론의 주제는 모든 학생에게 의미 있고 흥미로운 것이어야 한다.
- 토론 전에 사회자와 토론 참여자에게 토론 예절에 관한 교육이 필요하다.
- 토론이 끝난 후 교사는 토론 전반에 대해 논평을 해야 한다.
- 성공적인 토론수업을 위한 물리적 환경(크기, 좌석배치, 조명, 소음, 냉난방 시설 등)을 고려해야 한다.

2) 토론수업의 전개

토론수업은 토론 주제의 설정, 토론 주제의 제시, 토론 주제에 대한 검토, 토론 주제에 대한 의사교환, 토론수업의 종결, 토론수업의 평가에 이르는 연속적인 과정으로 이루어진다.

① 토론 주제의 설정

실제 토론에 들어가기 전, 교사는 토론 주제와 개요를 신중하게 구성함으로써 토론을 준비하도록 한다. 학습자들 역시 이전의 수업활동이나 다른 수업시간에 궁금했던 것에 대해 질문을 해 봄으로써 토론을 준비할 수 있다.

② 토론 주제의 제시

토론 주제가 선정되었다면 교사는 학습자들에게 명확하게 토론 주제를 제시해야 한다. 구두뿐만 아니라 칠판, 포스터, 파워포인트 등의 매체를 이용하여 제시하면 더욱 효과적이다.

③ 토론 주제에 대한 검토

도입단계에서 교사의 주요 임무는 학생들이 질문을 다룰 수 있도록 도와주는 것이다. 흔히 토론 주제가 제시되고 나면, 토론집단은 즉시 답을 제공하려고 한다. 이런 사태를 미연에 방지하기 위하여 교사는 '학생들이 질문에 집중하여 토론 주제에 대해 아는 것은 무엇인가?', '이 주제는 우리에게 어떤 의미가 있는가?'를 검토하도록 도와준다.

④ 토론 주제에 대한 의사교환

본격적인 토론단계로 학생들의 활발한 의사교환을 통한 참여가 요구된다. 학생들은 토론 중에 일어나는 질문에 대하여 그들이 가지고 있는 생각들을 발언함으로써, 그 문제에 대해 다른 사람이 말하는 것을 듣고 다시 그에 답함으로써 참여하게 된다. 교사는 주로 발언을 주의 깊게 듣고 적절하게 대답하면서 토론의 모범이 되고, 토론을 제대로 유지하기 위한 행동을 한다.

⑤ 토론수업의 종결

수업이 끝나는 시점에서, 교사는 토론의 종결을 유도하기 위해 토론을 요약·정리하고 남아 있는 질문을 확인한다. 이때 요약은 토론집단이 도달한 내용만 요약해야 한다. 토론의 마지막 5분은 학습자 스스로 그 요약을 반영하면서 종합하여 발표하는 기회를 준다. 요약이 끝나고 나면 뒤이어 집단이 당면한 현재의 질문을 파악해야 한다. 이때 교사는 학습자들이 스스로 개인과 학급의 질문을 파악하도록 요청하고 도와야 한다. 이 새로운 질문은 다음 토론의 초점이나 수업과제가 될 수 있다.

⑥ 토론수업의 평가

토론이 일단 진행되면 교사는 수업 구성원의 일원으로 토론에 참가한다. 그리고 토론이 어떻게 진행되어 가는가를 면밀히 관찰하면서 기록하고 평가해야 한다. 토론이 마무리될 단계에 접어들면 이제까지 토론한 내용을 요약 · 정리하고 결론을 도출해야 한다. 또한 토론의 목적달성 여부를 확인하고 전체 학습자에게 피드백을 제공해야 한다. 토론과정을 성적에 반영할 경우에는 산출 근거를 명확히 밝힌다.

3) 토론수업의 유형

토론수업은 집단의 규모와 활동방식, 수업주도 여부, 장소와 시간에 따라 다양한 유형으로 구분할 수 있다.

(1) 피시 볼(Fish Bowl) 그룹 토의

피시 볼 토론은 어항이 밖에서 안을 들여다 볼 수 있는 것같이 밖의 집단이 안쪽 집단의 토론과정을 관찰할 수 있도록 하는 토론 방법이다.

- 전체 학급을 크게 둘 또는 세 집단으로 나눈다.
- 한 집단 안에 다른 집단은 그 밖에 둥그렇게 원으로 앉게 한 다음, 우선 안쪽의 집단이 토의를 한다. 그리고 바깥쪽 집단은 안쪽 집단의 토의를 관찰하면서 간단하게 요약한다.
- 얼마 후 서로의 자리를 바꾸어 토의한다.

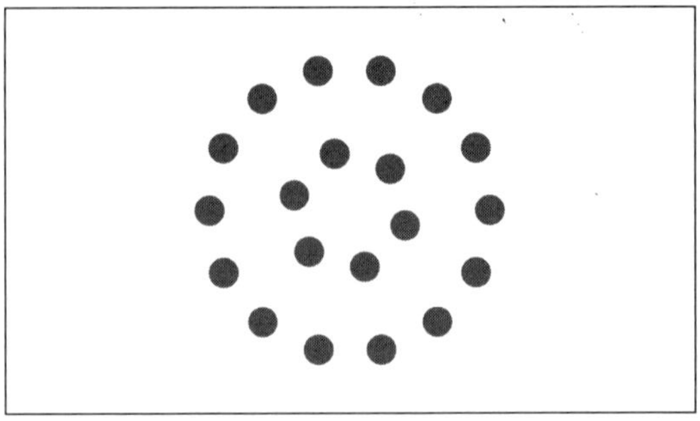

(2) 버즈(Buzz) 그룹 토의

버즈 토론은 '벌들이 윙윙' 거리는 것을 뜻하는 'Buzz' 를 토론의 형태로 하여 진행하므로 시끄러운 학습상황에 비유한 것이다. 미시간 대학의 필립스(J. D. Phillips)에 대해 고안되었다.

- 4~6개의 그룹으로 나눈다(6명씩 6분간 토론하도록 하기도 한다).
- 서로 소개한 후, 그룹의 토의 결과를 보고할 그룹별 대표자를 선출한다.
- 그룹 내 모든 학생이 한 가지씩 아이디어를 제시하게 한 후, 전체 학생에게 그 내용을 요약 · 정리하여 발표한다.
- 눈송이 형태: 2명씩 짝지어 토론한 다음, 어느 정도 토론이 진행되면 2명씩 짝지은 한 집단이 다른 짝집단과 만나 4명의 새 집단을 만들어 토론하고, 얼마 후 4명의 집단이 다른 4명의 집단과 만나 8명의 새로운 집단으로 토론할 수 있다.

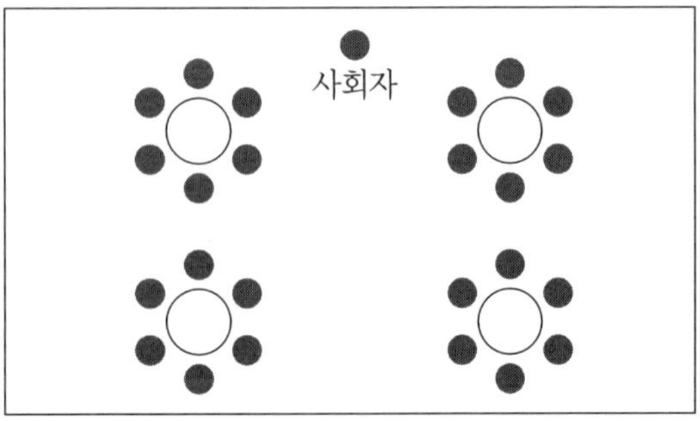

(3) 크로스오버(Cross-over) 그룹 토의

크로스오버 토론은 토론 구성원을 일정 시간 간격마다 새로 충원하면서 토론을 활성화하는 방법이다.

- 각 소집단별 인원 수는 전체 학급 인원 수의 최대 평방근으로 정한다. 예를 들어, 58명의 학급인 경우 최대 평방근은 7명이다($\sqrt{49} < \sqrt{58} < \sqrt{64}$). 따라서 7명씩 8개의 소집단으로 편성할 수 있다. 이때 나머지 2명은 관찰자, 기록자 등으로 활용할 수 있다.
- 각 소집단이 동일한 주제를 놓고 토의를 전개하되, 각 소집단 내 구성원 간에 일련번호를 붙여 놓는다.
- 일정 간격의 시간마다 차례대로 한 명씩 옆의 소집단으로 이동해서 한 바퀴를 돌 때까지 토의한다. 이때 새로 들어온 사람이 먼저 소속된 그룹 안에 있던 토의 내용을 새 집단에 제공하면서 토의를 활성화할 수 있게 된다.

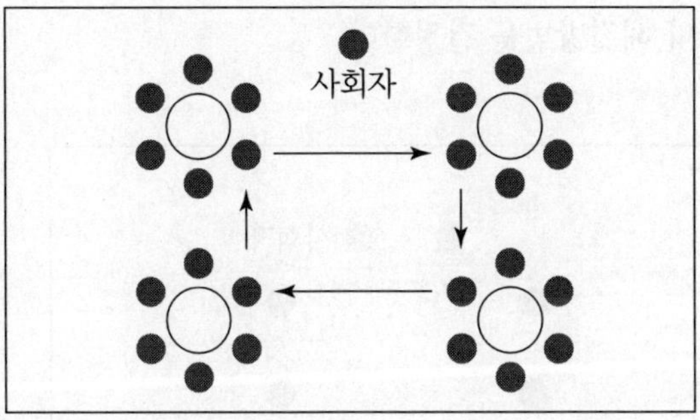

(4) 브레인스토밍(Brainstorming)

브레인스토밍은 개인적으로는 한계가 있는 아이디어를 집단이 집중적 토론을 통해서 기발한 아이디어를 연쇄적으로 이끌어 내고자 하는 회의 방법이다. 오스본(A. F. Osborn)이 토론방법으로 발전시켰다.

- 문제의 확인 : 수업시간에 다룰 문제를 선정한다. 이때 여러 가지 아이디어가 제시될 수 있는 문제를 선정하도록 한다.

- 집단의 구성: 소집단 혹은 전체 학급을 대상으로 지도자와 기록원을 정한다. 이때 결정은 교수자가 하거나 학생들이 할 수도 있다.
- 안내: 교수자와 학생이 이 방법에 익숙하지 않다면 이 방법의 특징과 교육적 의미, 진행방법 등에 대해 먼저 설명한다.
- 문제 제시: 학생들에게 문제를 제시한다. 미리 큰 종이에 적어 두거나 칠판 혹은 파워포인트 등을 이용해 제시하는 것이 좋다.
- 개인별 브레인스토밍: 본격적인 활동에 들어가기 전에 약 2~3분간 학생들 개인별로 브레인스토밍 활동의 주어진 문제에 대해 생각해 보도록 한다. 이러한 개인별 활동은 집단 브레인스토밍 과정에 상당한 도움이 된다.
- 집단 브레인스토밍: 앞서 제시한 다섯 가지 원칙을 학생들에게 인식시킨 후 집단 브레인스토밍 활동을 전개한다. 이때 지도자는 활동을 조정하고, 기록원은 제시된 아이디어를 칠판에 기록한다.
- 평가 및 정리: 제시된 아이디어를 하나씩 평가한다. 가치나 실용성, 실현 가능성 등 중요한 몇 가지 준거를 중심으로 아이디어를 검토하여 최종적인 아이디어나 해결방법을 결정한다.

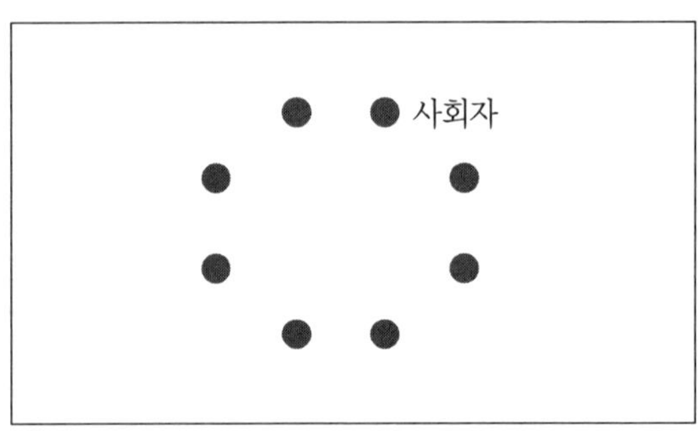

(5) 심포지엄(Symposium)

심포지엄은 고대 그리스, 로마의 담화 또는 좌담 형식의 토론으로 어떤 주제에 대해 학문적으로 권위 있는 전문가 몇 명이 각기 다른 의견을 발표하고, 전문적인 청중과 토론을 진행하는 방법이다.

• 사회자가 주제와 발표자를 소개한다. 주제는 전문적이며, 사회자 · 발표자 · 청중이 주제에 관한 전문적인 지식이나 경험 등을 공유한다.
• 발표자가 순서에 따라 주제에 대해 의견을 발표한다.
• 발표자가 다른 토론자와 질의 · 응답을 한다.
• 사회자가 발표 내용을 요약 · 정리한다.
• 발표자가 청중과 질의 · 응답을 한다.

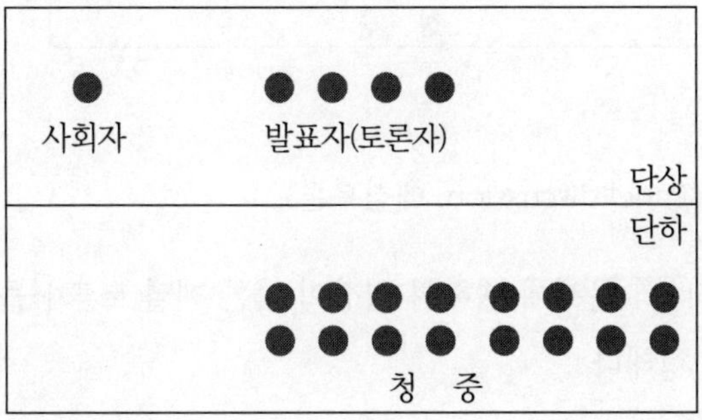

(6) **포럼토론**(Forum discussion, 공개토론)

포럼토론은 고대 로마시대 광장에서 공개적으로 토론하는 데서 유래되었다.

• 사회자가 주로 시사성 있는 내용의 의제를 소개한다.
• 1~3인 정도의 전문가가 10~20분간 공개적으로 연설을 한다.
• 발표자가 토론자와 질의 · 응답한 후 청중과도 질의 · 응답을 한다.

학교수업에서는 몇 명의 학생이 주제를 발표한 다음, 발표를 한 학생과 나머지 학생 간의 질의 · 응답으로 진행되고, 교사는 토론을 이끌어 가는 역할을 한다.

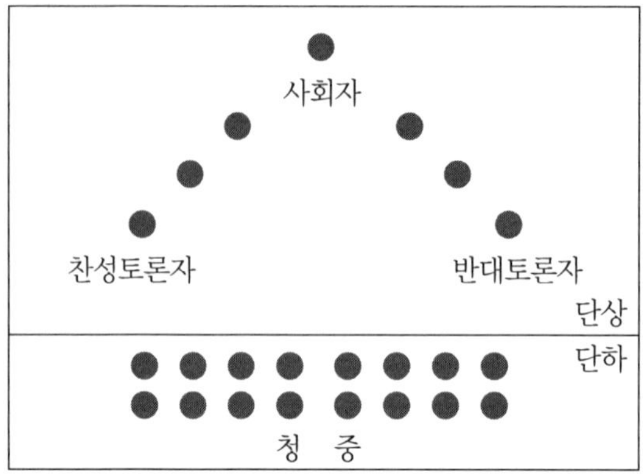

(7) 패널토론(Panel discussion, 배심토론)

패널토론은 하나의 문제에 대하여 입장이 다른 패널(토론자)들이 서로의 입장에서 토론하는 형태다.

- 사회자가 토론 과제를 설명하고 토론자를 소개한다.
- 서로 입장이 다른 토론자(패널, 배심원)가 자신의 입장에서 간결하게 의견을 교환한다.
- 사회자는 토론 내용을 요약하고 청중의 질문을 유도한다.
- 토론자와 청중은 질의 · 응답을 한 후 결론을 도출한다.

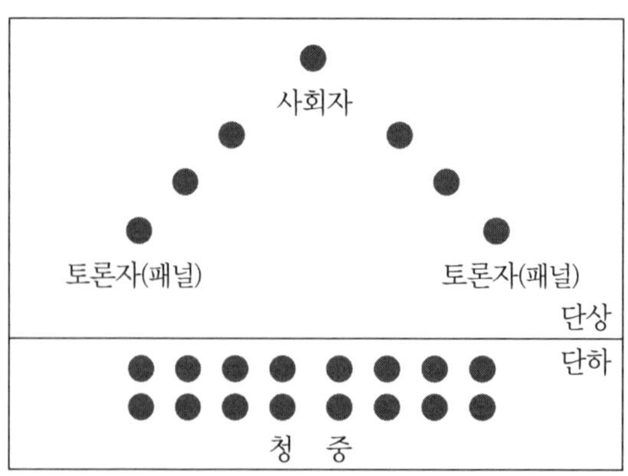

(8) 원탁토론(Round table discussion, 좌담)

토론의 가장 기본적인 형태다. 토론 참가자들이 평등한 입장에서 관심사에 대해 자유롭게 의견을 나누는 좌담형식의 토론이다.

- 토론 참가자들이 토론할 문제를 선정한 후 자유롭게 의견을 교환한다.
- 토론 참가자들이 자유롭게 의견을 교환하면서 문제에 대한 중요성을 인식한다. 참가자들이 모두 발언 기회를 갖도록 배려한다.
- 토론 참가자들이 주어진 문제에 대한 해결방안을 모색한다.
- 해결방안이 모색되면 그에 대해 평가한다.
- 최선의 해결방안을 선택한다(성균관대학교 대학교육개발센터, 교수법 가이드북 참고).

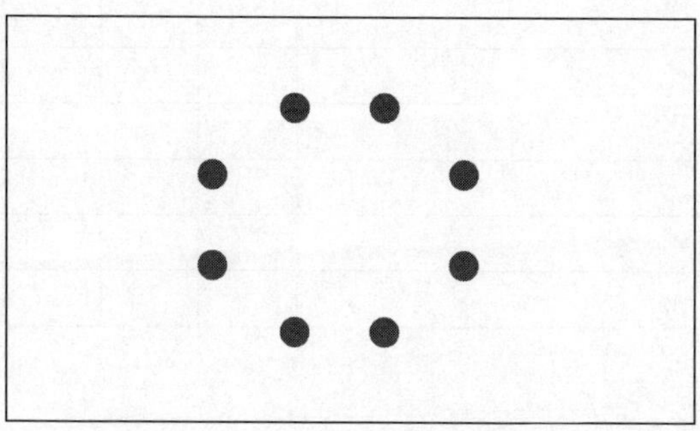

참고 자료 1

소그룹 활동 평가지

이름 ____________

다음의 등급에 따라 소그룹 구성원에 대해 평가하시오.

1 = 매우 명확하지 못함　　2 = 명확하지 못함　　3 = 보통
4 = 명확함　　5 = 매우 명확함

문항 \ 구성원	A	B	C	D	E
토의 제목에 대해 이해하였는가?					
토의에 끝까지 참여하였는가?					
질문에 대해 성의 있게 응답하였는가?					
상대방 의견을 경청하였는가?					
자신의 주장을 확신 있게 펼쳤는가?					
목소리는 적절하였는가?					
유용한 정보를 제공하였는가?					
전체					

토의 제목:

소그룹 활동 자기 평가지

이름 ____________

소그룹 활동에서 나의 역할에 대해 평가하시오.

문항 \ 평가	예	아니요	부분적으로
나는 유용한 제안을 하였는가?			
나는 정보와 아이디어를 공유하였는가?			
나는 팀 구성원의 의견이나 제안을 경청하였는가?			
나는 학습시간을 잘 활용하였는가?			
나는 과제의 정확성을 점검하였는가?			
나는 할당된 과제를 완성하였는가?			

Tips 토론수업에 참여하는 학생에 대한 훈련

- 토의 참가자들에 대해서는 비판하지 않는다. 토의 내용에 대해서만 비판적인 태도를 갖는다.
- 토의 전까지 관련된 과제를 반드시 읽어 온다.
- 토의에서 이기는 것보다 가능한 최선의 결론을 이끌어 내는 데 초점을 맞춘다.
- 모든 사람이 토의에 참여하도록 격려한다.
- 상대방의 의견이 명확하게 이해되지 않을 때, 상대방의 주장을 다시 말해 봄으로써 확인하다.
- 모든 주장을 지지할 수 있는 관련 생각이나 사실을 수집하여 재조합한다.
- 토의에 관련된 모든 논점을 이해하고자 노력한다.
- 증거가 객관적으로 타당하다면 나의 주장을 바꿀 수도 있다.

토론 과제 제시하기

- 토의 주제와 연결될 수 있는 시사적인 문제나 인기 있는 영화, TV 프로그램, 책 등 누구나 접할 수 있는 평범한 이야기를 예로 든다.
- 학생들에게 전날의 과제물에서 각자 두세 개의 질문을 준비해 오도록 하고, 그중 한 가지 질문으로 토의를 시작한다.
- 학생들이 틀림없이 반대 의견을 내놓을 것이라고 생각되는 도발적인 질문으로 토의를 시작할 수 있다.

Worksheet 효과적인 토론지도를 위한 체크리스트

□ 토론수업의 목적과 주제를 신중하게 고려하였는가?

□ 학생들이 주제를 비판적으로 평가하도록 격려하였는가?

□ 자유롭게 생각하고 답할 수 있는 주제, 하나의 정답만 있지 않은 주제 또는 다양한 접근을 통해 효과적으로 다룰 수 있는 주제인가?

□ 수업 중 토론의 주제에 대해 과제로 미리 사전 연습할 기회를 학생들에게 제공하였는가?

□ 학생들이 자유롭게 발언할 수 있는 분위기를 조성하였는가?

□ 다른 학생의 의견을 존중하고 귀담아들었는가?

□ 의견이 다른 학생을 비방하는 말을 하지 않았는가?

□ 토론에 참여하는 학생이 자신의 견해를 간결하고 명확하게 설명하도록 유도하였는가?

□ 사회자는 어느 한 편에 치우침 없이 학생들의 답변을 요약하였는가?

□ 학생들에게 교사가 요약한 것이나 다른 학생의 발언에 대해 생각할 시간을 주었는가?

□ 어느 한 학생에게만 시간을 많이 주지는 않았는가(공정하였는가)?

□ '말을 많이 하는 학생' 만 토론을 주도하도록 내버려 두지 않고, '말을 잘 하지 않는 학생'에게도 말할 수 있도록 배려하였는가?

□ 토론이 끝날 즈음에 주요 아이디어와 토론의 줄거리, 결론을 재검토하였는가?

□ 토론의 논조는 고무적이고 정중하였는가?

□ 토론이 소정의 목적을 달성하였는지 확인하였는가?

5. 수업매체

수업매체는 수업에서 학습자와 교사 사이의 의사소통을 원활하게 하는 수단과 방법으로 메시지가 성공적으로 전달될 수 있도록 중개의 역할을 한다.

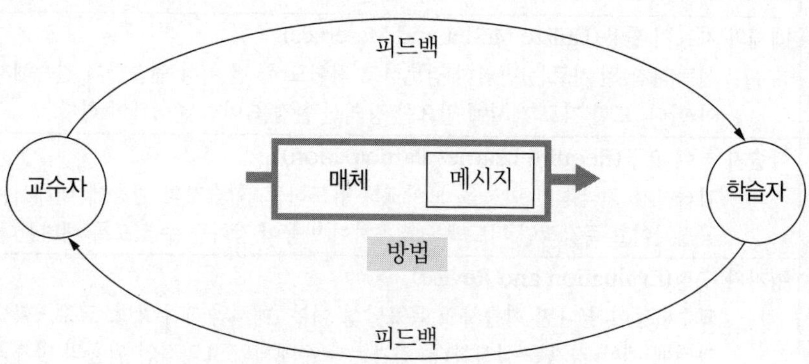

[그림 4-2] 수업매체의 의사소통 체계

(1) 수업매체의 체계적 활용

교수 · 학습 과정에서 교수매체를 효과적으로 활용하기 위해서는 학습자 분석, 목표 설정, 수업자료의 선택과 활용, 학습자의 행동 분석과 평가, 수정 등이 체계적으로 이루어져야 한다. 하인니히 등(Heinich et al., 1996)이 제안한 ASSURE 모델은 교수매체를 체계적으로 활용하도록 하기 위한 방안을 제시해 준다.

〈표 4-2〉 ASSURE 모델

A	**학습자 분석(Analyze Learners)** 교수매체를 효과적으로 선택하고 활용하기 위해서는 학습자의 일반적 특성(연령, 학력, 문화적 요인 등), 선수지식의 정도 그리고 학습유형 등을 파악해야 한다.

S	**목표의 진술(State Objectives)** 교수자가 무엇을 가르치느냐에 관한 것이 아니라 수업이 끝난 후 학습자가 무엇을 할 수 있는지에 관한 것을 진술해야 한다. 다시 말하면, 학습자가 획득하게 될 학습경험과 지식 위주로 명시해야 한다.
S	**방법, 매체, 자료의 선택(Select Methods, Media and Materials)** 학습과제에 적합한 교수방법, 그것을 수행하기에 적절한 매체(교수방법과 매체의 관계는 〈표 4-3〉과 같다) 그리고 선정된 매체를 위한 자료를 선택하거나 제작한다.
U	**매체와 자료의 활용(Utilize Media and Materials)** 선택(제작)된 자료는 면밀히 검토하고 적어도 한 번 이상 연습하여 친숙해져야 한다. 또한 자료 제시에 필요한 강의실 환경을 미리 준비해야 한다.
R	**학습자 참여 요구(Require Learner Participation)** 학습자가 적극적인 반응을 보이도록 유도하고, 학습자의 반응에 대해서는 긍정적이고 즉각적인 피드백을 제공하여 반응이 강화될 수 있도록 배려한다.
E	**평가와 수정(Evaluation and Revise)** 교수활동이 끝나면 학습자의 목표달성 여부, 매체와 교수방법, 교수 · 학습 과정에 대한 평가를 실시한다. 평가는 교수매체의 효과적인 활용의 마지막 단계가 아니라 다음 활용을 위한 출발점임을 명심해야 한다.

〈표 4-3〉 교수방법과 매체의 관계

매체 교수방법	컴퓨터 소프트웨어	비디오	그래픽			오디오	인쇄자료	실물 모형
			시각자료	슬라이드/OHP	게시판			
내용 제시		○	○	○	○	○	○	
시 범	○	○	○		○			○
토 론					○			
협동학습	○		○					○
발견학습	○		○				○	○
문제해결		○	○	○		○		○
게임수업		○		○				○
모의경험	○		○				○	○
반복연습	○						○	
개인교수	○						○	

(2) 수업매체의 효과

수업매체의 효과는 교수매체가 가진 고유의 속성에 의해서라기보다는 제작하는 과정에서 투입된 노력의 결과에 의한 것이다. 교수매체 제작과정에서 기술적인 테크닉도 중요하지만 수업목표의 진술, 수업내용의 분석, 학습자 분석 등을 바탕으로 교수설계를 하고 매체를 제작해야 한다. 수업매체는 교수 · 학습과정에서 다음과 같은 기여를 함으로써 그 필요성이 증대되고 있다.

① 교수활동이 보다 표준화된다

수업에 교수매체를 사용하면 모든 학습자가 같은 매체를 통하여 동일한 메시지를 전달받게 된다. 즉, 한 과목을 여러 반으로 분반하여 강의를 진행할 때, 교수의 개인적인 변수에 의해 생길 수 있는 교수활동의 차이를 최소화할 수 있다.

② 교수 · 학습의 효과성을 높일 수 있다

교수매체를 제작할 때 학습내용을 의미 있게 조직하고, 학습자의 참여를 유도하며, 다양한 예와 피드백 강화를 제공하여 교수매체와 학습자 간의 상호작용이 일어날 수 있도록 하면 학습효과를 높일 수 있다.

③ 교수 · 학습의 효율성을 높일 수 있다

교수매체는 교수중심의 강의나 설명에 비해 다양한 감각기관을 자극할 수 있으며, 보다 구체적이고 다양한 형태의 정보를 빠른 시간에 제시할 수 있다.

④ 교수 · 학습의 매력성을 높일 수 있다

다양한 형태의 교수매체를 활용한 수업은 학습자의 동기를 부여하고 주의를 집중시키는 데 긍정적인 효과가 있다.

Worksheet 효과적인 매체활용 체크리스트

□ 학습목표 달성에 적절한 매체인가?

□ 학습자의 수준과 선호도를 고려하여 선정된 매체인가?

□ 수업집단(대, 소, 개별)에 적절한 매체인가?

□ 수업전략에 적절한 매체인가?

□ 학습과제 유형에 적절한가?

□ 내용이 논리적이고 순차적으로 연결되어 있는가?

□ 잘 보이고, 잘 읽히고, 잘 들리는가?

□ 시간과 공간, 환경이 이용 가능한지를 고려하였는가?

□ 비용이 적절한가?

□ 기술적으로 쉽게 다룰 수 있는가?

□ 매체의 속성인 시각, 청각, 영상, 동작, 색채 등을 고려하여 선정하였는가?

6. 평가하기

수업에서 평가는 교사의 중요한 역할 중 하나로 학생의 학습에 대한 진척 정도를 보여 주는 역할을 한다. 학생의 성취도에 대한 사정과 평가는 현재 진행되고 있는 수업은 물론 이후의 수업에 많은 영향을 미친다. 평가에 대한 정확한 개념을 알기 위해서는 우선 흔히 사용되는 몇몇 관련 개념인 검사(testing), 측정(measurement), 사정(assessment), 평가(evaluation) 등의 용어를 구별하는 것이 필요하다.

- 검사는 표준화되거나 교사가 제작한 검사지를 통해 특정 영역의 학습활동 수준을 측정하는 것이다.
- 측정은 사물의 성질을 구체화하기 위하여 수를 부여하는 절차다. 수업에서 측정이란 학습과정 및 결과에 대해 양적으로 표현하는 것으로 질적 측면과 획득된 결과의 가치를 해석해 주지는 않는다.
- 사정은 다양한 방법을 통하여 종합적으로 평가하는 방법을 말한다(성태제, 2000). 사정은 정보를 수집하여 분석하는 수단으로 다양한 측정방법을 사용하는데, 문제해결 과정과 학습활동의 양적, 질적인 기술을 모두 포함한다.
- 평가는 평가 결과의 효율성에 대한 넓은 범위의 평가와 가치판단을 포함한다.

사정과 평가는 교사가 교육적 결정을 내리기 위해 학생이나 학생집단에 관해 교육적으로 관련 있는 데이터를 체계적으로 수집하고 분석하는 데 그 목적이 있다.

(1) 평가의 분류

평가는 그 목적과 방식 등 다양한 관점에 따라 분류할 수 있다. 우선, 공식화 정도에 따라 공식적 평가와 비공식적 평가로 구분할 수 있다. 공식적 평가는 평가전문가에 의해 미리 설정된 기준에 따라 관리, 채점, 해석하는 표준화된 수단을 사용한다. 반면에 비공식적 평가는 일상적인 학습과정 동안 교사에 의해 문제지, 과제검사, 면담, 비공식적 관찰에 의해 행해진다.

① 평가방법을 기준으로 한 분류

- 양적 평가: 수량화된 자료나 증거를 가지고 평가 대상을 기술하고 분석하는 평가방법이다.
- 질적 평가: 양적 평가에서 배제하는 평가의 주관적 측면과 수량화하기 힘들거나 수량화할 수 없는 정의적 영역의 평가를 위하여 고안된 평가다.

② 평가기능을 기준으로 한 분류

- 진단평가: 학생들의 학습활동에 있어 학습장애의 원인을 분석하고 진단하기 위해 실시하는 평가다. 교정적 지도를 계획하기 위해 실시한다.
- 형성평가: 특정 단원의 수업이 진행되는 과정에서 수업방법을 개선하고 교수·학습을 최적화하는 데 필요한 정보를 수집하기 위한 활동이다. 학생들의 학습 진전을 평가하기 위해서, 획득되지 못한 교수목표를 확인하기 위해서, 다음 단계로 진행하기 위한 학생들의 사전지식의 확보 여부를 확인하기 위해서 사용한다.
- 총합평가: 형성평가를 통하여 수업을 최적화시켜 최상의 방법으로 수업이 이루어졌다는 것을 확인하는 절차다. 학습 결과의 성취 수준을 결정하기 위해, 성적을 매기거나 학생들에게 자격을 부여하기 위해 사용한다.

③ 평가준거를 기준으로 한 분류

- 규준지향평가: 학생 수행 수준의 해석을 학생들의 성취도를 비교하여 상대적 위치에 적용하는 평가방식이다. 평가의 목표는 개개인의 비교와 분류에 있다.
- 준거지향평가: 절대적으로 미리 규정해 놓은 성취 기준과 관련하여 학습 목표의 도달 여부와 그 정도를 확인하고 점검하는 평가를 말한다.

④ 평가영역을 기준으로 한 분류

지적 영역의 평가, 정의적 영역의 평가, 운동기능적(심동적) 영역의 평가가 있다. 목표 수준을 기준으로 한 최소 필수학력평가와 최대 성취학력평가 그리고 평가체제를 기준으로 분류한 투입평가, 과정평가, 산출평가 등으로 구분할 수 있다(변창진 외, 1997).

⑤ 수행평가

학생들의 새로운 문제나 과제를 해결하는 능력을 측정하기 위해서 실제 또는 모의상황에서 학생들의 수행과정이나 결과에 근거하여 관찰과 판단을 통해 이루어지는 전문적인 평가방법이다.

수행평가의 유형으로는 서술형 및 논술형 검사, 구술시험, 찬반 토론법, 실기시험, 실험 · 실습법, 면접법, 관찰법, 자기평가 및 동료평가, 연구보고서, 포트폴리오 등이 있다(진영은 외, 2002).

(2) 평가의 원리

평가의 실시는 평가의 목적과 얻고자 하는 정보의 종류, 평가에서 유추하고자 하는 결론의 유형, 평가기법이나 도구의 신뢰도와 타당도, 평가할 학생들의 특성, 결과가 통보될 목표 집단 그리고 실제적 제약을 고려해야 한다. 즉, 평가도구는 타당하고 신뢰할 수 있어야 하며, 평가자는 객관적이어야 한다.

- 타당도란 측정 의도의 충실성, 측정 결과의 사실성 그리고 검사 내용과 준거 간의 합치 정도를 살펴보는 것
- 신뢰도는 동일한 집단에 대해 두 번의 평가를 실시하였을 경우 두 개의 평가 결과가 어느 정도의 일관성을 가져야 한다는 것
- 객관도는 평가자의 신뢰도라고도 하며, 평가자는 학생을 평가하는 데 있어 신뢰할 수 있어야 하고 일관성을 가져야 한다는 것

(3) 평가의 절차

평가를 실시하는 데 있어서는 일련의 절차가 필요하다. 이 절차는 평가를 위한 평가목표의 확인, 목표에 따른 평가장면의 설정, 평가도구의 선정과 제작, 평가도구의 문항 분석, 평가실시와 결과처리, 평가 결과의 해석과 활용 등

이다.

평가 결과는 학생 개인에게 학습지도의 방향과 피드백 자료로 활용할 수 있고, 학교 차원에서는 교육과정의 개선이나 교육행정 자료로 활용할 수 있다.

(4) 효과적인 평가전략의 실제

교실에서 실제적으로 평가를 실시함에 있어 다음의 지침들을 고려할 필요가 있다.

- 수업과정과 평가가 관련되고 통합되도록 한다.
- 지필시험과 수행평가를 포함한 다양한 평가도구를 사용한다.
- 형성평가와 총합평가를 함께 사용한다.
- 규준지향평가와 준거지향평가를 함께 사용한다.
- 학생들의 능력과 재능을 평가하기 위해 과제를 활용한다.
- 정의적 영역(태도와 가치관)을 평가하기 위해 점검표와 평가척도를 사용한다.
- 교사가 학생들이 답을 어떻게 얻게 되었는지 물어볼 수도 있고, 같은 형태의 다른 문제를 풀도록 하여 어떤 과정으로 해답을 얻는지 관찰할 수도 있다.
- 지식, 이해력, 분석력, 종합력, 응용력, 판단력을 포함한 모든 수준의 학습성과를 평가한다.
- 학습상의 문제를 진단하기 위해 평가도구를 고안하여 사용한다.
- 타당하고 신뢰할 수 있는 결과를 제공할 수 있는 평가도구를 선택한다.
- 한 검사에서 문항의 순서는 쉬운 것부터 어려운 것으로 구성한다.
- 수업을 계획하고, 교수의 적절성과 효율성을 평가하기 위해서 평가정보를 사용한다.
- 표준화된 평가 결과는 비밀로 한다. 검사 결과는 관련자만 사용할 수 있는 특권이 부여된 정보이므로 이 정보를 알아야 할 권리가 없는 사람에게는 공개되어서는 안 된다.

Tips 시험출제전략

- 중간고사 전에 연습시험이나 퀴즈를 보게 한다. 이것은 학생들의 시험에 대한 긴장이나 부담을 줄이고, 학생들이 미리 공부하는 것을 유도하며, 자신의 발전 정도를 알게 한다.
- 학기 중에 연습문제로 주어졌던 문항과 유사문항을 시험문제로 한두 개 포함한다. 이것으로 학생들의 성실도를 측정할 수 있다.
- 논술형 시험의 경우, 시험 전에 주요 출제예상 문항을 학생들에게 나누어 주는 것도 좋다. 학생들의 학습의욕이나 학업능률을 높일 수 있다.
- 시험지 문항을 구성한 후에 교사가 미리 직접 풀어 본다. 교사가 주어진 시험시간의 1/4 전에 시험을 푼다면 적당한 시험시간이 될 것이다.

논술형 문항의 효과적인 채점방법

- 작성자의 이름을 보지 않고 채점한다.
- 학생 개인별로 채점하기보다는 문항 단위별로 채점하는 방식이 바람직하다.
- 채점 기준표를 미리 만들어 놓는다.

Worksheet 효과적인 평가전략 체크리스트

□ 자주 평가를 하고 학기말 시험에만 의존하지 않았다.

□ 교수와 평가과정을 통합한 평가계획을 수립하였다.

□ 지필시험과 수행평가를 포함한 다양한 평가도구를 사용하였다.

□ 형성평가와 총합평가를 함께 사용하였다.

□ 규준지향평가와 준거지향평가를 함께 사용하였다.

□ 학생들의 능력과 재능을 평가하기 위해 과제를 활용하였다.

□ 태도와 가치관을 평가하기 위해 점검표와 평가척도를 사용하였다.

□ 학습의 과정과 산출을 측정하기 위해 평가의 절차를 이용하였다.

□ 지식, 이해력, 분석력, 종합력, 응용력 그리고 판단력을 포함한 모든 형태의 학습성과를 평가하였다.

□ 학습상의 문제를 진단하기 위해 평가도구를 고안하여 사용하였다.

□ 타당하고 신뢰할 수 있는 결과를 제공할 수 있는 평가도구를 선택하였다.

□ 한 검사에 있어서 문항의 순서는 쉬운 것부터 어려운 것으로 구성하였다.

□ 수업을 계획하고 교수의 적절성과 효율성을 평가하기 위해서 평가정보를 이용하였다.

제3부

예비교사의 실무연습

제5장

생활지도와 상담

1. 생활지도의 개념과 원리
2. 생활지도활동과 내용
3. 상 담
4. 특수아지도

1. 생활지도의 개념과 원리

(1) 생활지도의 개념

생활지도(guidance)란 인간 개개인의 인지적 · 정의적 · 신체적 특성과 잠재 가능성을 바르게 이해하고 발달시켜서 개인의 교육적 · 직업적 · 사회적 · 심리적 발달 가능성을 최고 수준까지 도달할 수 있도록 조력하는 활동을 가리킨다.

이 정의가 내포하고 있는 생활지도의 특징을 정리해 보면 다음과 같다.

- 생활지도는 인간발달의 전 과정에서 개인이 직면하게 되는 모든 삶의 문제를 대상으로 한다. 개인의 문제에 초점을 두면서 개인 한 사람 한 사람의 인간적 성장과 발달에 관심을 두고 있다.

- 생활지도의 궁극적 목적은 개인의 인지적 · 정의적 · 심동적 특성의 조화로운 발달과 잠재 가능성 계발에 있다.
- 생활지도는 학생의 권리와 이익을 최대한으로 보장하고 신장하며, 인간의 발달을 위해 최대한 봉사하려는 활동을 말한다.

(2) 생활지도의 기본 원리

생활지도의 궁극적 목표인 자아실현은 전인적 인간의 발달이라는 목표를 달성하기 위한 것으로 다음과 같은 방향으로 구체화되어야 한다.

- 생활지도는 모든 학생을 대상으로 한다.
- 생활지도는 자율적인 지도 능력의 함양을 기본으로 삼는다. 학생이 당면한 문제를 대신 해결해 주는 대리적 역할을 수행하는 것이 아니라 학생 스스로가 문제를 해결할 수 있는 기회를 마련해 주는 데 역점을 두어야 한다.
- 생활지도는 처벌보다 선도나 지도를 우선시한다. 처벌이나 억압 등은 인간의 행동을 일시적으로 중단시킬 수는 있으나 근본적인 행동의 변화를 가져오기는 어려우므로 진정한 의미의 지도라고 하기 어렵다.
- 생활지도는 치료나 교정보다 예방에 역점을 둔다.
- 생활지도는 임상적 판단뿐 아니라 과학적 근거에 기초한 판단에 역점을 두고 있다. 학생들의 생활지도상의 문제를 찾아내고, 그 원인을 규명하고, 문제해결을 위한 방안을 강구하는 일련의 과정은 과학적인 판단에 기초를 둔 것이어야 한다.
- 생활지도는 인지적 학습보다 정의적 학습에 더 역점을 둔다. 인지적 특성은 한 개인이 무엇을 얼마만큼 할 수 있는가를 나타내는 데 반해서 정의적 특성은 한 개인이 어떠한 방향으로 가고 있느냐를 표현해 주는 특성이 있다. 따라서 흥미, 동기, 태도, 가치 · 가치관, 자아개념, 인성 등의 정의적 특성을 객관적으로 파악하고, 개발하며, 지도하는 데 전문적인 훈련과 노력이 필요하다.

2. 생활지도활동과 내용

생활지도는 학생의 다양한 문제를 다루기 위해 여러 가지 활동을 요구한다. 이 가운데 대표적인 것으로 상담활동, 검사활동, 정보수집활동, 정치활동, 추수활동, 자문조정활동을 들 수 있다.

(1) 상담활동

상담은 생활지도의 핵심적 활동이며 가장 중요한 전문적 기법이다. 상담은 주로 개인상담으로 개인의 적응문제, 의사결정문제, 인성문제, 인간관계문제 등에 초점을 두고 상담자와 내담자가 일 대 일의 대면관계를 통해 심리적 조력을 제공하는 활동을 말한다. 개인상담은 대화라는 언어적 매개를 통해 관계가 형성되고 상담이 진행되므로 충고, 훈계, 설득처럼 받아들일 가능성이 있는 대화는 피해야 하고, 상담 내용에 대한 비밀이 보장되어야 한다. 상담자는 내담자가 스스로 문제를 해결할 수 있는 능력이 있고, 해결 방향을 긍정적으로 찾을 수 있다는 생각을 갖는 것이 중요하다.

(2) 심리검사와 학생 이해활동

학생의 지능, 적성, 흥미, 가치관, 인성, 자아개념, 가정 환경, 미래 전망 등 여러 가지 특성을 정확하게 파악하기 위해서 심리검사를 활용할 수 있다.

심리검사의 목적은 인간의 여러 가지 특성과 그와 관련된 변인을 기술, 예측, 분류, 정치하기 위한 것으로 표준화검사(standardized test)와 비표준검사로 나눈다. 표준화검사는 검사의 실시, 채점, 해석의 모든 절차가 표준화되어 있으며, 이 같은 표준에 따른 검사다. 비표준검사는 이 같은 절차나 규준 없이 상담자나 교사가 학생에 관한 어떤 특성을 측정하기 위해 자유롭게 만들어 실시하고 해석하는 검사다.

심리검사는 개인의 특성을 과학적으로 측정하고 있으나 검사에서 얻은 정보는 다른 방법으로 얻은 정보와 함께 통합하거나 보완적 시각에서 활용해야 하므로 일회적, 비연속 형태로 이용하기보다는 학생 전체를 대상으로 한 체계적인 검사계획에 따라 활용되어야 한다. 그리고 알고자 하는 것이 무엇인가에 따라 가장 적절한 방법을 선택할 수 있는 안목을 가져야 한다.

(3) 정보제공활동

정보제공(information service)활동은 학생들이 어떤 문제에 직면하거나 혹은 장래계획이나 의사결정을 할 때 자기 자신과 자기를 둘러싼 환경, 즉 생활공간을 이해하는 데 필요한 모든 정보를 수집, 제공하는 활동을 지칭한다.

학생이 처한 문제에 현명하게 대처하기 위해서는 관련된 정보를 정확히 획득하고, 그것의 가치를 평가하며, 그 기초 위에서 대처방안을 전망하여야 한다. 여기에는 교육정보, 직업정보, 개인정보, 사회정보가 있다.

(4) 정치활동

정치활동(placement service)은 직업, 학교, 교육과정, 교과, 특별활동, 부업 등을 선택하여 그 활동에 종사하도록 함으로써 개인의 성장과 발달을 돕는 것을 말한다. 반 배치, 직업선택, 자기 능력과 취미에 맞는 공부, 클럽활동, 과외수업, 아르바이트의 선택과 결정 등이 모두 정치활동에 포함된다.

(5) 추수활동

추수활동(follow-up)은 상담의 한 사례를 종결짓고 난 후 계속해서 피상담자의 생활을 검토하여 적응이 잘 되고 있는지를 알아보는 활동, 교육의 전체적인 성과나 생활지도활동의 성과를 계속해서 체계적으로 확인해 보는 활동이다. 이는 지도를 받았던 사람의 계속적인 성장과 발달을 돕고자 하는 데 그 목적이 있다.

(6) 자문조정활동

생활지도 영역에서 새롭게 요구되는 활동의 하나가 자문(consultation)과 조정(coordination)활동이다. 이 같은 활동은 학생의 발달을 돕기 위해 학교뿐 아니라 가정, 지역사회, 사회단체, 행정당국, 그 밖의 유관기관과 유기적 협조관계를 갖고 상호 협조하며 업무를 조정해야 할 필요가 점차 증대되고 있다. 따라서 학생에 관한 지도 대책을 논의할 때 학급 담임교사, 학과담임교사, 교도교사, 교감, 학교운영위원회, 전문카운슬러, 법조인 등 학교 내외 인사의 자문과 의견 조정이 필요하다.

3. 상 담

(1) 상담의 개념

상담이란 각 상담 이론이 배경으로 하고 있는 철학과 관점에 따라 다르기 때문에 한마디로 정의하기는 어려우나 "도움을 필요로 하는 내담자가 전문적 훈련을 받은 상담자와의 대면관계에서 자신의 생활과제를 해결하고 사고, 행동, 감정 측면의 인간적 성장을 위해 노력하는 조력과정"이라는 의미가 널리 쓰이고 있다.

이 정의는 다음과 같은 특징이 있다.

- 상담은 내담자, 상담자 그리고 두 사람의 대면관계로 구성된다.
- '생활과제의 해결 및 인간적 성장'을 목표로 한다.
- 상담은 '학습과정'이다. 상담을 통하여 내담자 쪽에 사고, 감정, 행동의 변화를 가져오게 한다.

상담과 비슷한 뜻으로 쓰이는 말 중에 생활지도와 심리치료가 있다. 생활지도는 주로 학교와 학교 내외에서 당면하는 적응문제, 발달상의 문제해결을 돕기 위해 마련되는 교육적 · 직업적 · 사회적 · 인성적 영역의 계획적 지도활동이다. 그러므로 생활지도의 대상은 전체 학생이며, 지도하는 인적 자원은 교직원 전체가 관여한다. 그러나 상담은 상담자로서 자격을 갖춘 사람이 학생 개개인이나 집단을 대상으로 한다.

〈표 5-1〉 상담과 인접 개념의 비교

비교기준 구 분	기본 철학	주요 관심	기본 목적	주요 방법	책임자	학문적 기초
상 담	자아발달	자아세계	힘을 북돋움	촉진적 관계 형성 촉진적 면접	카운슬러	인간과학
생활지도	사회적응	생활환경	삶의 방향 정립	정보제공 가르치기 배치활동	교사	교육학
정신치료	정신건강	정신병리	정신질병치료	진단처방 치료면접	치료사	정신의학

출처: 홍경자, 2001, p. 79.

심리치료는 주로 병원이나 상담실에서 성격장애 및 정신장애와 관련한 치료적 목적활동을 지칭한다. 따라서 심리치료는 증상을 제거, 수정, 완화하기 위한 목적이 우선된다. 또한 상담은 '예방' 을 목표로 하는 반면, 심리치료는 '치료' 를 목적으로 한다.

(2) 상담의 목표

상담의 궁극적인 목표는 내담자로 하여금 그가 직면한 문제에 대한 이해를 증진하고 의사결정을 도움으로써 그의 성장과 발달을 촉진하여 일상생활에서 보다 건강하고 행복한 삶을 누릴 수 있도록 도와주는 것이다. 그러나 상담이론이나 내담자의 발달단계 그리고 내담자가 제시하는 문제의 성격에 따라 상담의 목표는 달라질 수 있다.

① 행동변화의 촉진

상담은 내담자로 하여금 행동의 변화를 촉진한다. 대부분의 상담 이론을 보면, 내담자로 하여금 좀 더 생산적이고 만족스러운 삶을 살 수 있도록 내담자의 사고, 감정, 행동의 변화를 가져온다.

② 적응기술의 증진

상담은 내담자로 하여금 적응기술을 증진시킨다. 청소년 내담자는 성장과정에 있으면서 여러 가지 변화를 경험하게 된다. 이들은 신체적 · 정서적 · 인지 능력 등 변화의 소용돌이 속에서 생활하고 있기 때문에 이러한 변화에 적응하도록 돕는다.

③ 의사결정기술의 함양

우리의 삶은 선택과 결정의 연속이고 합리적인 의사결정을 필요로 한다. 따라서 상담은 가장 합리적인 의사결정과정을 경험하도록 돕는다.

④ 인간관계의 개선

청소년기는 또래와 어울리고 또래의 가치와 규범을 따르며, 또래에게 인정받기를 원하는 시기다. 따라서 다른 어느 시기보다 친구관계를 원만하게 할 수 있도록 돕는 것이 중요하다.

⑤ 잠재 능력의 계발

내담자의 타고난 능력을 계발하여 저마다 자기를 실현하는 사람이 되도록 돕는다. 자기 탐색의 과정을 거쳐 자신의 능력과 특성을 발견하도록 하고, 왜곡해서 지각했던 자신의 특성을 바르게 지각하도록 돕는다.

⑥ 자아정체감의 확립

청소년기는 신체적인 발달과 함께 자신의 존재 의의와 역할에 대해서 의문을 갖는다. 자아정체감의 확립은 청소년기의 가장 중요한 발달과업이므로 이를 확립하도록 돕는 것은 매우 중요하다.

⑦ 긍정적 자아개념의 확립

긍정적 자아개념은 삶을 보다 긍정적으로 바라보게 하고 자신감을 갖게 한다. 타인과의 원만한 관계 유지는 긍정적 자아상과 자아개념을 형성하도록 돕는다.

⑧ 건전한 가치관 확립

개인의 사고와 행동의 기준이 되는 바른 가치관을 정립하여 올바른 삶의 태도를 가지고 생활하게 하는 것이 중요한 목표가 된다.

(3) 상담관계와 상담자의 역할

상담자는 전문성을 가지고 대화를 통하여 내담자의 자기이해와 자기지도력을 촉진시켜 주는 사람이고, 내담자는 개인의 심리적 · 적응적 문제에 대해 전문가에게 도움을 받고자 하는 사람이다. 따라서 내담자와 상담자 사이에 형성되는 상담관계는 상담자의 전문적인 지식과 기능을 배경으로 하는 심리적 조력관계다. 상담의 첫 시간에 상담자는 내담자에게 진실성을 가지고 존경과 관심을 표시하며 신뢰감(rapport)을 쌓아 가는 것이 중요하다.

상담자는 무조건적 수용과 공감적 이해와 진실한 태도를 보여 줌으로써 내담자에게 치료적 경험을 제공하여야 한다. 또한 내담자가 자기 자신과 상대방의 마음을 올바르게 파악할 수 있도록 하고, 자신과 세상을 통제, 조절, 관리할 수 있는 자기조절 능력을 길러 주어야 한다.

(4) 상담의 과정과 특징

① 상담과정

내담자와 상담자가 처음 만나기 시작해서 상담이 종결될 때까지의 과정이다. 어떤 경우에는 한두 번의 면접으로 상담이 종결되는 수도 있고, 어떤 경우

〈표 5-2〉 일반적인 상담의 진행과정

제1단계	소개 및 인사 나누기	어서 오세요? 저는 ○○이고 상담은 이렇게 합니다.
제2단계	관심사 알아보기	어떤 문제에 대해 이야기할까요?
제3단계	희망사항 탐색하기	무엇을 원하십니까? 그리고 어떻게 변하고 싶으십니까?
제4단계	실천계획 수립하기	실제로 어떻게 하시겠습니까?
제5단계	생활에서 변화 확인하기	실제 생활에서 달라진 것은 무엇인지요?
제6단계	작별하기	상담에서 얻은 점은 무엇입니까? 안녕히 가십시오. 필요하다면 연락 주십시오.

출처: 홍경자, 2001, p. 92.

에는 20회 이상 상담이 계속되는 경우도 있다. 보편적으로 학교에서의 상담은 5~7회에서 20회 정도에 걸쳐 진행된다.

② 준비단계

면접에 들어가지 전 혹은 면접과 거의 동시에 내담자에 관한 각종 자료를 될 수 있는 대로 체계적 · 종합적으로 수집하는 과정이다. 내담자의 인적사항, 신체발달 상황, 학업성적 기록, 각종 심리검사 결과, 과거의 상담기록 등을 준비한다.

③ 상담 초기단계

내담자에게 자신의 결정, 문제, 찾아온 이유 등을 진술하게 한다. 내담자의 진술을 진지하게 경청하고, 동시에 그의 비언어적 행동을 면밀히 관찰하여 상담에 관한 기대와 느낌을 명료화한다. 상담자와 내담자 간의 라포(rapport)를 형성하며, 상담의 목표 선정, 상담의 진행방향과 골격을 명확히 하는 일과 동시에 상담자의 역할과 그 한계를 내담자가 인식하도록 해야 한다.

④ 상담의 중심단계

상담의 중심단계에는 상담문제를 보다 구체적으로 정의하고 명료화한 후 '문제행동' 과 '목표행동' 에 대한 내담자의 자각과 문제해결과정에서 실제 노력을 촉진해야 한다. 이 과정에서 내담자의 '포기' 나 '저항' 이 생길 수도 있다. 이 과정이 성공적으로 마무리되면 내담자가 자기통찰, 자기이해가 촉진되어 실천계획과 행동대안을 구체화할 수 있다.

⑤ 종결과 평가단계

종결은 내담자와 상담자의 합의에 의해 이루어진다. 종결에 앞서 그동안 성취한 것을 상담목표에 비추어 평가하고, 성취하지 못한 것이 있으면 왜 그런지 이야기를 나눈다. 내담자가 종결을 희망해도 상담자가 아직 충분하지 않다고 판단하면 상담을 계속하도록 권유할 수 있고, 종결 후 문제가 발생하면 다시 찾아올 수 있다는 추후상담의 가능성을 인식시켜 준다.

참고자료 1

개인상담 신청서 예시(A 고등학교)

개인상담신청서

학교

<table>
<tr><td>이름</td><td colspan="2"></td><td>학년 반</td><td colspan="2"></td><td>신청일</td><td>년 월 일</td></tr>
<tr><td colspan="4">생년 월 일 (만 세)</td><td>주민등록번호</td><td colspan="3"></td></tr>
<tr><td>현주소</td><td colspan="3"></td><td>전화번호</td><td colspan="3"></td></tr>
<tr><td>거주사항</td><td colspan="3">자가 · 자취 · 친척집 · 하숙 · 전월세</td><td>종 교</td><td colspan="3"></td></tr>
</table>

가족사항

이름	관계	연령	학력	직업	동거 여부

• 상담받기를 원하는 내용은 무엇입니까?

• 상담받기를 원하는 특정한 선생님이 계십니까?
- ▶ 아니요 ( )
- ▶ 예 (선생님)

• 이전에 상담을 받아 본 적이 있습니까?
- ▶ 아니요 ( )
- ▶ 예 ( )
  - * 언제: * 어디서:
  - * 왜:
  - * 그만둔 이유:

• 부탁하고 싶은 말

참고자료 2

개인상담 신청서 예시(B 고등학교)

요즈음 당신의 관심사항에 '○' 표 하십시오.

성적부진		의사결정		건강문제		여가활동	
시험불안		우유부단		스트레스		성격	
성적 하락		자신감 결여		불안/초조		습관	
학교가기 싫음		가족관계		걱정/근심		약물 오남용	
학교적응		이별/헤어짐		피로감		죽음	
진학문제		성에 대한 관심		집중력 저하		가출	
진로문제		종교문제		고독감		비행	
취업		임신		우울감		폭행	
외모		체중 감소		체중 증가		자살	
교우관계		불면증		이성교제		노이로제	
정신병		기타					

건강상의 문제:

현재 복용 중인 약품:

상담실에 올 수 있을 때:
요일 및 시간:

(5) 집단상담

상담의 출발은 개인상담에서 시작되었다. 그러나 최근에 와서 집단상담이 많은 주목을 받고 있고 실제 여러 형태로 이루어지고 있다.

집단상담은 한 사람의 상담자가 몇 명의 내담자를 상대로 각 내담자의 관심사, 대인관계, 사고 및 행동양식의 변화를 가져오려는 노력을 지칭한다. 또한 집단적 접근방법은 상담자는 집단 구성원 간의 역동적 관계 혹은 상호작용 관계를 바탕으로 내담자 개개인의 문제해결 및 변화가 이루어지게 하려는 것이다.

집단상담은 내담자의 병리적 문제보다는 주로 대인관계에 관련된 태도, 정서, 의사결정, 가치문제 등에 관련된 문제를 다룬다. 내담자는 상담에 참여하는 집단 구성원의 인간관계에서 많은 경험을 하게 된다. 즉, 다른 사람이 어떻게 생각하며, 어떻게 느끼는가에 주의를 기울이고 타인의 감정과 생각을 이해하고 존중하게 된다. 평소 자신을 쉽게 노출하지 못하던 사람도 저항이 감소되어 자신을 쉽게 표현하는 태도나 감정을 습득할 뿐 아니라 타인이 자기를 어떻게 평가하고 있는지를 이해하게 된다.

① 집단상담의 장점

- 짧은 시간에 많은 사람이 참여하므로 시간적으로 경제적이다.
- 동료 집단끼리 서로 의견을 교환하므로 효과적이다.
- 수용과 격려의 분위기로 자연스럽게 자신의 행동을 드러내 보일 수 있다.
- 타인을 이해하고 수용할 수 있게 된다.
- 자신의 문제를 해결하려는 의욕 속에서 개인적 성숙은 물론 친밀한 대인관계를 형성한다.

② 집단상담의 단점

- 특별한 경우, 집단경험으로 인해 소기의 목적을 체득하지 못하는 경우도 있다.
- 모든 사람에게 적합한 방법은 아니다.
- 집단의 구성이 상담의 성패를 좌우하므로 집단 구성에 신중을 기해야 한다.
- 도움이 필요한 개인 성원에 대한 주의가 어렵다.

〈표 5-3〉 중등학생을 위한 심성개발 프로그램 (예시)

프로그램 단계	주 제	방법 및 활동	준비물	소요 시간
호감	별칭짓기	* 각자 별칭을 지어 명찰에 써서 달고, 별칭의 의미를 발표한 후 느낌을 말한다.	명찰, 펜	60분
	나의 소개	* 자기를 나타내는 다섯 가지 단어(혹은 그림)를 종이에 적고, 2명씩 만나 이야기를 나눈다. * 돌아가며 이야기를 나눈 다음 전체 집단에서 각자의 느낌을 말한다.	종이, 펜, 색연필, 크레용	90분
이해	나는 누구인가?	* 자서전을 쓰거나 자화상을 그리게 하고, 각자 그 내용을 발표한 후 소감을 말한다.	종이, 색연필, 크레용	90분
	장단점 말하기	* 각자 자신의 장점과 아쉬운 점을 쪽지에 쓴 다음 2명씩 짝이 되어 쪽지를 교환하면서 이야기한다. * 전체 집단에서 자기 짝의 장단점을 소개하며 느낌을 말한다.	쪽지, 필기구	90분
	내가 존경하는 사람은?	* 위의 방법과 같음	종이, 필기구	90분
신의	장님과 안내인	* 2명씩 짝이 되어 침묵하면서 '장님과 안내인' 역할을 교대로 한다. * 자신의 느낌을 전체 집단에서 말한다.	수건 (눈가리개)	90분
애정	내가 바라는 어머니 (아버지)	* 이상적인 어머니(아버지) 상을 쓴다. * 각자 발표한 후 느낌을 말한다.	종이, 필기구	90분
	감사하고 싶은 일	* 자기에게 영향을 준 사람을 생각한 후 발표하고 느낌을 나눈다.	수건 (눈가리개)	90분
필요	사물과의 대화	* 물체 또는 자연 속의 한 가지 사물을 택하여 마음속으로 대화를 나눈 후 발표한다. * 전체 집단에서 각자의 느낌을 말한다.	종이, 필기구	90분

Worksheet 교우도(Sociogram)를 작성해 봅시다

교우도란, 학생 집단 구성원의 사회적 구조를 파악하기 위하여 학생들의 교우관계를 조사하여 도표화한 것이다. 이를 통해 개인의 학급 내에서 위치와 역할, 학생 상호 간의 인간관계와 대인관계를 파악할 수 있으므로 생활지도의 자료로 활용할 수 있다.

[교우도 작성을 위한 질문의 예]

- 학생의 생일파티에 초대하고 싶은 학급친구 두 사람을 적으시오.
- 학생의 생일파티에 초대하고 싶지 않은 학급친구 두 사람을 적으시오.
- 학생의 힘든 학교 과제를 의논할 학급친구 두 사람을 적으시오.
- 같이 있고 싶지 않은 사람을 우선순위로 두 사람만 적으시오.

[교우도 예시]

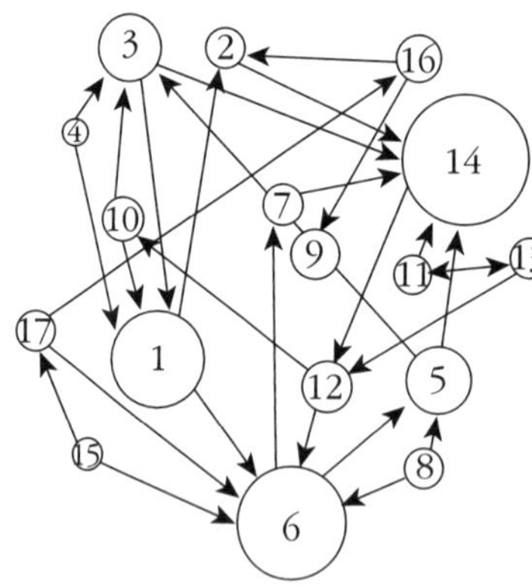

3월에 작성된 교우도

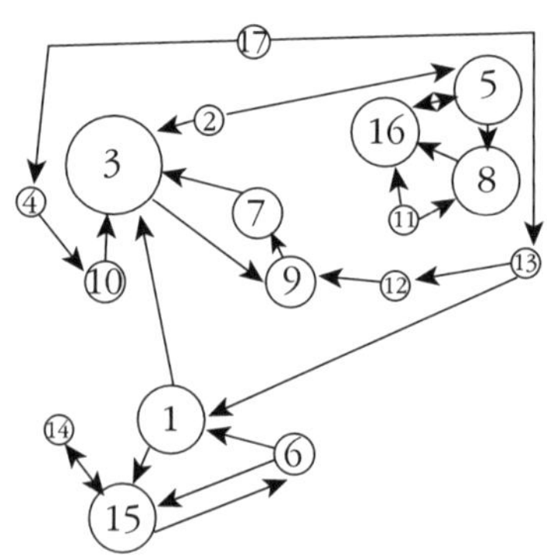

10월에 작성된 교우도

○ 속의 숫자는 번호, →은 선택, ↔은 상호 선택

4. 특수아지도

특수교육 대상자인 특수장애아동은 가능한 한 정상교육집단 내에서 정상아동과 함께 통합교육을 실시해야 한다. 이러한 통합운동은 장애아동을 그들의 독특한 요구에 따라 필요한 만큼만 특수교육 전문 영역에 배치하여 가능한 한 정상학급에 들어가도록 돕자는 기본 원리를 추구하고 있다.

1) 특수아지도의 실제

일반학교에서 정상아동과 함께 교육받고 있는 특수교육 대상의 특수아로는 학습장애아, 영재아, 정서장애아, 사회부적응아 등이 있다.

〈표 5-4〉 특수아의 분류

유 형	내 용
학습장애아	특정학습장애(난독증), 발달학습장애(주의력결핍장애), 학업학습장애(쓰기장애, 수학장애)
영재아	수학, 과학, 정보, 문학, 예술 등 특정 영역 영재아
정서장애아	경도 정서장애, 중도 정서장애(자폐증, 소아정신분열증)
사회부적응아	반사회적 부적응, 비사회적 부적응

(1) 학습장애아

① 학습장애의 정의

학습장애는 듣기, 말하기, 읽기, 쓰기, 추리하기 또는 수학 능력의 획득과 이용에 있어 명백하게 곤란을 겪는 장애다. 학습장애는 비교적 최근에 인식되고 분류되기 시작한 영역이며, 아직은 완전한 정의를 내리기가 어렵다.

② 학습장애의 특성

- 학업성취면: 학습장애를 지닌 많은 아동은 쓰기 영역에서도 지속적이고 심각한 결함을 보이곤 하며, 수학 영역 역시 학습장애아가 어려움을 보이는 영역 중 하나다. 이들은 기초적인 학업 영역의 학습기술에 결함을 보이기 때문에 결과적으로 사회나 과학 등 내용 중심의 교과 영역에서도 심각한 문제를 보인다. 이 밖에 지각 및 지각운동의 어려움이나 언어 및 구어장애, 사고과정의 문제가 있을 수 있다.
- 사회 · 정서면: 모든 학습장애아가 심각한 사회 · 정서적 문제를 보이는 것은 아니지만 대부분은 또래에게 거부당하는 경향이 있다. 이로 인해 비장애아들에 비해서 빈약한 자아개념을 형성하고, 사회 · 정서적인 문제를 보일 가능성이 커진다. 이들은 사회적 인지 능력에서 결함을 보인다. 특히, 사회적 상호작용 중에 사회적 단서를 잘 해석하지 못하기 때문에 성공적인 사회적 상호작용을 유지하기 어렵다.

③ 학습장애의 분류

- 읽기장애(난독증): 읽을 때 눈살을 찌푸리거나 입술을 무는 등의 긴장된 행동이 나타나고, 읽기를 거절하거나 우는 등의 불안정한 행동을 보인다. 이들은 책을 읽던 곳을 모르고, 단어를 빠뜨리거나 끼워 넣어 발음을 잘못하기도 하고, 단어의 순서를 바꿔 읽는다. 또한 단어를 묶어 읽지 않고 한 음절 한 음절 읽거나 부적절하게 묶어 읽기도 하며, 이해문제에서 기본적인 사실을 상기할 수 없거나 이야기의 줄거리나 주제를 상기할 수 없다.
- 쓰기장애: 문자와 단어를 임의로 모사하고 만드는 능력에 영향을 미칠 수 있는 열등한 운동협응, 좌우식별, 시각, 심상, 눈의 통정 및 문제에서 생기는 쓰기 곤란과 개념을 조직하고, 그것을 종이에 옮기는 데에 곤란을 보인다.
- 철자장애: 일반적으로 읽기장애와 연합되어 있어 읽기를 잘 하지 못하는 아동은 철자학습도 잘 하지 못한다. 철자학습을 잘 하지 못하는 아동은 단어의 지각을 잘 하지 못하고, 부주의하며 필기 속도도 느린 편이다.
- 수학장애: 연산기술과 연산개념에 숙달되기 어렵다. 이러한 장애가 일어

나는 요인으로는 비효과적인 교수 및 자료, 지각적 방해, 지시 · 방향에서 의 문제, 추상적 · 상징적 사고의 어려움, 기억의 문제, 읽기문제, 발달에 있어서 준비성 등을 들 수 있다. 준비성, 수의 자리값, 일반 계산, 덧셈, 뺄셈, 곱셈, 나눗셈, 분수, 시간, 소수, 돈, 측정, 언어적 응용문제 등의 위계에 따라 아동의 수준에 맞추어 지도해야 한다.

- 주의력결핍장애: 주의력결핍장애아동은 항상 움직이며, 산만하고 학습하기에 충분한 만큼 오랫동안 주의를 지속하지 못하며, 목적에 따라 주의를 하지 못한다. 주의력결핍장애에는 과잉행동이 연합되어 있는 주의력결핍장애와 과잉행동이 없는 주의력결핍장애의 두 가지 유형이 있다.

(2) 영재아

학생들의 능력을 정상분포곡선으로 나타낸다면 가장 오른쪽 부분에는 능력이 매우 뛰어난 학생들이 분포한다. 이들은 일상적인 교수활동 이상의 특별한 교육 프로그램이 요구된다. 따라서 교사는 부진한 학생들뿐만 아니라 우수한 능력을 지닌 학생들의 역량과 잠재성 계발을 위해 세심한 관심과 노력을 기울일 필요가 있다.

① 영재아의 정의

지적 능력, 창의적 능력, 예술적 능력, 지도력 또는 특정 교과 영역에서 수행 능력이 높은 아동을 영재아(gifted)라고 한다. 영재아는 일반적으로 평균 이상의 능력, 높은 동기 수준과 높은 과제 참여 수준 그리고 높은 수준의 창의력 등과 깊은 관계가 있다.

② 영재아의 판별

판별이나 선발은 학교에 따라 또는 연구자에 따라 다소 차이가 있으나 다음과 같은 순서로 진행되는 것이 일반적이다.

- 제1단계: 교사, 학부모, 친구 또는 자기 자신에 의한 추천
- 제2단계: 지능검사, 성취도검사, 창의성검사, 인성검사 등의 표준화검사의 실시

- 제3단계: 실험실습, 연주 등의 수행검사
- 제4단계: 교육 프로그램에 배치하여 관찰과정을 거쳐서 점차적으로 학생 선발 감수

영재 학생의 판별에는 단일한 준거가 없으며, 단기간에 나타나는 특징만으로 판단해서는 안 된다. 또한 단순히 학업성적이 우수하다는 것만으로 영재성을 판단하는 오류를 피해야 한다.

③ 영재아의 교육

영재 학생들에게는 단순히 많은 사실만을 학습시키기보다는 추상적인 사고와 창의성 및 사고의 독립성을 가르치는 것이 중요하다. 이를 위해 교사가 지적 상상력과 사고의 융통성을 가지고 영재 학생들의 능력에 위축되지 않아야 한다. 보리스와 톰바리(Borich & Tombari, 1995)는 영재를 가르치는 데 있어 다음과 같은 방법을 제안한다.

- 교사가 제시하는 도전적인 질문과 문제를 통해 영재 학생들은 자신과 관련된 문제를 독립적으로 탐구할 수 있는 자유를 얻는다. 학생들은 자신이 추구하는 방향과 관련된 추가적인 참고문헌과 자료를 사용하기 위해 교사의 지원, 격려, 활용의 필요성을 느끼도록 해야 한다.
- 영재 학생들은 대부분 다른 사람의 아이디어를 발견하여 그것을 새롭게 창조하고 변화시키는 데 뛰어난 능력을 보인다. 집단토론, 탐구, 논쟁과 같은 활동에 전체 학생을 참여시키면 처음에는 정교하지 않았던 아이디어가 점차 구체적인 해결방안으로 발전하게 되는 효과를 만들어 낼 수 있다.
- 영재 학생들에게는 내용 영역에 있어 실제 세계의 갈등에 대해 실제적인 조사를 해야 한다. 이것은 그들에게 실제적인 관점에서 새롭게 요구되는 지식과 이해를 찾게 하고 문제해결의 도전력을 증가시킬 것이다.
- 영재아에 대한 평가는 단순한 지식 암기량의 측정을 넘어서 대답에 대한 이유를 설명하게 하고, 알고 있는 사실을 조합하여 새로운 것을 만드는 일련의 과정을 통한 수행평가를 활용하는 것이 바람직하다.

(3) 정서장애아

최근에 정서장애아동 문제는 단순히 아동의 문제라기보다는 아동과 아동이 처한 환경과의 상호작용에서 나온 것으로 생각하게 되었다. 따라서 이들의 행동문제에 초점을 두게 되었고, 명칭도 정서장애(emotional disturbance)보다는 행동장애(behavior disorders)라는 것이 더 바람직하다고 생각하는 경향이 두드러지고 있다.

① 정서장애아의 특성

- 지능과 학업성취: 정상 아동에 비해 이들은 학습부진아 교육 대상자가 되는 경우가 많고 평균적으로 이들의 지능이 정상아보다 낮다.
- 행동 특성: 행동 특성으로는 크게 공격적이고 실행적인 행동(acting out)과 미숙하고 위축된 행동으로 양극화되어 나타난다.
- 자폐증 및 소아정신분열증 아동의 특성: 대부분의 중도 정서장애아동, 즉 자폐아 및 소아정신분열증 아동은 복합장애아로서, 이들의 특성은 자기자극적 행동, 자기 상해적 행동, 언어 및 회화장애, 괴상한 부적절한 행동, 타인에 대한 공격성, 과잉행동, 생리적 기능장애, 그리고 인과의 관계에서 무반응 등을 들 수 있다.

② 정서장애의 분류

정서장애아들이 나타내는 문제에 따라 다음과 같이 분류할 수 있다.

- 경도 정서장애: 경도 정서장애아란 전통적 분류에서 신경증에 속하는 아동들로, 이들은 부모나 교사가 전문가의 자문을 받아 효율적으로 지도할 수 있다. 여기에 속하는 장애문제로는 품행문제, 성격장애, 미숙한 행동 그리고 비행을 들 수 있다.
- 중도 정서장애(자폐증 및 소아정신분열증): 중도 정서장애아란 집중적이고 장기적인 처치가 필요한 아동들로, 그 대표적 예가 자폐아동 및 소아정신분열증 아동이다. 이들은 심한 심리적 결함으로 인해 종종 현실감각의 결핍 증세를 보이기도 한다.

③ 정서장애아를 위한 교육

정서장애아의 경우 교육적인 환경과 그 환경 내에서 아동의 반응과 수행에 관심을 두어야 한다. 아동은 천부적으로 생리적인 잠재력을 가지고 있고, 그것은 초기 경험으로 조화를 이루며 자아개념이나 열망, 현실과 긴장을 처리해 나가는 태도 등을 결정한다. 주의를 기울이고 반응하여 지시에 따르고, 자유롭고 정확하게 환경을 탐색하여 학업기술뿐 아니라 다른 사람과 적당한 관계를 맺는 기능을 갖도록 하여야 한다.

(4) 사회부적응아

① 사회부적응의 정의와 특성

사회부적응이란 일상적인 생활의 실제적 장면이나 대인관계에서 나타나는 부적응을 말한다. 사회부적응도 정서장애와 마찬가지로 인성적인 문제와 관련되는 것으로, 매우 복합적인 특징을 가지고 있다. 사회부적응에서 나타나는 행동 특성은 반사회적 행동과 비사회적 행동으로 구분할 수 있다.

- 반사회적 행동: 사회규범을 어기거나 사회의 질서를 파괴하거나 남에게 해를 끼치는 등의 모든 행위를 가리킨다. 학교 교육현장에서 가장 많이 볼 수 있는 반사회적 행동으로는 거짓말, 싸움, 도벽, 흡연, 음주, 기물 파괴, 유흥장 출입, 성도덕 문란 등을 들 수 있다. 이 외에도 부모의 마음을 상하게 하는 가출, 외박, 약물 사용 등도 넓은 의미로는 반사회적 행동에 속한다고 할 수 있다.
- 비사회적 행동: 남과 어울리지 않고 공상과 불안에 싸여 혼자만의 세계에 파묻힌 상태에서 나타나는 행위를 말한다. 비사회적 행동의 표현으로는 의지박약, 열등감, 등교 거부, 강박행위, 불안 등과 같은 신경증적 행동 등을 들 수 있다. 반사회적 행동이 외향적이고 남이나 사회를 아프게 하는 것이라면, 비사회적 행동은 내향적이어서 자신을 아프게 하는 행동이라고 할 수 있다.

② 사회부적응 행동의 발생 원인

반사회적 또는 비사회적 행동이 발생하는 원인으로는 여러 가지가 있을 수 있으며, 이러한 행위에는 수많은 원인이 복합적으로 상호작용한다.

- 개인 내부적 원인: 개인의 지적 · 정서적 · 인성적인 발달의 지체를 들 수 있다. 성격적 발달이 미숙한 경우에는 초자아(super ego)의 발달이 지체되거나 정신구조의 분화가 잘 안 되어 흥분과 불안반응이 자주 나타난다.
- 가정 환경적 원인: 부모의 행동 및 성격(주벽, 도박, 도덕적 문란행위 등), 부모의 정서장애(신경증, 욕구불만, 과민성 등), 가정불화(부부싸움, 별거, 이혼 등), 부모의 양육태도(거부, 방임, 과보호, 태도의 일관성 결여 등) 등이 사회부적응 행동의 원인이 될 수 있다.
- 사회 환경적 원인: 학교환경(교사 · 학습과제 · 학교풍토 등), 또래집단 또는 교우관계가 주는 영향, 사회나 국가 전체의 상황, 즉 국가나 사회를 지배하는 가치관 · 윤리의식 · 인생관 등 성인의 의식구조는 청소년의 사회부적응 행동에 크게 영향을 미친다.

③ 사회부적응아의 교육

사회부적응아를 지도하는 근본 원리는 정서장애아 지도 원리와 차이가 없다.

- 치료적인 지도보다는 예방적인 지도에 주력: 예방적 지도의 핵심이 되는 것은 욕구불만을 참고 견디는 인내성을 길러 주는 일이다. 사람에 따라서는 인내성의 정도에 차이가 있고, 그 정도의 한계를 넘어서면 부적응이 생겨서 문제행동을 하게 된다. 따라서 인내성을 길러 주면 문제행동을 미연에 방지할 수 있다.
- 근원적인 심리치료: 계획적이고 체계적인 노력이 장기간에 걸쳐 계속되어야 한다. 근본적인 심리치료의 구체적 방법은 특정 개인이나 집단을 대상으로 하는 지속적인 행동상담이 대표적이다.
- 대중적 지도와 근원적인 원인치료의 병행: 근본적 치료는 인성이 변화되도록 하는 것인데, 이를 위한 전문적인 치료방법으로는 유희요법 · 집단요법 · 작업요법 등이 활용된다.

〈표 5-5〉 특수아 상담 시 관찰행동 체크리스트

관찰 대상	비언어적 행동 점검표	관찰 내용
시선	• 어떤 시점에서 시선 맞추기가 흐트러졌는가? • 촉진적인가, 회피적인가?	
음성적 특질	• 언제 머뭇거리는가? • 어조와 음성의 크기와 변화는 어떠한가? • 특별히 강조되는 단어나 구문은 무엇인가?	
신체언어	• 손, 팔, 허벅지, 다리 자세의 변화는 어떠한가? • 개방적 몸짓인가, 폐쇄적 몸짓인가? • 주먹을 쥐었는가? 손이나 물건을 만지작거리는가? • 신체적 긴장감은 어떠한가? • 몸이 상담자를 향해 있는가? • 갑작스러운 자세의 변화는 어떠한가? 호흡은 어떠한가?	
얼굴 표정	• 어느 시점에서 얼굴 표정과 안색이 달라졌는가? • 입술의 움직임은 어떠한가? • 고개의 끄덕임은 어떠한가?	
동작의 조화	• 상보적으로 보이는가? 또는 불일치한가? • 언제 나타나는가?	
비언어적 행동의 모순	• 신체의 한 부분과 다른 부분이 서로 다른 말을 하고 있는가? • 어떤 주제에 대해 이야기를 할 때 그런 현상이 나타나는가?	

Worksheet 주의력결핍장애아에 대한 집중관찰기록표

_____ 학년 _____ 반		교사:
교과:	단원:	일시:
관찰 대상 학생:		

학생 이름							관찰자의 해석
학생활동	시간	빈도	시간	빈도	시간	빈도	
1. 주의를 집중하여 과제에 적극적으로 노력하지 않는다.							
2. 허공을 응시하거나 눈을 감고 있다.							
3. 주의가 산만하며 자신이 흥미 있는 일에만 몰두한다.							
4. 다른 학생을 방해한다.							
5. 항상 산만하게 몸을 움직인다.							
6. 다른 학생에게 공격적인 행동을 한다.							
7. 교사의 허락 없이 자리를 이탈한다.							
8. 수업내용과 관련 없는 질문을 한다.							
9. 교사의 지시에 대해서 거부하거나 불평을 한다.							

제6장

특별활동지도

1. 특별활동의 의의와 목표
2. 특별활동의 내용
3. 특별활동의 교수 · 학습방법
4. 특별활동의 평가
5. 특별활동에서 교생의 임무

1. 특별활동의 의의와 목표

(1) 특별활동의 의의

특별활동이라 함은 교육목적이나 수업목표를 달성하기 위하여 수행하는 필요한 교과 외의 모든 활동을 말한다.

- 학생들의 자발적이고 자율적인 활동에 의하여 개인의 적성이나 소질을 발견하고 신장시킬 수 있다. 교과활동을 통해서도 어느 정도는 가능하겠지만 우리나라 교과교육의 현실처럼 획일적 · 통제적인 수업 분위기에서는 학생 개개인의 적성이나 소질 계발이 사실상 불가능하다. 특히, 교과활동의 학업성적이 부진한 학생들에게 특별활동은 적성이나 흥미를 발견할 수 있는 매우 좋은 기회가 된다.

- 자유로운 집단활동을 통하여 협동심, 자주성, 책임감 등 민주적인 시민의 자질을 함양할 수 있게 된다. 이러한 정신은 교과서를 읽거나 설명을 들어서 배우는 것이라기보다는 실제적인 체험이나 실천적인 행동을 통하여 느끼게 됨으로써 학습하게 되는 덕목이다.
- 전인교육의 이상을 실현하는 데 기여하게 된다. 학교교육의 궁극적인 목적은 전인교육의 실현이다. 즉, 교육은 지적으로 우수하면서도 신체적으로 건강하고 정서적으로 감정이 풍부하여 인간미가 넘치는, 조화롭고 균형 잡힌 인간의 육성을 희구하고 있다. 특별활동은 이러한 전인교육의 이상을 실현하기 위한 시도다.
- 특별활동은 교과활동과 상호 보완적인 관계를 유지하고 있다. 수동적이고 타율적이기 쉬운 교과활동을 적극적이고 능동적인 특별활동이 보완해 줌으로써 학교교육의 목적은 달성될 수 있다.

(2) 특별활동의 목표

특별활동의 목표는 다양하고 건전한 집단활동에 자발적으로 참여하여 개성과 소질을 계발 · 신장하고, 공동체 의식과 아울러 자율적인 태도를 기름으로써 민주시민으로서 기본적인 자질을 함양하는 것이다. 이를 구체적으로 살펴보면 다음과 같다.

- 학급 구성원으로서 역할을 분담하여 수행하고, 자치활동에 적극 참여함으로써 민주시민의 기본 자질과 태도를 지닌다.
- 변화하는 환경에 잘 적응하고 대처하는 능력을 신장하여 자신의 문제를 능동적으로 해결한다.
- 자발적으로 계발활동에 참여하여 질서를 배우고, 협동심을 기르며, 자신의 취미와 특기를 계발 · 신장함으로써 자아실현을 위한 기초를 다진다.
- 봉사활동의 의미를 이해하고, 타인을 돕는 일에 적극적으로 참여하여 공동체 의식을 함양하고, 삶의 보람과 자신의 가치를 느낀다.
- 각종 행사의 중요성을 이해하고, 자발적으로 참여하여 학교와 지역사회의 일원으로서 갖추어야 할 기본 자질과 태도를 가진다.

2. 특별활동의 내용

1) 내용체계

제7차 교육과정에서 특별활동은 자치활동, 적응활동, 계발활동, 봉사활동, 행상활동의 5개 영역으로 활동 내용을 중심으로 조직되어 있다. 각 활동 영역별 활동 내용을 제시하면 〈표 6-1〉과 같다.

〈표 6-1〉 특별활동 내용체계

영 역	내 용	
자치활동	• 협의활동 • 민주시민활동	• 역할분담활동
적응활동	• 기본 생활습관 형성 활동 • 상담활동 • 정체성 확립활동	• 친교활동 • 진로활동
계발활동	• 학술문예활동 • 실습노작활동 • 정보통신활동	• 보건체육활동 • 여가문화활동 • 청소년단체활동
봉사활동	• 일손돕기활동 • 캠페인활동 • 환경시설 보전활동	• 위문활동 • 자선구호활동
행사활동	• 의식행사활동 • 보건체육행사활동 • 안전구호활동	• 학예행사활동 • 수련활동 • 교류활동

2) 영역별 내용

제시된 각 영역별 활동 내용은 예시적 기준이므로 지역 특성과 학교 실정을 고려하여 목표달성에 적합한 내용을 선정 · 운영할 수 있다.

(1) 자치활동

자치활동은 학생회활동과 학급회활동을 모두 포함한다.

① 목표

- 학급과 학교에서 일어나는 모든 문제에 대해 적극적으로 참여하고, 협의, 실천하는 가운데 자주성과 사회성을 기른다.
- 다양한 실천과 협의 경험을 통해 합리적으로 문제를 해결할 수 있으며, 민주적인 의사결정의 기본 원리를 익힌다.
- 역할 수행을 통하여 일에 대한 기쁨을 맛보고, 학급 또는 학교 일에 적극적으로 참여하는 태도를 기른다.

② 활동별 내용

〈표 6-2〉 자치활동 내용

내 용	활동 예시
협의활동	학급회의와 학생회의 조직 및 운영, 학생 생활 전반에 필요한 사항 협의 등
역할분담활동	1인 1역 활동, 학급부서활동, 운영위원활동 등
민주시민활동	애향반활동, 모의의회, 토론회, 대화의 광장
그 밖의 필요한 활동	

(2) 적응활동

① 목표

- 집단생활에 원만하게 적응할 수 있는 기본 생활습관을 몸에 익힌다.
- 친교 및 협동활동을 통하여 건전한 교우관계를 형성한다.
- 자신의 문제를 상담과 대화를 통하여 해결함으로써 명랑하고 즐거운 학교생활을 한다.
- 진로와 직업선택의 중요성을 인식하고, 자신의 적성과 소질에 맞는 진로를 탐색하여 설계한다.

② 활동별 내용

〈표 6-3〉 적응활동 내용

내 용	활동 예시
기본 생활습관 형성 활동	예절, 준법, 질서, 절제, 청결, 정리 · 정돈, 근검절약 등
친교활동	축하회, 위로회, 친목회, 사제동행 등
상담활동	학습, 건강, 교우, 클럽 선택, 여가활용, 기타 개인적인 문제 등
진로활동	직업 세계의 이해, 진로인식, 진로탐색, 진로설계 등
정체성 확립활동	자기이해, 심성계발 등
그 밖의 필요한 활동	

(3) 계발활동

계발활동은 제6차 교육과정에서 클럽활동의 명칭이 변경된 것이다.

① 목표

- 흥미, 취미, 적성이 비슷한 학생들로 구성된 집단에 자발적으로 참여하여 즐거움 속에서 삶의 질서를 배우며, 협동심을 기르고, 원만한 인간관계를 형성한다.
- 다양한 활동에 참여하여 자신의 잠재 능력을 최대한 계발 · 신장하고, 자아실현의 기초를 닦는다.
- 여가를 효율적으로 활용하는 생활습관을 형성한다.

② 활동별 내용

〈표 6-4〉 계발활동 내용

내 용	활동 예시
학술문예활동	문예, 연극, 방송, 음악, 미술, 전통예술, 외국어 회화, 과학탐구, 사회 조사 등
보건체육활동	육상, 구기, 수영, 체조, 무용, 민속놀이, 씨름, 태권도 등
실습노작활동	사육, 재배, 조경, 목공, 제도, 설계, 조리, 수예, 재봉 등
여가문화활동	등산, 사진, 독서, 영화, 꽃꽂이, 원예, 기악, 서예, 바둑, 장기 등
정보통신활동	컴퓨터통신, 인터넷, 신문활용학습, 국제이해활동 등
청소년단체활동	소년소녀단, 청소년연맹, 적십자, 우주정보소년단, 해양소년단 등
그 밖의 필요한 활동	

(4) 봉사활동

봉사활동은 제6차 교육과정에서 학교활동 중 행사활동에 포함되어 그 활동의 예시였으나 제7차 교육과정에서 독립된 대영역으로 분리되었다.

① 목표

- 지역사회의 일에 관심을 가지고 참여함으로써 사회적 책임을 분담하고 호혜정신을 기른다.
- 다양한 봉사활동의 실천으로 서로 협력하는 태도를 기르고, 지역사회 발전에 이바지하는 태도를 가진다.
- 타인을 배려하는 너그러운 마음과 더불어 함께 사는 공동체 의식을 가진다.

② 활동별 내용

〈표 6-5〉 봉사활동 내용

내 용	활동 예시
일손돕기활동	복지시설 일손돕기, 공공시설 일손돕기, 병원 일손돕기, 농어촌 일손돕기, 학교 내 일손돕기 등
위문활동	고아원 위문, 양로원 위문, 장애인 위문, 병약자 위문, 부대 위문 등
캠페인활동	공공질서 확립 캠페인, 교통안전 캠페인, 학교 주변 정화 캠페인, 환경보전 캠페인 등
자선구호활동	재해구호, 불우이웃돕기, 국제협력과 난민구호 등
환경시설 보전활동	깨끗한 환경 만들기, 자연보호, 문화재보호 등
그 밖의 필요한 활동	

(5) 행사활동

① 목표

- 교내외에서 실시하는 여러 행사의 의의와 중요성을 이해하고, 자발적으로 참여하여 학교와 지역사회의 발전을 위해 노력하는 태도를 가진다.
- 학예와 체육 등 행사활동을 통하여 평소의 학습성과를 창의적으로 발표하는 기회를 가짐으로써 협동 및 봉사의 정신과 연대의식을 높인다.

- 학교 밖의 자연과 문화에 직접 접촉함으로써 견문을 넓히고, 풍부한 감성을 지닌다.
- 각종 수련활동에 참여하여 심신의 조화로운 발달을 이루며, 극기의 정신과 진취적 기상을 기른다.
- 지역 간, 국제 간 다양한 인적 교류를 통하여 다른 문화의 가치를 이해하고 수용한다.

② 활동별 내용

〈표 6-6〉 행사활동 내용

내 용	활동 예시
의식행사활동	경축일, 기념식, 조회, 입학식, 졸업식, 시업식, 종업식 등
학예행사활동	전시회, 발표회, 감상회, 학예회, 경연대회, 실기대회 등
보건체육행사활동	신체검사, 건강진단, 예방접종, 체육대회, 친선경기대회 등
수련활동	소풍, 수학여행, 문화재 답사, 학술조사, 해외여행, 등반, 야영, 하이킹, 국토순례, 탐사활동, 극기활동 등
안전구호활동	안전생활훈련, 대피방호훈련, 재해구조활동 등
교류활동	자매결연활동, 도시 · 농촌교류활동, 국제교류활동 등
그 밖의 필요한 활동	

3. 특별활동의 교수 · 학습방법

(1) 자치활동

- 학생들의 자발적이며 자율적인 활동이 되도록 유의해야 하며, 교사는 그 활동이 건전한 방향으로 육성되도록 지도해야 한다.
- 모든 구성원이 골고루 참여할 수 있는 기회를 제공하고, 다양한 의견을 존중하여 참여의식을 높이고 소속감을 가지게 한다.
- 연간 학급활동 운영계획은 담임교사와 전 학생이 공동으로 협의하여 수립하고, 창의적인 활동을 전개하여 학교생활이 즐겁고 의미 있게 이루어지도록 한다.
- 학급 전원이 학급생활에 필요한 한 가지 이상의 일을 분담하여 자율적으로 실천하게 하되, 필요할 경우 역할을 교체하여 다양한 경험을 가지도록 한다.
- 학생회는 학교의 규정에 따라 조직하고, 학급의 역할분담과 연계하여 자율적으로 운영하게 한다.

(2) 적응활동

- 교과활동과 유기적인 관련 속에 기본 생활습관이 행동 수준에 이르도록 계속적으로 반복하여 실천한다.
- 학생 개개인에 대한 각종 기초 자료를 정비하여 활용하고, 개인적인 문제는 가정과 연계하여 지도한다.
- 상담활동의 지도는 담임교사가 하는 것을 원칙으로 하나 활동 내용에 따라서는 전문적 식견을 가진 동료 교사나 학부모 또는 지역 인사의 협조를 받는다.
- 기본 생활습관 형성 활동은 특히 학교와 가정의 유기적 연대를 통해 이루어지도록 지도한다.

(3) 계발활동

- 학생의 흥미, 취미, 요구, 적성 및 학교 실정, 지역 특성 등에 알맞은 활동 집단을 조직하고, 모든 학생에게 자세히 안내한다.
- 집단의 가입에 있어서는 학생의 희망을 존중하고, 상담활동을 통해 집단 선택에 대한 담임교사의 도움을 받도록 한다.
- 활동의 조직 단위, 장소, 시설 등 규모와 여건을 고려하여 정일제, 격주제, 전일제, 집중제 등과 같이 융통성 있게 운영할 수 있도록 한다.
- 학생 중심의 흥미 있는 운영이 되도록 유도함으로써 교사가 주도적인 역할을 하지 않도록 유의하고, 저학년은 취미활동 중심으로 운영한다.
- 학생의 개성과 소질을 지속적 · 집중적으로 최대한 신장하기 위하여 방과 후 프로그램이나 상설반을 운영할 수 있다.
- 학교 및 지역사회의 시설과 인력을 적극 활용하도록 하며, 외부 전문가, 강사 등의 초빙에 필요한 경비 등 활동에 필요한 경비는 수익자 부담으로 운영할 수도 있다.

(4) 봉사활동

- 봉사의 내용은 학교나 지역사회의 여건을 고려하여 선정하되, 다양한 내용의 활동이 균형 있게 이루어지도록 한다.
- 효율적이며 진정한 봉사활동이 될 수 있도록 사전 교육을 실시하며, 충분한 정보를 수집하고 면밀하게 계획을 세워 추진한다.
- 봉사활동의 참된 의미와 가치를 인식시키고, 미래 생활과도 연계되도록 지도한다.
- 활동의 전 과정이 교육적 의미를 가질 수 있도록 활동과정 및 결과에 대한 사후평가를 실시하여 이를 반영한다.
- 지역사회 유관 기관 및 봉사단체와 협조체제를 유지하여 효율적인 봉사활동이 이루어지도록 한다.

(5) 행사활동

- 행사의 계획 수립, 준비, 시행, 반성 등에 있어서 학생들이 적극적으로 참여하도록 지도하고, 적절한 역할분담을 통하여 자치적인 운영이 되도록 유의한다.
- 행사계획을 수립할 때에는 행사명, 목적, 시기, 장소, 대상, 행사과정, 역할분담, 유의점, 배치도, 상황 변동 시의 대책 등을 충분히 고려하고, 필요에 따라 사전답사를 실시한다.
- 교류활동에 있어서는 서로 간의 문화적인 차이점을 사전에 충분히 이해하도록 지도한다.
- 학교행사를 실시함에 있어서는 항상 지역사회와의 연계성을 고려한다. 그러나 지역사회의 요청에 의한 학교행사에 대해서는 그 교육적 가치를 충분히 검토하여 취사선택하여야 한다.
- 사고방지를 위하여 만전을 기하되 돌발적 사태에 대해서는 적절한 조치를 취할 수 있도록 세밀히 배려하고, 필요한 경우 사전에 참가하는 학생의 건강진단이나 상담을 실시하여 개개인의 건강상태를 파악해 두어야 한다.

4. 특별활동의 평가

특별활동의 평가는 활동의 결과보다는 그 과정을 중요시하고 지식, 기능의 습득보다는 학생의 태도나 행동의 변화를 대상으로 하기 때문에 비교적 주관적인 평가방법이 많이 사용되고, 양적 평가방법보다는 질적 평가방법을 많이 사용한다. 주로 사용하는 방법은 활동상황의 관찰, 질문지를 이용한 조사, 학생의 작품과 기록 등이 있는데, 이를 도표화하면 다음과 같다.

〈표 6-7〉 특별활동에 활용되는 평가방법

구 분	평가방법	평가 요령
활동상황의 관찰	일화기록	학생의 활동상황을 자유롭게 기록(지도록, 카드, 노트 등)
	체크리스트	활동 참가태도, 실천상황을 미리 준비된 리스트에 의거하여 체크
	평정척도	활동상황, 발언 내용 등을 일정한 척도에 비추어 기록
질문지를 활용한 조사	의식, 태도 조사	활동에 대한 생각, 흥미, 관심, 태도 등을 설문식으로 조사
	자기평가	단체활동의 참가태도, 행동의 정착도를 각자 반성 평가
	상호평가	단체활동의 참가태도, 실천활동에서 두드러지게 나타나는 학생의 선택 평가
학생의 기록, 작품	활동의 기록	활동의 계획이나 활동의 실제 기록(미리 준비한 자기 계획)
	개인 기록	위원회활동, 학급회활동 등의 기록(학급회의록, 위원일지)
	작문, 일기	활동의 계획 · 실시에 대한 의견, 참가 후 · 활동 후의 감상 등
교사의 협의, 의견 교환	동 학년 협의, 타 학년, 전교 단위의 협의	학급활동 지도에 관한 정보교환, 반성, 평가 전교 학생회, 클럽활동, 학교생활에 관한 정보 교환, 반성, 평가 등

(1) 활동상황의 관찰을 통한 평가방법

① 일화기록법

학생지도록, 학생별 기록카드 등을 마련하여 학생의 일상생활이나 학습장면에서 일어나는 여러 가지 행동 사례를 가능한 한 상세하게 기록하는 방법이다. 이 방법을 통해 학생의 성격 및 행동 특성, 적응 양식 등을 이해하고 분석할 수 있다. 현실적으로 여러 가지 여건상 실시하기 어려운 점이 있으나 교사의 의지와 관심이 있으면 좋은 결과를 얻을 수 있다.

② 체크리스트법

이 방법은 관찰하려고 하는 행동을 미리 준비한 조사표에 분류하여 작성하고, 그것에 의해 체크하게 하는 방법이다. 특별활동에 있어서 학생의 각 활동에 대한 참가태도, 자세, 관심과 실천상황 등을 교사가 미리 작성한 체크리스트를 중심으로 체크할 수 있다. 이에 대한 예시는 다음과 같다.

〈표 6-8〉 관찰법 체크리스트 예시

관찰 항목	학생 성명				
	유정현	김이철	강동술	민병수	……
1. 자신의 의견을 적극적으로 발언하는가?	◎	◎	○	△	
2. 근거와 이유를 들어 논리적으로 주장하는가?	◎	○	△	○	

③ 평정척도법

평정척도란 관찰하고자 하는 특성이나 활동을 일정한 표준에 따라 평정하는 것이다. 그 종류는 수량적 · 기술적 · 도식적 평정척도 등이 있다. 수량적 평정척도를 예로 들면 다음과 같다.

〈문〉 학생들의 상호 신뢰도는 어느 정도인가?

전혀 ―――――――――――――― 대단히

1 2 3 4 5

(2) 질문지를 활용한 평가방법

질문지는 비교적 짧은 시간에 많은 학생의 의견이나 태도, 감정 등을 알아보는 방법으로 매우 흔하게 사용된다. 그러나 정직한 반응을 하지 않을 경우에는 정확한 평가가 어렵고, 질문지 제작이 어렵다는 단점이 있다. 조사의 목적이나 질문의 내용에 따라 기입형식과 방법이 다르겠지만 설문이 애매하지 않도록 유의하고, 명확한 답을 얻을 수 있도록 하는 것이 중요하다.

① 학생의 의식 조사

학생의 활동, 동기, 흥미, 관심, 참가태도 등을 알아보려고 할 때 많이 사용하는 방법이다.

〈표 6-9〉 학생조사서 예시(A중학교)

계발활동: '컴퓨터 디자인 활동' 반 제 학년 반 성명:
1. '컴퓨터디자인활동' 반에 들어온 이유는 무엇인가? ① 특활발표회를 보고서 들어왔다. ② 선생님이나 친구의 권유로 들어왔다. ③ 다른 곳에 못 가서 할 수 없이 들어왔다. ④ 친한 친구가 클럽에 있어 들어왔다. ⑤ 계발활동 상황을 보고 들어왔다.

② 학생의 자기평가

학생 자신이 스스로를 되돌아보면서 내면적인 의사를 표시한다.

〈표 6-10〉 학생의 자기평가서 예시

( )반 활동의 반성
제 학년 반 성명:
※ 다음 항목을 읽고 알맞은 곳에 ○표 하시오.

항 목	잘됨	중간	못됨
1. 적극적으로 참가하였는가?			
2. 협력하여 활동하였는가?			
3. 계획한 것을 하였는가?			

〈표 6-11〉 학생 상호평가 예시

※ 다음을 읽고 해당되는 친구를 2명씩 쓰시오.		
항 목	잘 하는 사람 성명	
1. 역할분담 시 좋은 의견을 내는 학생은 누구인가?		
2. 주어진 일에 적극적으로 참여하는 학생은 누구인가?		

③ 학생의 상호평가

학생이 지향해야 할 행동과 태도의 기준을 열거해 놓고, 그 기준에 접근되었다고 생각되는 사람을 가리는 방법이다.

(3) 학생의 작품과 기록을 통한 평가방법

① 작품평가

학생이 개인이나 소집단을 구성하여 작품을 만드는 과정이나 결과를 평가하는 것으로 전통적으로 많이 이용해 온 방법이다. 이때 주의할 점은 작품의 우수성을 상대적으로 평가하는 데 그치지 말고 학생의 이전 수준에 비추어 본 진보 정도에 관심을 두어야 한다.

② 활동기록 분석

학생의 활동계획과 기록을 분석하여 평가에 활용하는 방법이다. 계획을 세우고 스스로 실천한 과정을 누가 기록하도록 하고 활동이 끝난 후 수합하여 평가한다. 예를 들면, 개인별 봉사활동 계획을 세우고 실천한 기록을 통하여 봉사활동을 통한 태도의 변화, 실천 노력 등을 평가한다.

③ 작문 · 일기 분석

학교행사의 영역인 수학여행, 소풍, 봉사활동 등을 실시한 후에 작성하여 평가한다.

(4) 평가의 기록과 활용

- 특별활동의 평가는 종합적이고 계속적으로 이루어져야 한다. 그리고 그 결과를 기록하여 특별활동을 지도하고 개선하는 데 활용해야 한다. 평가 결과는 평소의 활동상황을 누가 기록한 자료를 토대로 활동 실적, 진보의 정도, 행동의 변화, 특기사항 등을 종합하여 문장으로 기록한다.
- 특별활동의 평가는 학생을 비교하는 상대평가가 아닌, 학생 각자의 성취도나 변화를 진단하는 절대평가가 되도록 한다.
- 특별활동의 평가는 총괄평가적 성격보다는 형성평가적 성격을 지녀야 한다. 평가 결과는 학생의 계속적 진보와 계발을 돕는 자료로 활용되어야 한다.
- 특별활동의 평가 결과는 학생지도를 위한 학부모와의 협의자료로 활용되어야 한다. 이를 위해서는 교사가 학부모에게 학생의 학교생활에 관한 구체적인 정보를 제공해야 한다. 평소의 학습활동, 태도와 자세, 학습의욕, 성취도, 교우관계 등을 자세하고 구체적으로 알려 주고, 가정과 연계하여 지도하는 것이 유익하다.
- 특별활동의 평가에 있어서 학생 개개인의 발달, 변화, 성취를 평가함과 아울러, 학급 또는 학교 차원에서 전체 집단의 성장, 발달, 변화 등도 평가하여 지도자료로 활용한다.
- 특별활동의 평가는 학생에 대한 평가와 더불어 특별활동 프로그램에 대한 평가도 함께 실시되어야 한다. 프로그램 평가는 활동 내용의 타당성, 운영계획의 현실성, 담당교사의 준비성과 열성 등이 포함되어야 한다. 특별활동 프로그램에 대한 평가 결과는 해당 학급 또는 학교의 후속 특별활동 계획 수립 및 운영 개선에 활용한다.

5. 특별활동에서 교생의 임무

- 자치회의 진행을 참관한다.
- 클럽의 지도자가 되어 일한다.
- 연극, 합창 등 가능한 활동에 참여하여 학생을 돕는다.
- 오락시간에 참가하여 참신한 프로그램으로 인도한다.
- 도서관 사용을 돕는다.
- 학생체육활동을 돕는다.

Worksheet 실습학교의 특별활동 내용을 정리해 봅시다(B고등학교 예시)

영 역	내 용	활 동
자치 활동	협의활동	• 학급회의, 학생회의 조직 운영 • 학급 전반이나 학교생활에 필요한 사항 협의
	역할분담활동	• 학급부서활동 • 운영위원활동
	민주시민활동	• 학교포럼 • 애향반활동 • 토론회 • 대화의 광장
적응 활동	기본 생활습관 형성 활동	• 예절 • 준법 • 질서 • 청결 • 정리정돈 • 근검절약 • 분리수거
	친교활동	• 체육대회 • 친목회 • 사제동행 등
	상담활동	• 학습, 건강, 교우, 클럽선택, 여가활용, 개인문제 등 상담
	진로활동	• 직업세계의 이해 • 진로인식 • 진로탐색 • 진로설계
	정체성 확립활동	• 자기이해 • 심성계발
계발 활동	학술문예활동	• 학보편집, 영자신문편집, 문예, 연극, 방송, 미술, 외국어 회화, 과학탐구, 사회문화 탐구 등
	보건체육활동	• 소프트볼, 볼링, 농구, 축구, 수영, 태권도, 배드민턴
	실습노작활동	• 제도, 설계, 조리, 수예, 재봉 등
	여가문화활동	• 등산, 사진, 독서, 영화, 서예, 종이접기, 레크리에이션 등
	정보통신활동	• 컴퓨터통신, 인터넷, 신문활용 학습
	청소년단체활동	• 청소년 적십자, 인터랙트
봉사 활동	일손돕기활동	• 병원, 학교, 복지시설 일손돕기 • 공공시설 일손돕기
	위문활동	• 고아원, 양로원 방문 • 장애인 · 병약자 위문, 부대 위문
	캠페인활동	• 공공질서 확립 캠페인 • 교통안전 캠페인 • 학교주변 정화 캠페인 • 환경보전 캠페인
	자선구호활동	• 재해구호 • 불우이웃돕기 • 국제협력과 난민구호 • 헌혈
	환경시설 보전활동	• 깨끗한 환경 만들기 • 자연보호 • 문화재보호
행사 활동	의식행사활동	• 기념일, 경축일, 입학식, 졸업식, 시업식, 종업식
	학예행사활동	• 전시회, 발표회, 감상회, 학예회, 경연대회, 실기대회
	보건체육행사활동	• 신체검사, 건강진단, 예방접종, 체육대회, 친선경기대회
	수련활동	• 신입생 오리엔테이션, 테마여행, 수학여행, 답사, 등산, 야영
	안전구호활동	• 안전생활훈련 • 대피방호훈련 • 재해구호활동
	교류활동	• 자매결연 활동 • 도시 · 농촌교류활동 • 국제교류활동

제7장

학급경영 연습

1. 학급경영의 본질
2. 학급경영 계획
3. 학급경영의 실제
4. 학급경영의 평가

1. 학급경영의 본질

학급은 학교생활의 기본 조직이며 학교의 교수 · 학습의 기본 단위 조직이다. 학급에서 교육과 생활경험은 학생 개개인의 삶의 질을 결정하는 데 중요한 영향을 미친다.

(1) 학급경영의 성격

학급경영이란 학급의 교육목적을 효율적으로 달성하기 위하여 인적 · 비인적 자원의 활용을 계획, 조직, 지도, 통제하는 일련의 활동을 말한다. 즉, 학급경영은 학교경영의 한 영역이며, 학급을 대상으로 하는 경영활동이다. 이를 바탕으로 학급경영의 성격을 살펴보면 다음과 같다.

① 학급경영은 학급의 목적을 추구하는 활동이다

학급경영은 국가의 기본 목표를 실현함에 있어 학교교육의 목표뿐만 아니라 학급 구성원 개개인이 추구하는 개인적 목표와 집단적 욕구, 지역사회의 기대까지 충족시키고자 하는 활동이다.

② 학급경영은 교육자원을 획득 · 배분하고 활용하는 활동이다

교육자원에는 교직원, 학생, 학부모와 같은 인적 자원, 건물, 시설, 설비 같은 물적 자원, 운영비와 같은 금전적 자원, 그리고 지식, 정보, 시간, 노력 등의 자원이 포함된다. 따라서 이들 자원을 학급경영의 측면에서 어떻게 획득하고, 어떻게 효율적으로 활용하느냐 하는 문제가 경영의 중요한 내용이 된다.

③ 학급경영은 계획, 조직, 지도, 통제 등 일련의 활동과정으로 이루어진다

계획은 목표를 세우고 이를 성취할 수 있는 미래의 행동을 예정하고 준비하는 과정이며, 조직은 공동목표를 달성하기 위해 분업적 협동체제를 구성하는 것이다. 지도는 계획에 따라 여러 가지 활동을 운영하고 실천하는 과정이며, 통제는 모든 활동이 계획된 대로 목표를 향해 진행되도록 규제하는 과정이다.

(2) 학급경영의 원리

① 타당성의 원리

학급경영의 목표, 내용, 방법 등은 학급경영과 관련된 여러 가지 요소(교육의 원리, 사회적 요구, 학생의 특성과 필요)에 비추어 타당성을 확보해야 한다.

② 개별성 존중의 원리

학급 담임교사는 학생 각자를 개별적 존재로 인식하고 학급경영활동 전반에서 개별성을 존중해야 한다. 학생 각자가 개별적 존재로서 지니고 있는 가치, 능력, 취향, 요구는 학급교사가 시종일관하여 중시해야 할 사항이다.

③ 사회성 개발의 원리

학생 각자로 하여금 자신의 권리와 가치가 중요하듯 타인의 권리와 가치도 똑같이 중요하고, 인간사회에서 자신이 존속하기 위해서는 타인도 같이 존속

해야 한다는 것을 알게 해야 한다.

④ 자주성의 원리

학급경영은 학급 담임교사의 자주적 판단과 실행을 중시해야 하고, 그럼으로써 교육적 창의성이 발휘되도록 해야 한다.

⑤ 상호 접근의 원리

학급 담임교사는 학생 각자의 본성에서 가정환경에 이르기까지 개인적 특성을 정확히 알아야만 성공적인 교육활동을 수행할 수 있고, 그러기 위해서는 학생 개개인에게 보다 가까이 접근해야 한다.

⑥ 통합성의 원리

학급경영 주체는 대상에 대한 정확한 관찰과 분석을 바탕으로 합목적적인 계획을 수립하고 그에 따라 실천을 수행해 나가야 한다.

(3) 학급경영의 영역

- 학급경영관 및 목표를 정립하고 경영계획을 수립하는 일
- 학생의 개인별 특성 및 학급의 집단목표와 그 밖의 각종 기초 사항을 이해하는 일
- 교과지도를 행하는 일
- 학급의 물리적 · 사회적 환경을 구성하고 행하는 일
- 특별활동지도, 생활지도 등을 행하는 일
- 학급의 제반 사무를 처리하는 일
- 가정과 지역사회와의 협조를 도모하는 일
- 학급경영의 과정별 경과를 평가하는 일

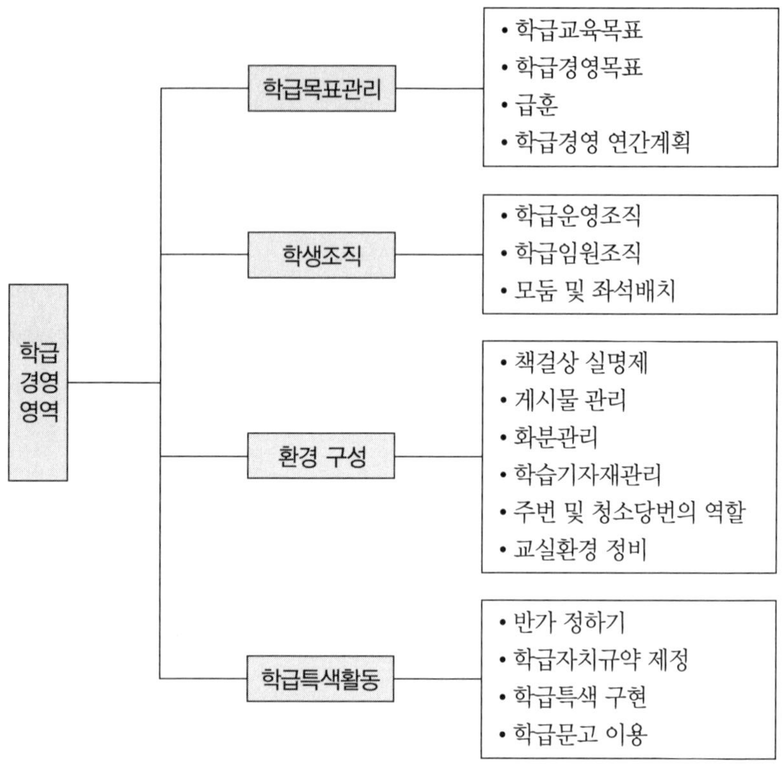

[그림 7-1] 학급경영의 영역

2. 학급경영 계획

학급경영을 위한 계획을 수립하려면 학급에 대한 기초 조사가 필요하다. 기초 조사를 토대로 학급경영계획서를 작성한다.

1) 학급경영의 기초 조사

(1) 학급의 특성 파악

학급경영계획은 학생과 학급의 제반 특성을 파악하여 학급경영의 목표를 설정하고 기초 조사를 실시, 이를 근거로 하여 구체적이며 실천적인 경영계획을 수립하는 것이다. 학급경영의 목표를 설정하기 위해서는 먼저 학생에 대한 전반적인 기초 조사를 실시하여 학생 개개인에 대한 상세한 실태를 정확하게 파악하여야 한다. 효율적인 학급경영을 위해서는 학생 개개인의 개성과 적성, 정서를 비롯하여 학급집단의 심리적 경향과 풍토, 분위기 등 집단의 특성을 정확하게 파악하여야 한다.

(2) 학급경영 기초 조사의 유의점

- 학생이나 집단의 특성은 객관적이고 과학적인 방법으로 조사되어야 한다.
- 어느 한 종류의 조사나 검사에 의해서 얻은 결과를 가지고 섣불리 해석하거나 평가해 버리는 오류를 범해서는 안 된다.
- 학생이나 집단의 특성은 고정적이라기보다는 계속 변화하는 것이므로 실태조사는 학년 초 한 번으로 그칠 것이 아니라 계속적인 교육활동과정에서 수시로 수집하고 분석해야 한다.
- 학급경영의 효과를 높이기 위해서는 학급의 특성을 개인성과 집단성의 두 가지 측면에서 파악하여야 한다.

〈표 7-1〉 기초 조사 내용 및 방법

구 분	내 용	방 법
목표조사	• 국가목표, 교육부 장학의 방향, 교육과정목표 • 도교육청, 지역교육청의 교육지표와 주요 시책 • 학교 교육목표	• 문헌조사, 질문지법, 통계적 방법
사회조사	• 사회구조, 사회적 요구	• 문헌조사, 통계적 방법, 질문지법, 면접법
가정환경조사	• 가족상황, 경제 수준, 가정문화, 가정교육	• 질문지법, 면접법
학생조사	• 지능, 성향, 신체상황, 교우관계, 흥미, 성숙도	• 행동관찰, 작문, 일기, 자서전법 • 실험 및 검사: 신체검사, 지능검사, 성숙도검사, 흥미 조사, 성격검사, 교우도 조사

2) 학급경영계획서 작성의 실제

① 학급실태 조사와 분석

학기 초 학생의 건강, 인성, 학력, 생활습관과 학부모의 교육 의지 및 기대, 교육환경 등을 조사하여 실태를 분석하고, 이를 바탕으로 학급경영의 과제를 도출한다.

〈표 7-2〉 학급 담임교사의 교육관 예시(A 중학교)

교육이란, '가르쳐 기름' 또는 '가르쳐 지식을 줌' 이라고 사전에 풀이되어 있다. 그러나 가장 좋은 교육은 '만남의 교육' 이라고 생각한다. 인간과 인간의 만남을 가능하게 하는 것은 '언어' 나 '글' 이 아니고 대화를 통한 믿음과 사랑이다. 따라서 학생이 지니고 있는 가능성을 찾아내고 자발적으로 성취하려는 학습의욕과 태도를 길러 주는 것이 중요하다. 이러한 믿음과 사랑을 바탕으로 신체적 · 정서적 · 사회적 · 지적인 면에서 조화로운 발달을 이루는 사람으로 자랄 수 있는 학생으로 기르기 위해 성의껏 노력하겠다.

• 학생을 존중하고 사랑하자.
• 학생을 알뜰하게 가르치자.
• 학생을 탈 없게 보호하자.

② 학생발달의 특수성 이해

학년별 학생의 심신발달의 특징을 이해하고 이에 따른 교육적 조치 등을 학급경영계획 수립에 반영하도록 한다.

③ 학급경영관 정립

학급 담임교사의 교육관을 서술식으로 기재한다(〈표 7-2〉 예시 참고).

④ 학급교육목표 및 경영목표의 설정

- 학급교육목표: 학교 교육목표의 하위목표로 진술하되 독립변인과 종속변인을 함유하는 단일개념으로 한다.

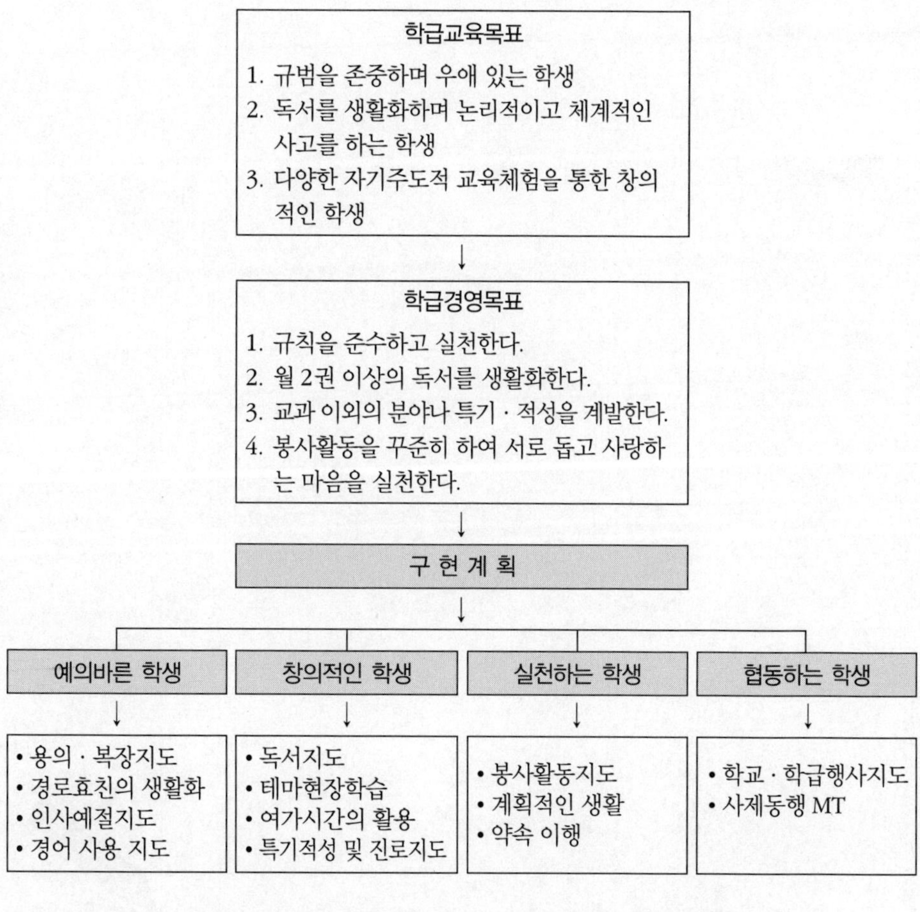

[그림 7-2] 학급교육목표와 경영목표의 예시(B 고등학교)

• 학급경영목표: 학급교육목표별로, 구체적인 하위목표로 서술하되 교육목표별로 2~3개의 경영목표를 설정하는 것이 바람직하다.

⑤ 학급경영목표 및 학급특색 구현의 구체화

학급경영목표에 따라 구체적인 구현 내용과 방법을 구안하여 기술한다. 또한 학급의 특색 과제를 선정하여 구현 방안을 기술한다.

3. 학급경영의 실제

(1) 학급 담임교사의 임무

- 학생, 학부모 등 교육 수요자의 만족을 학급경영의 최우선 목표로 하여 학급경영목표를 고정하지 않고 변화하는 요구와 기대에 부응하는 일
- 학생의 적성과 개성을 존중하고 학급 구성원 상호 간의 협동생활을 지도하여 전인적 성장을 도모하는 일
- 학생의 자기주도적 학습활동을 지도하여 기초학습 능력과 특기를 신장시키고 성취목표를 달성하도록 하는 일
- 학생의 자치, 자율활동을 선도하여 민주적 상황에 익숙하도록 함으로써 세계 속의 민주시민으로서 자질을 함양하는 일
- 특수학생을 조기 발견하여 학생 특성에 맞는 지도를 행함으로써 자아정체감을 형성하게 하여 평생교육의 기반을 공고히 하는 일
- 현대적 학습환경과 바람직한 학급 분위기를 조성함으로써 즐겁고 열린 학급 분위기를 만들어 가는 일

(2) 학급 담임교사의 사무

① 학급운영을 위한 사무

- 급훈의 선정과 실천지도
- 매일의 조회와 종례지도
- 가정환경 파악과 가정 연계지도

〈표 7-3〉 학급 담임의 월별 학급경영계획표 예시(C 중학교)

월	계 획
3	• 학급 일상생활 전략짜기 • 특별한 가정환경 파악하기 • 지킬 수 있는 학급규칙 정하기
4	• 교과담임과 다리놓기 • 학부모 통신으로 학부모와 인사하기 • 학생들을 대상으로 한 집단상담
5	• 학급임원 챙기기 • 쪽지상담으로 개별상담의 길트기 • 5월 행사를 지혜롭게 마무리하기
6	• 학급운영 중간평가표 만들기 • 학급행사 기획하기 • 기말고사 준비 챙겨주기
7/8	• 조 · 종례 시에 몇 명씩 편지주기 • 방학 전에 매듭지어야 할 일 챙기기 • 학급운영 중간평가서 받아보기
9	• 학급규칙 다시 세우기 • 학급 구성원 장점 살리기
10	• 10월 행사 기록하기 • 학습상담 기획하기
11	• 학생생활기록부 작성을 위해 현실적으로 준비하기 • 학부모 통신 준비하기
12	• 시험 후의 학급운영전략 세우기 • 자기반성을 통한 1년 평가하기
1/2	• 칭찬신문 만들기 • 고민 나누기

출처: 우리교육

② 교육과정을 위한 사무

- 학습태도 및 방법지도
- 학교생활기록부 전산 입력
- 교육평가의 집계, 통계, 통지표 작성

③ 학급관리를 위한 사무

- 환경구성 및 청소지도
- 교실비품 관리지도

④ 생활지도를 위한 사무

- 상담을 통한 인성 및 진로지도
- 보건위생, 안전생활지도
- 복장, 학용품, 소지품지도

⑤ 특별활동을 위한 사무

- 학급회 운영지도
- 학급임원 선출지도

(3) 학급 담임교사의 하루 일과 업무

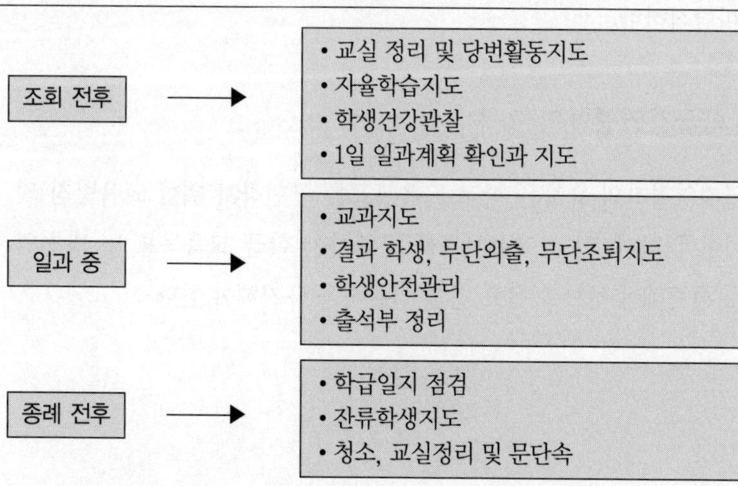

[그림 7-3] 교사의 하루 일과 업무 예시(D 중학교)

Tips 조 · 종례 시간에 활용할 만한 이야기 자료가 있는 곳

- 역사 속의 오늘(http://www.shipbiro.com/@today): 역사 속의 오늘 일어난 일들이 간단하게 정리되어 있다.
- 오늘의 명언(http://i.kebi.lycos.co.kr/~maximlee): 최신명언, 건강명언, 고전명언, 종교명언, 속담명언, 고사성어, 광고카피 명언, 세계 격언, 속담 명언 검색이 날짜별 주제별로 정리되어 있으며, 그 밖에도 가훈, 주식, 스포츠 등의 명언과 교훈 이야기, 교훈시, 인물사전, 각 신문 등의 명언이 정리되어 있다.

4. 학급경영의 평가

(1) 학급경영평가의 의의

학급경영평가의 궁극적 목적은 학급경영체제를 개선하여 발전시키는 데 있다. 학급 담임교사는 학급경영과정에서 투입 및 산출에 대한 평가와 분석을 통하여 학급경영체제를 반성하게 되고, 발전을 위한 대책을 수립하게 된다. 학급경영의 자율성과 학급 담임교사의 책무성을 높이기 위해서는 자체평가체제가 바람직하다.

(2) 학급경영평가의 요목

학급경영평가의 요목은 학교 교육목표를 구현하기 위한 교육방침 및 실천사항이어야 한다. 학교 교육목표를 구체화한 학급 교육목표 및 방침의 구현사항을 평가해야 하므로 목표 간의 일관성을 유지해야 한다.

〈표 7-4〉 학급경영 평가 체크리스트

구 분	평가 관점	평가척도				평가 결과			
		4	3	2	1	1/4	2/4	3/4	4/4
1. 기본 관점 (8점)	① 학급의 독자적 특성이 조성되고 있는가?								
	② 학급의 모든 일에 전학생이 참여하고 있는가?								
2. 학급경영계획 (8점)	① 학급경영계획은 교육과정운영 기본 계획과 일관성을 가지고 있는가?								
	② 학급경영계획은 부단히 재구성, 보완되고 있는가?								
3. 교과학습지도 (20점)	① 기본 학습습관이 잘 이루어졌는가?								
	② 학생의 개별지도가 잘 되고 있는가?								
	③ 교재연구는 충실하게 이루어지고 있는가?								
	④ 부진학생에 대한 특별지도가 잘 이루어졌는가?								
	⑤ 학습자료의 준비 및 활용은 잘 되고 있는가?								
4. 특별활동 (8점)	① 학생자치활동과 역할분담활동은 효과적으로 운영되고 있는가?								
	② 5대 영역이 균형 있게 이루어지고 있는가?								
5. 재량활동 (8점)	① 재량활동 시간은 최대한 확보하고 있는가?								
	② 창의적이고 다양한 활동이 이루어지고 있는가?								
6. 생활지도 (24점)	① 교외 생활지도는 잘 이루어지고 있는가?								
	② 실내생활은 정숙한가?								
	③ 안전생활에 대한 지도가 잘 이루어졌는가?								
	④ 문제학생의 발견 또는 특별지도에 노력하고 있는가?								
7. 교육평가 (16점)	① 형성평가는 적기에 하고 있는가?								
	② 매 단원의 형성평가 결과는 목표 수준에 도달하고 있는가?								
	③ 평가 결과의 처리와 개별 처방지도는 잘 되고 있는가?								
	④ 수행평가는 기준안에 따라 공정하게 실시되어 공개하고 있는가?								
8. 기타(8점)	① 게시물은 학습활동과 직결되며 창의적이고 의도적인가?								
	② 학급사무 및 분장사무는 신속·정확하게 처리되고 있는가?								
계(100점)									

참고자료 1 나는 이런 사람

____ 학년 ____ 반 ____ 번 이름: __________

1. 제 인적사항입니다.

<table>
<tr><td>한자 성명</td><td></td><td>주민등록번호</td><td colspan="2"></td><td>전화
번호</td><td colspan="2"></td></tr>
<tr><td>우편번호</td><td></td><td>현주소</td><td colspan="5"></td></tr>
<tr><td>출생지</td><td></td><td>메일주소</td><td></td><td>종교</td><td></td><td>휴대폰</td><td></td></tr>
<tr><td colspan="2">1학년 담임선생님</td><td></td><td>혈액형</td><td colspan="4">ABO: Rh:</td></tr>
<tr><td colspan="2">2학년 담임선생님</td><td></td><td>취미</td><td></td><td>특기</td><td colspan="2"></td></tr>
<tr><td colspan="2">좋아하는 친구 이름</td><td colspan="6">1) 학교 학년 반 이름: 연락처:
2) 학교 학년 반 이름: 연락처:</td></tr>
</table>

2. 부모님을 소개합니다.

아버지는요!	어머니는요!

	성함	생년월일	직업	직장	직위	학력	수입	연락처
아버지								
어머니								

3. 다른 가족에 대해 씁니다.

이름	관계	생년월일	직업	학력	동거 여부	월수입	나와의 친밀도

4. 저의 성장과정을 요약하면 다음과 같습니다.

5. 저는 이런 것을 잘 할 수 있습니다.

6. 저는 이런 나쁜 습관이나 버릇이 있습니다.

7. 저는 1년 동안 이렇게 생활하고 싶습니다.

8. 앞으로 이런 직업(또는 진학)을 갖고 싶습니다.

부모님은요!	나는요!

9. 저는 이런 선생님이 좋습니다.

10. 선생님께 하고 싶은 이야기가 있습니다. 제 비밀이기도 하지요. 지켜 주시리라 믿고 말씀드립니다(오른쪽 란에는 해당사항에 ○표 해 주세요).

	주거 형태	가정 구분	
	자택, 전세, 월세	생활보호대상자	
	• 전세 (원)	소년소녀가장	
	• 월세 (원)	보훈자녀	
	• 기타 ( )	가족 중 장애인	

참고자료 2 학급역할 정하기

민주적인 학급은 우리 모두가 참여하는 학급입니다. 누구나 우리 반을 위하여 작은 힘이나마 보탤 수 있으며, 반드시 보탬이 되어야 하겠습니다. 그러기 위해서 어떤 일을 할 것인지부터 정해야겠죠? 아래에 있는 학급역할을 잘 살펴보고 자신이 하고 싶은 역할을 3지망까지 기입해 주면 선생님이 역할을 정하도록 하겠습니다. 모두의 참여 속에 재미있고 알찬 학급이 되도록 노력합시다.

번호	역할 이름	역할 내용	번호	역할 이름	역할 내용
1	학급 급장	학급의 대표 · 봉사자	19	영어위원	영어 카세트관리
2	학급 부급장	생활 부급장 (출결 확인 기록)	20	학급게시판 관리	유인물 부착과 관리
3	〃	학습 부급장 (과제물 취합)	21	청소용구함 관리	청소용구 정리 및 관리
4	자율정화위원	학생들의 생활을 이끄는 역할	22	청소구역 배당	청소구역 배당 및 청소 배당표관리
5	〃	〃	23	독서게시판 담당	독서발표회 주관
6	총무	학급 내 금전관리	24	국어부장	국어 도우미
7	환경부장	쓰레기 분리수거	25	수학부장	수학 도우미
8	선진기자재 요원	컴퓨터관리	26	영어부장	영어 도우미
9	〃	〃	27	음악부장	음악 도우미
10	도서부장	학급문고관리 및 도서대출	28	사회부장	사회 도우미
11	화분관리	학급 내 화분관리	29	한문부장	한문 도우미
12	〃	〃	30	기술 · 가정	기술 · 가정 도우미
13	과학부장	과학 수업 도우미	31	도덕부장	도덕 도우미
14	체육부장	체육시간 준비 담당	32	칠판 담당	칠판 정리 및 분필 담당
15	휴지 담당	휴지 모으기 및 관리	33	선반 담당	선반 위 물건 정리
16	걸레 담당	걸레 모으기 및 관리	34	모둠일기	모둠일기 수합 · 배부
17	사물함 열쇠 담당	사물함 열쇠관리	35	시간표 담당	시간표 변경사항 알림
18	영어위원	영어 카세트관리	36	작품 게시판관리	작품 게시판 운영

참고자료 3 학급문집 편집을 위한 글쓰기 자료

3월 〈나의 역사〉

- 2주: 3학년(2학년, 중학생)이 되었다.
- 4주: 결코 잊을 수 없는 일, 가장 기뻐 던(슬펐던, 억울했던) 일, 지난 ○○에 있었던 일

4월 〈우리 가족 이야기〉

- 2주: 운동장에서, 봄의 향기, 우리 학교, 체육수업을 보며, 학교 담장 밖에는 지금, 벚꽃을 바라보며
- 4주: 우리 가족 이야기, 그리운 할머니, 아버지의 뒷모습, 사랑하는 어머니, 우리 가족이 가장 힘들었던 때, 내가 가족에게 아픔을 주었을 때

5월 〈사람, 사람들……〉

- 2주: 잊을 수 없는 내 친구, 우리 동네 ○○, 길에서 본 사람, 버스를 타고
- 4주: 우리 반 ○○, 우리 학교 ○○, 좋은 친구 나쁜 친구, 잊을 수 없는 선생님, 나에게 가장 큰 영향을 준 사람

6월 〈요즈음 나는……〉

- 2주: 외국의 지리, 외국의 역사, 외국의 문화(관습)
- 4주: ○○사고 소식을 듣고, 텔레비전 ○○를 보고, 책 ○○를 읽고, 영화 ○○를 보고

7월 〈나의 주장〉

- 2주: 환경보호, 쓰레기분리수거, 교실청소, 화장실 사용, 내가 바라는 세상, 내가 교장선생님이 된다면, 요즘 유행하는 ○○현상에 대하여
- 4주: 행복이란, 불행이란, 아름다움이란, 나의 이상적인 이성상은, 시간에 관해, 돈에 관해

9월 〈새로운 마음으로〉

- 2주: 지난 여름방학의 추억, 봉사활동을 하며 느낀 점, 바람직한 청소년 문화
- 4주: 명절에 여자와 남자는, 친척집에 가서, 즐거운 명절날의 추억

10월 〈가을이라 가을 바람……〉

- 2주: 가을이 되면 생각나는 것(사람), 가을비
- 4주: 졸리는 오후, 가고 싶은 곳, 선생님들이 모르는 것, 가을소풍, 사생대회

11월 〈나의 이야기〉

- 2주: 친구에게 가장 하고픈 이야기, ○○선생님께 가장 하고픈 이야기, 나의 별명

12월 〈1년을 돌아보며……〉

- 2주: 잊을 수 없는 수업, 잃어버린 물건, 내가 받은 선물, 중학교 생활 1년(2년, 3년) 나는 무엇을 하였나, 한 학년(2, 3학년)을 마치며
- 4주: 나의 10대 사건, 우리 반(우리 학교, 우리나라)의 10대 사건, 세계의 10대 사건

참고자료 4 ○○반 학급생활수칙

- 아침 8시 20분까지 등교하여 책상에 앉아 그날 배울 과목 예습, 숙제 혹은 책을 읽도록 합시다.
- 주번학생은 아침 8시 10분까지 등교하여 아침 청소를 8시 20분까지 마치도록 합니다.
- 만약 아프거나 일이 있어서 늦을 경우는 반드시 담임선생님 혹은 학교로 연락해야 합니다.
- 결석을 한 경우에는 다음 날 반드시 담임선생님께 결석계를 받아서 기입하고 부모님의 도장을 받아 그 다음 날 제출하도록 합니다.
- 양호실에서 지내야 할 경우, 교과선생님과 담임선생님께 반드시 말씀을 드립니다.
- 수업시간에 사물함에 물건을 가지러 가는 경우는 없겠죠? 이런 경우에는 학급에서 정한 규정대로 벌금을 내도록 합시다.
- 학교 교문에서 위반 카드를 받았을 경우에는 반성문을 써야 합니다.
  - 반성문 1회: 선생님과 상담
  - 반성문 2회: 벌 청소
  - 반성문 3회: 학부모님과 전화상담
  - 반성문 4회: 학부모님과 학교에서 상담
- 지정된 자리 이외의 자리에 앉아서는 안 됩니다.
- 특별실로 옮길 경우에는 중요한 소지품은 담임선생님께 맡기도록 합니다. 주번은 반드시 교실 문단속을 하도록 합니다.
- 지나치게 많은 금액의 돈과 중요한 물건은 학교에 가져오지 않습니다(모든 소지품에는 본인의 반과 번호, 이름을 기록하여 주십시오).
- 자기 자리 주위에 쓰레기가 있는지 없는지 반드시 확인을 하고 쓰레기가 눈에 띄게 되면 학급에서 정한 벌칙대로 휴지 하나당 5분 늦은 귀가를 하도록 합니다.
- 학교 일과 중에는 휴대전화 사용이 금지되어 있습니다. 만약 휴대전화를 사용하다 적발되면 1주일 동안 담임선생님이 보관하도록 합니다(수업시간에 휴대전화 사용이 적발되면 3주일 동안 담임선생님이 보관하도록 합니다).

Worksheet 학급규칙 정하기(이런 경우에는 어떻게 할까요?)

장기결석을 하는 학생	
선생님께 반항하는 학생	
준비물을 잘 챙겨오지 않는 학생	
학교생활과 관련된 금전을 잘 내지 않는 학생 (사진 값, 성금 등)	
청소를 잘 하지 않는 학생	
버릇없이 구는 학생	
수행평가를 과목마다 제출하지 않는 학생	

Worksheet 학급경영에 대한 교사의 태도 체크리스트

□ 학생들과 긍정적인 관계를 형성하였다.

□ 긍정적인 학급 분위기를 조성하였다.

□ 학급경영에 자신감을 갖고 낙관적인 접근법을 개발하였다.

□ 통제보다는 예방에 기초한 학급경영을 실행하였다.

□ 조직적인 일과에 기초하여 학급운영절차를 확립하였다.

□ 학급 규칙을 고안하는 데 있어 학생들이 참여하도록 유도하였다.

□ 학급 규칙의 타당성을 학생들에게 설명하였다.

□ 가능한 한 규칙을 적게 만들고 모든 학생이 이해할 수 있도록 간단한 형태로 표현하였다.

□ 학급 규칙을 실행할 때 일관성을 유지하였다.

□ 규칙을 준수하는 학생을 정적으로 강화시켜 주었다.

□ 학급의 전 구성원이 학교와 학급 규칙을 잘 준수할 때 학급 전체를 강화시켜 주었다.

□ 일탈행동을 처리할 때는 이성적 · 합리적으로 처리하였다.

□ 학생들을 체벌로써 위협하지 않았다.

□ 심각한 일탈행동은 개별적인 토론과 상담으로 해결하였다.

□ 결코 학생들을 모욕하거거나 조소하지 않았다.

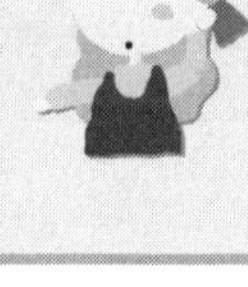

제8장

학교경영 연습

1. 학교경영의 개념과 원리
2. 학교경영의 실제
3. 학교경영의 평가

1. 학교경영의 개념과 원리

(1) 학교경영의 개념과 특성

학교경영은 학교조직에 대한 경영이라고 볼 수 있다. 학교경영은 단위학교에서 교육활동을 대상으로 교육목표를 설정하고, 교육환경에서 교육활동에 필요한 교사, 학생, 교육과정 등의 교육자원을 확보하고 교육 여건을 조성하며, 교육목표 달성이 보다 효과적으로 이루어질 수 있도록 단위학교의 교육활동에 대한 결정, 계획, 지도성 발휘, 동기유발, 의사소통, 평가 등을 포함하는 일련의 과정이다.

학교경영의 정의 속에 포함된 학교경영의 주요 특성은 다음과 같다.

- 학교경영은 학교의 핵심적인 활동인 교수 · 학습활동을 지원한다.

- 학교경영은 교수 · 학습활동이 원활하게 이루어질 수 있도록 결정, 계획, 동기유발, 지도성 발휘, 의사소통, 평가하는 활동으로 이루어진다.
- 학교경영은 여러 사람의 노력과 자원이 함께 결합되는 집단적 과정이다.
- 학교경영은 학교의 교육활동을 지원하고 조장하는 활동이기 때문에 학교의 특성과 긴밀한 관련을 맺고 있다.

(2) 학교경영의 원리

학교경영의 원리란 '문화유산과 공중의 공통된 기대에서 이끌어 낸 제 가치의 체계' 로서 학교경영에 적용해야 할 당위의 기준을 의미한다.

① 합목적성의 원리

바람직한 학교 교육목표를 설정하고 거기에 부합하는 경영활동을 전개해야 하는 것을 말한다. 학교경영은 학교 교육목표를 효율적으로 달성하기 위해 필요한 조건을 정비해 주는 봉사활동이며 수단이다. 말하자면 학생과 교육 내용과 교사가 만나는 교수 · 학습의 장을 잘 지원하고 유도하는 데 그 본질이 있다. 합목적성의 원리를 타당성의 원리라고도 하는데, 이것은 학교 교육목표에 비추어 타당한 경영활동이 되어야 한다는 것을 의미한다.

② 합법성의 원리

학교경영이 법에 의거하고 법이 정하는 범위 내에서 이루어지는 것을 원칙으로 한다는 것을 의미한다. 학교경영은 헌법 제31조의 규정을 비롯하여 그것을 기초로 하는 교육관계의 법률과 명령, 조례, 규칙 등에 의거하여 집행되어야 한다. 이는 국민의 교육권을 보장하고, 국가 예산을 효율적으로 집행하며, 부당한 직무수행과 행정 재량권의 남용을 방지하기 위함이다.

③ 민주성의 원리

학교교육의 목표 설정과 경영계획 수립, 실천, 평가 등 학교경영의 제반 과정과 영역에 교직원과 학생 그리고 학부모의 광범한 참여를 통하여 공정한 의사를 반영하게 하며, 실천과정에 있어서 권한의 위양을 통하여 독단과 전횡을 막는 것을 의미한다. 학교경영의 책임은 궁극적으로 교장에게 있지만, 교장 한 사람의 지시나 명령으로 학교를 운영하는 것보다는 직원회를 비롯한 각종 위원회를 통하여 여러 사람의 아이디어와 지혜를 모아 계획하고 실천, 평가하는 민주성의 원리에 의거해야 한다.

④ 자율성의 원리

학교경영의 자율성이란 단위 교육기관인 학교조직체가 효율적인 교육활동을 위하여 상부나 외부 조직의 지시나 간섭 없이 자주적으로 의사를 결정하고 조직체를 운영하는 것을 말한다.

학교에서 자율성은 개인적 자유와 기관의 자율성을 포함하는 개념으로 규정할 수 있으며, 좁은 의미로는 기관의 자율을 의미한다. 개인적 자유란 진리탐구를 위한 조건으로서 연구의 자유, 교수의 자유, 발표의 자유, 학습의 자유 등을 의미하며, 기관의 자율성은 기관의 관리운영에 관해 필요한 기준을 설정하고 집행하며, 학교 발전의 제반 정책 결정을 자주적으로 할 수 있는 것을 말한다.

학교가 변화에 신축성 있게 적응하고, 자율적이고 창의적인 민주시민을 육성하며, 학교조직이 전문적 조직이며, 이완결합체제라는 점을 고려한다면 학교경영의 자율성은 당연히 필요하다.

⑤ 능률성의 원리

학교교육 활동을 전개하는 데 최소한의 경비와 노력을 들여서 최대한의 성과를 거두자는 것이다. 곧, 최소한의 인적 · 물적 자원과 시간 · 정보 등을 투입하여 교육목표 달성의 극대화를 거둘 수 있어야 한다.

교육에 있어서는 단기적 평가를 불허하며, 유형의 성과보다는 무형의 성과가 더 중요하다. 학교경영에 있어서 능률성의 원리를 주장할 때는 단기적 평가보다는 장기적 평가에 의한 능률과 단순한 경제적 능률보다는 구성원의 만족도와 욕구 충족을 높이는 사회적 능률을 강조해야 한다. 그러나 능률성의 원리는 민주성의 원리를 희생하면서까지 강조될 수는 없으며, 양자 사이의 균형을 이루어야 한다.

⑥ 과학성의 원리

학교경영이 합리적으로 계획되고, 체계적인 운영체제를 갖추어 실현되며, 과학적으로 평가되어야 함을 의미한다. 말하자면 학교 교육현장의 실태에 관한 정확한 진단과 전망을 기초로 학교경영계획이 수립되고, 이를 차질 없이 실천하여 객관적이고 공정하게 평가되도록 하며, 그 결과가 피드백되어야 한다는 것이다. 근래에는 체제접근방법을 통하여 교육의 문제를 해결하고, 학교조직의 과업을 설계하기 위하여 목표관리 등 다양한 경영기법을 활용하고 있다.

⑦ 지역성의 원리

학교가 위치하고 있는 지역사회의 특성에 맞추어서 학교를 경영하는 것을 말한다. 이것으로 교육의 생활화, 학교의 사회화 원리가 실현될 수 있다.

지역성의 원리는 사회성의 원리라고도 할 수 있는데, 그 방법으로 사회 인사와의 유대 강화, 교육자원의 획득, 사회 구성원의 봉사 등을 들 수 있다.

2. 학교경영의 실제

학교경영의 영역은 학교경영의 과업 또는 활동 내용, 대상, 범위, 한계 등을 포괄적으로 말한다. 그 내용을 분류하면 다음과 같다.

(1) 교육목표의 설정

- 교육목표의 설정 기준은 법규적 요인, 국가적 요인, 현실적 요인 등이 있다.
- 교육목표를 설정하기 위해서는, 첫째 교직원의 분단조직, 둘째 교육목표의 자원 확보, 셋째 교육목표의 추출단계, 넷째 추출된 교육목표를 통합 · 분류 · 정리 · 검증, 다섯째 교육목표의 진술, 여섯째 교육목표의 최종 결정의 절차를 거친다.

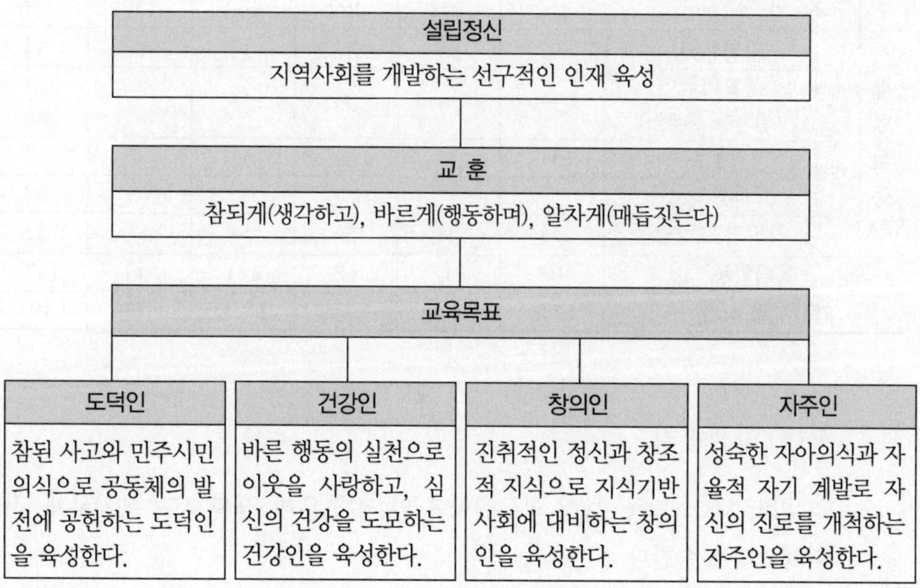

[그림 8-1] 학교 교육목표 예시(A 고등학교)

(2) 교육과정운영

교육목표를 달성하기 위해 효과적인 교육과정의 운영과 시간 편성이 필요하다.

〈표 8-1〉 교육과정 시간배당 편성 예시(B 중학교)

구 분 \ 학 년			7(중1)학년		8(중2)학년		9(중3)학년	
			기 준	본 교	기 준	본 교	기 준	본 교
교과	국 어		170	170	136	136	136	136
	도 덕		68	68	68	68	34	34
	사 회		102	102	102	102	136	136
	수 학		136	136	136	136	102	102
	과 학		102	102	136	136	136	136
	기술 · 가정		68	68	102	102	102	102
	체 육		102	102	102	102	68	68
	음 악		68	68	34	34	34	34
	미 술		34	34	34	34	68	68
	외국어(영어)		102	102	102	102	136	136
재량활동	교과재량	컴퓨터	34	34	34	34	34	34
		생활외국어 (일본어, 중국어)	34	34	34	34		
		한 문	34	34	34	34		
		교과심화보충					68	68
	창의적 재량활동		34	34	34	34	34	34
특별활동			68	117	68	111	68	137
연간수업 시간 수			1,156	1,205	1,156	1,199	1,156	1,191

(3) 학생관리

입학, 재학, 퇴학, 특히 의무취학을 위한 제 문제, 생활지도, 복지문제 등이 학생관리에 속한다.

(4) 교직원의 인사관리

교직원의 채용, 능력발전, 사기앙양 문제 등과 관련된다. 학교경영에서 교육목표는 교육활동에 종사하는 교직원에 의해 달성될 수 있으므로 그들의 창의적 · 잠재적인 능력을 최대한 발휘하여 효율적으로 수행해 나갈 수 있도록 제반 물리적 · 심리적 조건을 개선해 나가는 일은 인사행정의 여러 기능 중에서도 가장 중요한 핵심을 이룬다.

(5) 경영조직의 편성

학교경영조직은 일반적으로 교육조직, 사무조직, 운영조직으로 대별된다.

① 교육조직

학교경영체제에서 가장 우선되어야 할 기본 조직으로서 학급 담임조직, 교과전담 조직, 생활지도담당 조직 및 특별활동 조직 등 학교교육의 목적 달성을 위한 직접적 교육활동 조직이자 교장, 교감, 학년부장 교사, 학급 또는 교과담당교사로 이어지는 위계적 조직이다. 교육목표 도달을 위해서는 교육에 관련된 지식과 자료를 교사 간에 서로 공유하는 등 협동체제가 요구된다.

② 사무조직

교육조직이 원활하게 운영될 수 있도록 돕는 조직으로서 교무와 사무조직으로 분류할 수 있다. 이 중 교사의 역할과 관련된 교무조직은 교무, 연구, 학생, 과학, 체육, 윤리, 환경 등 부장제도의 조직이며, 담당자들은 직무상의 기능으로 교육과 교무를 겸하고 있다. 이들 참모조직의 직능 권한은 분담되어 있으나 인사, 시설, 시간, 교육매체, 내규, 장학, 환경 및 대외관계 등을 관리하고 지원한다.

③ 운영조직

학교경영을 위한 모든 조직을 조성하고 조정하며, 각 조직들을 유기적으로 통합하여 학교교육의 목적을 효율적으로 달성할 수 있도록 창의성을 발휘하며, 개선을 도모하고, 각 조직의 특수성에 따라 자문, 협의, 의결하는 조직이다. 예컨대, 전 교직원이 참여하는 직원회의를 비롯하여 교육과정운영위원회, 생활지도위원회 등 교육 발전을 위한 각종 위원회 조직이 있다. 이 운영조직은 학교의 실정에 따라 다양하게 조직할 수 있으며, 전 교직원은 이 조직의 일원이 된다. 특히, 학교운영위원회에는 지역사회의 인사 및 학부모 등도 직접적으로 참여한다.

[그림 8-2] 학교경영조직 예시(C 고등학교)

(6) 교내장학

교사의 교수기술 향상과 교육과정운영 개선 그리고 학급 및 학년 경영의 합리화를 위한 전문적 보조활동으로서 수업장학, 임상장학 등이 있다.

〈표 8-2〉 교내 자율장학의 기본 형태별 운영 개요 예시(D 고등학교)

형 태	운영목표	활동 형태	대상자	시 기
수업장학	• 수업기술 향상 도모	• 임상장학(수업연구) • 수업관련 지도 · 조언	• 저경력 교사 • 지도조언 교사	3~8월
동료장학	• 교사들의 자율성과 협력관계의 기초 • 서로 돕는 분위기 조성	• 교과협의회 • 교과연구회 • 학년협의회	• 동학년 교사 • 동교과 교사 • 동호인 교사	수시
자기장학	• 자기발전 의지와 능력 기초 • 전문적 영역에서 성장 · 발달 도모 • 해당 교과 전문성 신장	• 자기 수업 반성 • 1인 1연구 및 대학원 수강 • 자료 개발	• 경력 교사 • 현장연구 교사 • 교과연구 교사	수시
약식장학	• 학급 순시 · 수업 참관 중심 활동 • 대화 기회를 갖고 다른 장학의 보완적 역할	• 학급 순시 • 수업 참관	• 전체 교사	수시
연수장학	• 학교 내외 물적 · 인적 자원 활용 • 자율적 공동 노력으로 자질 향상 도모	• 교육계획에 의거한 연수 • 각종 교내 연수회 • 지구별 자율장학 연수회	• 전체 교사	수시
관내협동장학	• 교수 · 학습방법 개선 • 다양한 학습자료 개발	• 관내 공개수업 • 관내 동교과협의회	• 추천 교사	연4회

(7) 시설관리

교지, 교사, 운동장 등의 제 시설이나 교재, 교구 등 제 설비를 실제 교육에 알맞도록 정비한다.

〈표 8-3〉 시설관리계획 예시(E 고등학교)

사 업 명	사 업 내 용	시 기
비품관리	정기재물 조사	1회
	비품 확충 계획 수립 및 집행	수시
시설물 안전점검	전기시설 안전점검	매월 1회
	소방시설 안전점검	매월 1회
화재 · 재난 대피훈련	직장민방위대 편성 대원 활용	분기별 1회
	학생 소방훈련	상 · 하반기
급식소 안전점검	기본 시설 안전점검	매월 1회
	급식 위생점검 → 영양사와 협의	분기별 1회
	먹는 물 수질검사 실시 → 체육부와 협의	분기별 1회
시설물 유지 · 보수	건물 유지 · 보수	6월
	냉난방 유지 · 보수	3월
	물탱크 교체 및 보수	3월
	숙직실 환경정비	5월
	현관 전면 부착물 정비	3월

〈표 8-4〉 시설 현황 예시(F 중학교)

교 실 현 황						부속 시설 현황	
보통교실	33	가사실	1.5	영어회화	1	화장실	5
교무실	4	어학실	1.5	컴퓨터실	1.5	발간실	0.5
행정실	1	미술실	1.5	성적처리	0.5	숙직실	0.5
교장실	1	보건실	1	교과협의	1	창고	1동
기술실	1.5	상담실	0.5	남 휴게실	0.5	급식소	1동
과학실	3	도서실	2	여 휴게실	0.5	체육관	1동
음악실	1.5	예절실	1	학교운영위원회	1	※ 전체 부지:12,814m²	
방송실	0.5	자료실	1			※ 면적: 1실당 66m²	

〈표 8-5〉 시청각 기교재 현황 예시(G 중학교)

기교 재명	방송 시설	선진화 기기			컴퓨터		OHP	카세트 녹음기	실물 화상기	캠코더	스캐너
		43″ TV	컴퓨터	VTR	업무용	교육용					
보유	1	37	0	13	62	90	1	14	1	1	1

(8) 재정관리

학교를 운영 · 관리하기 위하여 필요한 제반 회계, 경리를 교육 실정에 맞도록 합리화한다.

〈표 8-6〉 학교재정 예시(H 고등학교)

세 입		
과 목	금 액	비율 (%)
법정 부담금	5,000	0.1
기타 수입	97,573	2.3
운영지원비	864,946	20.9
국고보조금	3,168,207	76.7
계	4,135,726	100

세 출		
과 목	금 액	비율 (%)
인건비	2,789,111	67.4
운영비	471,469	11.4
시설비	0	0
복지비	29,414	0.7
시설 유지비	26,332	0.6
급식비	512,604	12.4
기타	306,796	7.5
계	4,135,726	100

(단위 : 1,000원)

(9) 사무관리

학교경영활동 과정에 수반되는 제반 기록과 장부의 작성 및 보관, 공문서 처리 등을 수행한다.

(10) 학교와 지역사회 관계

학부모와의 관계, 지역사회와의 관계를 적절히 유지한다. 이를 위해 학부모와 지역사회 구성원을 위한 다양한 행사와 의사소통의 통로를 마련한다. 이들에게서 학교경영을 위한 교육자원을 구할 수도 있다.

3. 학교경영의 평가

(1) 학교경영평가의 기능

평가는 크게 세 가지 주된 기능을 갖는다. 하나는 의사결정에 필요한 정보를 제공하는 기능으로, 이는 의사결정 혹은 선택을 돕는 기능이다. 다른 하나는 실행 결과에 대한 정보를 환류(還流)시키는 피드백 기능으로, 이는 평가 대상을 개선시키는 기능이다. 또 다른 하나는 실행 결과를 단순히 보고하는 기능이다. 이러한 평가의 기능은 평가의 목적에 따라 확대되고 세분화된다.

(2) 학교경영평가의 과정

학교경영평가의 과정은 평가의 일반적 과정을 따른다. 평가의 일반적 과정은, 첫째 평가의 대상과 목적을 정하고, 둘째 준거와 기준을 설정하고, 셋째 준거와 기준에 관련된 자료를 수집하고, 넷째 기준에 비추어 준거자료를 사정하며, 다섯째 평가 대상의 가치를 판정하는 단계로 이루어진다.

① 평가 대상과 목적 설정

평가의 대상은 학교경영 전체 활동을 포함한 학교경영체가 된다. 또한 학교경영평가의 목적은 학교경영의 가치를 판단하는 데 있다. 그러나 구체적 목적은 평가의 이유, 필요성, 결과의 활용 등을 확인하며, 이를 바탕으로 설정한다.

② 평가준거와 기준 설정

평가의 준거와 기준을 설정하는 일은 평가에서 가장 핵심적인 부분이다. 준거는 평가에서 가치를 확인하는 데 사용된다. 학교경영평가에서는 효과성, 능률성, 적합성, 만족성, 질 등의 다양한 준거가 평가목적에 맞게 사용된다. 평가기준은 가치의 수준을 결정하는 척도다. 이 평가기준은 평가준거로 확인된 속성 또는 질의 가치가 어느 수준인가를 사정하는 데 사용된다. 말하자면, 평가대상의 가치는 가치가 있다고 여기는 '무엇' 이 '어느 수준' 에 있게 될 때 결정되는데, '무엇' 에 해당하는 것이 준거이며, '어느 수준' 을 결정하는 척도가 기준이다.

③ 자료수집

자료수집단계에서는 이미 설정된 준거와 기준에 관련된 양적 · 질적 자료를 수집한다. 평가에 필요한 자료는 주로 측정을 통하여 얻을 수 있다. 수집된 자료가 신뢰할 수 있게 사용되기 위해서는 타당도, 신뢰도, 객관도가 높아야 한다.

④ 가치판정

평가단계의 마지막 단계는 평가 대상의 가치를 판정하는 단계다. 수집된 준거자료의 측정치를 기준 척도에 비추어 사정하고, 최종적으로 평가 대상의 가치, 예컨대 '좋은가, 나쁜가' 혹은 '잘 되어 있는가, 잘못되어 있는가', '성공하였는가, 실패하였는가'를 판단한다. 이같은 가치판정은 등급 또는 서열평정이나 기술(記述)평정으로 나타낸다.

참고자료 1 학교운영위원회 조직

가. 목적

(1) 교육의 주민자치 정신 구현과 단위학교의 자율성 확대로 학교교육의 효과를 극대화하고 교직원, 학부모, 지역사회 인사 등이 자발적으로 책임지고 학교를 운영하는 학교공동체를 구축한다.

(2) 학교운영의 자율성을 높이고, 지역의 실정과 특성에 맞는 다양한 교육을 창의적으로 실시할 수 있도록 학교운영위원회를 구성하여 운영한다.

나. 방침

(1) 학교운영의 민주화

(2) 학교운영의 자율성과 다양성 및 책임성 증대

(3) 교직원, 학부모, 지역사회의 욕구를 합리적으로 반영한 수혜자 중심의 학교경영

(4) 법령, 조례, 규정, 지침의 준수를 통한 합리적 운영

(5) 교육의 본질 추구를 통한 인성과 창의성 중시의 교육활동 조장, 지원

다. 구성

- 학교운영위원회 위원 정수는 15명으로 하고, 학부모 위원 7명(47%), 교원위원 6명(40%), 지역위원 2명(13%)으로 구성한다.

라. 학교운영위원회 연간 운영계획

세 부 추 진 계 획	시 기	목 표	실 시 일
• 학교운영위원회 학부모위원 선출 • 학교운영위원회 교사위원 선출 • 학교운영위원회 지역위원 선출 • 학교운영위원장 및 부위원장 선출	3월	1회	3. 21 3. 21 3. 26 3. 26
• 지역사회 학교 개설 • 3학년 졸업앨범 선정	4월	1회	4. 1
• 3학년 춘계 체험학습	5월	1회	계획
• 학교 교육활동에 관한 심의 • 자매학교 상호 교류	6월	1회	계획
• 하계방학 중 교과지도 활동계획 심의	7월	1회	계획
• 학교 축제에 관한 심의	7월	1회	계획
• 동계방학 중 교과지도 활동계획 심의 • 학교 교육활동에 관한 심의	12월	1회	계획
• 졸업식 실시 계획 • 졸업앨범 제작 계획 심의	1월	1회	계획

Worksheet 학교 내 자율장학 평가 체크리스트

영역	평가 내용	평가			
		4	3	2	1
상황평가	1. 장학활동의 목표는 요구분석이나 문제진단을 기초로 설정되었는가?				
	2. 장학활동의 목표는 기대되는 행동 또는 성취에 대한 명확한 기준의 형태로 진술되었는가?				
	3. 장학활동의 목표는 교사들의 개인적 차이를 반영하여 설정되었는가?				
	4. 장학활동의 목표를 설정하는 데 교사들이 모두 참여하였는가?				
투입평가	5. 장학활동의 계획된 절차는 그 장학활동의 세워진 목표를 달성하는 데 적절하였는가?				
	6. 장학활동의 계획된 절차는 과업, 책임, 자원의 사용, 시간 계획 등의 면에 있어서 명확하게 규정되었는가?				
	7. 장학활동의 제한된 인적 · 물적 자원을 고려할 때 장학계획은 실행 가능하였는가?				
	8. 장학활동의 절차를 계획하는 데 교사가 모두 참여하였는가?				
과정평가	9. 장학활동의 절차는 수립된 계획에 맞추어 실행되었는가?				
	10. 장학활동의 절차는 장학담당자와 교사들 간에 민주적인 상호작용과 의사소통의 토대 위에 실행되었는가?				
	11. 장학활동의 절차는 교사들의 요구와 변화에 따라 융통성 있게 실행되었는가?				
	12. 장학활동의 절차를 실행하는 데 교사가 모두 참여하였는가?				
결과평가	13. 장학활동의 계획된 목표는 달성되었는가?				
	14. 장학활동에 참여한 교사들이 만족스럽게 느꼈는가?				
	15. 장학활동의 결과는 학교의 전반적인 조직 건강을 향상시키는 데 도움이 되었는가?				
	16. 장학활동의 결과를 평가하는 데 교사가 모두 참여하였는가?				

제4부

교육실습의 반성 및 평가

제9장

교육실습의 반성 및 보고

1. 교육실습의 반성
2. 교육실습 결과의 보고

1. 교육실습의 반성

교육실습을 다녀온 후 교생들은 교생 기간 동안의 실습과정을 반성하고 평가하는 시간을 갖는다. 그럼으로써 예비교사들은 실습의 결과를 소중히 간직하고, 자기반성의 기회를 적극적으로 활용하려는 자세를 갖는다. 실습을 반성하기 위한 구체적인 내용은 다음과 같다.

(1) 교육실습의 준비

교육실습을 준비하는 과정에서 문제점을 점검하고 반성한다. 실습학교의 선정과 준비물의 마련, 준비 자세를 평가한다.

① 실습학교 배정

- 희망하는 학교로 배정되었는가?
- 전공과 일치하는 학교 또는 기관인가?
- 통근거리는 적절한가?

② 실습학교와 연락

- 사전 협조는 잘 이루어졌는가?
- 실습 전에 실습학교를 예비 방문하여 협의하였는가?

③ 실습을 위한 준비물

- 실습일지는 준비하였는가?
- 수업지도안은 준비하였는가?
- 명찰을 준비하였는가?

④ 오리엔테이션

- 실습에 앞서 대학에서 오리엔테이션에 참석하였는가?
- 실습에 임하는 적극적인 자세를 가지게 되었는가?

(2) 교육실습 수행

교육실습을 하는 과정에서 교생의 자세와 태도, 수행 내용을 반성하고 평가한다.

① 근무태도

- 결석, 지각, 조퇴는 없었는가?
- 책임과 열의를 가지고 직무에 임하였는가?

② 실습 내용

- 수업지도의 계획과 준비는 철저하였는가?
- 학교경영과정을 이해하였는가?
- 학급사무처리는 신속하고 정확하게 처리하였는가?
- 학생들을 이해하기 위해 다각적으로 노력하였는가?

• 특별활동 진행을 참관하고 지도하였는가?

(3) 실습 결과 정리

교육실습을 마친 후, 실습학교에서 교사와 학생의 평가를 통해 결과를 반성하고 정리한다.

■ **실습학교의 피드백**

• 실습학교에서 협력교사(교장, 교감, 교육실습 주임교사, 교과 지도교사, 학급 담임교사, 기타 교사)의 평가를 받았는가?

• 실습학교에서 학생의 반응을 들어 보았는가?

2. 교육실습의 결과 보고

실습 기간 동안 매일 기록한 실습일지를 토대로 실습 기간 동안 보고 생각하고 느낀 점을 발표하고 토론하는 기회를 갖는다. 실습일지에는 일일실습기록부, 주간계획, 수업지도안, 공개수업 참관기록, 학생 상담내용 기록 등이 포함된다.

〈표 9-1〉 교육실습일지 중 '일일실습기록부'의 예

날 짜	년 월 일	날 씨	
행사 및 일정			
조회 전달사항			
종례 전달사항			
지도사항 (학습 및 생활)			
반성 및 소감			
내일의 계획		지도교사의 조언	

제10장

교육실습 평가

1. 교생의 자기평가
2. 교생의 연구조사 및 사례분석

1. 교생의 자기평가

교육실습은 교직생활의 출발점이라는 차원에서 그 기간 동안 '어떤 경험을 하는가?', '어떤 습관을 갖는가?' 등은 향후 교직생활에 결정적인 영향을 준다. 따라서 교생들은 교육실습 기간 동안 부단한 자기점검과 평가를 해야 한다. 이런 의미에서 평가는 최소한 자신의 교육실습과정과 내용이 원래 자신이 계획한 목적대로 진행되었는가? 교육실습 중에 발생한 애로사항에 대해 적절한 조치를 취하였는가? 차후의 개선점은 무엇인가를 파악하는 역할을 한다.

〈표 10-1〉 효과적인 교육실습을 위한 자기점검표

평가 영역	평가 내용	배점	비고
1. 근무태도	출근( )일, 결근( )일, 지각( )회, 조퇴( )회, 외출( )회	10	
2. 일반자질	• 직무에 대한 책임과 열의(5점) • 용모, 품행 및 교양(5점) • 교육에 대한 신념(5점)	15	
3. 학습지도	• 학습지도의 준비 및 계획(15점) • 학습지도 기술(20점) • 학습평가(15점)	50	
4. 연구조사	• 연구 능력(5점) • 연구적 태도(5점) • 교육이론의 적용(5점)	15	
5. 학급경영 및 사무처리 능력	• 학급환경의 구성과 경영계획(3점) • 학생의 관리 및 지도 능력(4점) • 학교 및 학급사무의 처리(3점)	10	

〈표 10-2〉 교생 자기평가표

교생실습 기간 동안 본인 스스로를 평가하여 영역별 평가 항목마다 평가 점수를 산출하시오.

(5-강한 긍정, 4-약간 긍정, 3-보통, 2-약간 부정, 1-강한 부정)

평가 영역	평 가 항 목	등급
내가 맡은 학생과 학급의 분위기를 파악하기 위해서	• 학생들의 이름을 기억하였다. • 학생들의 신상카드와 생활기록부를 살펴보았다. • 휴식시간 중 학생들의 행동과 태도를 관찰하였다. • 학급 내 외톨이를 발견하고, 그 이유를 찾아보았다. • 학생들의 학습문제 및 신상문제를 교사와 의논하였다.	
나 자신의 수업기술을 개발하기 위해서	• 학생들의 학습동기를 적절히 유발하였다. • 학생들 개개인의 요구와 관심을 분석하였다. • 실제 수업에 적절하다고 생각한 교수방법을 나름대로 적용해 보았다. • 학생들이 의사 발표를 원활히 하도록 도와주었다. • 판서는 간결명료하게 하였고, 수업방법을 항상 반성하였다.	
내가 맡은 학생들의 생활지도 및 상담을 위해서	• 문제학생을 찾아 지도교사와 의논하였다. • 지도교사의 상담과정을 관찰하였고, 지도 · 교정방법을 살폈다.	

(계 속)

교생으로서 올바른 평가를 위해서	• 학생들의 반응과 발달 정도를 기록하였다. • 교직자로서 성장을 위해 평가받는 것이 중요함을 느꼈다.	
자신이 교직에 적합한지 여부를 위해서	• 교생실습 기간이 매우 즐거웠으며, 맡은 학생들과 정이 많이 들었다. • 교생실습은 교사 훈련에 큰 도움이 되었다. • 내가 생각할 때 교직은 바람직한 직업이라고 본다. • 나는 교사가 될 수 있는 소질과 기술 그리고 태도를 지녔다고 생각한다.	
대학에서 배운 심리적 원리를 활용하기 위해서	• 흥미로운 화제를 중심으로 수업을 진행하였다. • 학습부진아에 대해서 항상 신경을 써 왔다. • 학생들에게 항상 온정적으로 대하였다.	
자신의 감정과 태도를 조절하기 위해서	• 음성을 조절해서 흥분하고 격한 말을 하지 않았다. • 학생의 잘못이 있어도 감정에 치우치지 않았다. • 학생과 교직원에게는 항상 공손하였으며, 예의를 지켰다. • 지도교사의 충고를 항상 고맙게 여겼으며, 이를 실천하고자 하였다. • 내가 받은 비판이나 평가를 귀담아 들었으며, 잘못을 시정하려 노력하였다.	
학습보조자료를 개발하여 활용하기 위해서	• 내 자신이 준비한 학습보조자료를 학생들이 좋아하였다. • 학습효과를 높이기 위해 나름대로 학습보조자료를 만들어 사용하였다. • 수업목표에 부합된다고 판단되는 학습보조자료는 지도교사에게 의지하지 않았다. • 수업목표와 관련되는 학습보조자료 선택에 신경을 썼다.	
교생실습 학교와 유대를 원만하게 하기 위해서	• 학교의 인사조직을 이해하였다. • 교장, 교감, 교무부장, 연구부장 등 간부교사들의 성함을 알고 있다. • 전 교직원과 상호 간 인사하며 대화할 수 있는 사이가 되었다. • 실습 기간 중 항상 웃는 얼굴로 먼저 인사하는 것을 잊지 않았다. • 교생실습 학교에서 발생한 일은 지도교사와 지도교수 외에는 이야기하지 않았다.	
※ 기타 의견		

2. 교생의 연구조사 및 사례분석

교육실습은 단순한 교과지도와 생활지도 및 업무처리 능력을 경험하는 일로 끝나서는 안 된다. 교육현장의 발전적인 개선을 위하여 항상 참신한 시선과 창의적인 사고를 통해 새로운 방향을 모색하도록 하는 노력이 병행되어야 한다. 교육실습 후 수업실습을 포함하여 연구·조사 및 각종 사례 조사 결과를 발표하도록 하고 종합적으로 평가, 토론함으로써 상호 유익한 결과를 얻을 수 있다.

(1) 실습 기간 중의 연구

교생들이 교육실습 기간 중에 관심 있는 분야에 대하여 조사연구 혹은 사례연구 등을 실시하도록 한다면 교육현장을 보다 심층적으로 분석하고 이해할 수 있게 될 것이다. 실습 후의 연구 결과 발표를 통해서 실습생들이 실습의 경험을 나누는 것으로 그치는 것보다는 발전적으로 실습을 평가할 수 있다. 교육실습 기간에 이루어질 수 있는 연구 영역을 살펴보면 다음과 같다.

- 학생 및 학생지도에 관련된 연구: 학생들의 심리적 발달 상황, 집단에서 개인의 역할과 가정환경의 관계
- 학교와 학급, 지역사회의 교육 실태와 환경 등에 관한 조사와 연구
- 교육과정 연구로서 교과교육과정, 교과학습 지도방법과 자료활용 및 그 효과에 관한 연구
- 각종 검사자료를 이용한 검사와 관련 변인에 관한 연구
- 학생들 간의 교우도 조사연구 등

(2) 연구조사 시 주의사항과 방법

교육실습 기간에 이루어질 수 있는 연구는 사실 매우 제한적이다. 그 이유는 아직 연구에 대한 기초 지식이 부족하고 절차에 미숙할 뿐만 아니라 짧은

기간이기 때문에 그렇다. 때문에 조사연구는 단순한 관찰이나 조사의 수준에 머물 수밖에 없지만 다음과 같은 내용에 각별한 주의가 필요하다.

- 조사연구를 위하여 기본적인 직무수행을 게을리해서는 안 된다.
- 연구조사의 명목으로 학생들을 임의로 호출하여 상담하거나 시간을 활용해서는 안 된다. 어떤 명목으로든 학생들을 동원하거나 상담하기 위해서는 사전에 지도교사의 허락을 받아야 한다.
- 항상 연구하는 자세로 학생들을 자세히 관찰하고 어떻게 하면 더욱 바람직한 행동의 변화와 학습효과를 거둘 수 있을 것인가에 대한 문제의식과 태도를 갖추어야 한다.

교육실습 기간 중에 조사하고 연구한 결과 혹은 의문점에 대해서 광범위한 토론의 기회를 가짐으로써 스스로 연구 의욕을 고취시킬 뿐만 아니라 문제의식을 갖는 태도를 기르도록 한다.

제5부

교사와 교직윤리

제11장

교사의 역할과 자질

1. 교사의 역할
2. 교사의 자질

교육현장의 최일선에서 교육활동의 실제를 주도하고 그 질을 결정하는 주체로서 교사의 영향력은 아무리 강조해도 지나치지 않다. 교사의 역할과 자질은 전 교육과정에서 교육의 성과를 좌우하는 중요한 변인으로 작용한다. 따라서 교사의 역할과 자질이 무엇인가에 대한 이해는 현재 교직생활을 준비하려는 학생들이 가장 중요하게 여겨야 할 부분이다.

이러한 교사의 근무성적을 평정하는 데 고려되는 교사 근무성적 평정표를 참고로 하여 교사에게 요구되는 역할과 자질을 가늠해 볼 수 있다.

〈표 11-1〉 교사 근무성적 평정표

<table>
<tr><th colspan="3">구 분</th><th>평 정 기 준</th></tr>
<tr><td rowspan="10">평정요소</td><td rowspan="5">자질 및 태도</td><td>교육관, 교직관</td><td>국민교육철학, 겨레의 스승으로서의 자각</td></tr>
<tr><td>교육자로서 품격</td><td>교육애의 발양, 일상언행 및 성격, 자기수양</td></tr>
<tr><td>책임감</td><td>지시명령의 수행, 제반 복무, 준법성</td></tr>
<tr><td>봉사성</td><td>교내의 협동, 지역사회제도</td></tr>
<tr><td>창의성</td><td>창안제출, 개선의 적극성</td></tr>
<tr><td rowspan="5">근무실적</td><td>학습지도</td><td>교재연구(지도안), 지도목표 및 방법, 수업의 질 평가</td></tr>
<tr><td>생활지도</td><td>계획 및 방법의 합리성, 학생 및 가정의 이해, 학생의 인성 및 진로지도, 문제성향 학생지도</td></tr>
<tr><td>학급경영</td><td>경영안 활용, 경영방침 및 실천, 환경 구성</td></tr>
<tr><td>담당업무</td><td>계획처리의 정확성 및 신속성</td></tr>
<tr><td>교육연구</td><td>연수수업, 연구발표, 자기연수</td></tr>
</table>

1. 교사의 역할

교사의 역할이란 교사가 의식적으로 수행하며, 또 교사가 해야 한다고 다른 사람이 인정하는 포괄적인 행동방식을 말한다.

교사의 역할은 교사 자신이 의식하고 있어야 할 뿐만 아니라 다른 사람에 의해서도 인정되어야 한다. 교사의 역할은 절대적이거나 고정되어 있는 것이 아니라 사회의 상황이나 제도, 역사적 맥락, 가치관, 인간관, 교육관 등의 변화에 따라 변화해야 하는 것이다. 그러므로 교사의 역할에 관한 연구는 시대와 장소, 관점의 변화에 따라 지속적으로 전개되어야 한다.

교사의 역할에 대한 올바른 지각은 교사로서 역할을 성공적으로 수행해 낼 수 있게 한다. 교사의 경우 교장, 동료교사, 학생, 학부모 등의 기대가 상충될 때 역할 갈등이 생길 수 있다. 또한 사회의 기대와 교사의 성품 사이에서 갈등을 겪기도 한다.

따라서 훌륭한 교사는 이러한 여러 가지 역할 갈등을 적절히 극복함으로써 자기의 역할을 성공적으로 수행해 나가야 한다. 바로 이러한 점에 있어서도 교사의 역할을 명확하게 구체화하고, 그것에 관해 사회적인 공감대를 형성하는 것이 필요하다. 그리하여 교사가 자신의 역할을 명확하게 인지하고, 그 우선순위를 정하며, 주변 사람이 그의 행동에 대해 올바르게 인지하고, 예측하고, 평가하며, 반응할 때 더 나은 교육이 가능하다.

1) 교사 역할의 분류와 내용

교사 역할의 구체적인 내용은 교사가 어떤 사회에서 어떤 지위를 차지하고 있는지에 대한 분석에서 출발해야 한다. 일반적으로 교사의 활동이 전개되는 사회적 단위를 학급과 학교, 지역사회로 구분하고, 각각의 사회적 단위에서 교사의 지위와 관련되어 수행해야 할, 비교적 일반적인 역할을 제시하면 다음과 같다.

(1) 학급에서 역할

① 학생지도자로서 역할

- 교육목표의 설정 및 진술자로서 역할: 학급에서 교사가 학생을 지도하기 위하여 수행해야 할 첫번째 역할은 교육목표를 설정하여 명확하게 진술하는 것이다. 교사는 이미 설정되어 있는 국가의 교육이념과 각 지역사회의 교육방침, 각급 학교의 교육목적 등을 확인하고 우리 사회의 현재 상황과 요구에 관심을 기울여야 한다. 또한 교사는 각 교과의 목적과 특성을 명확하게 파악하고, 학습자 개개인의 흥미와 욕구, 교육이론 등을 지속적으로 탐구해야 한다.
- 교육내용의 선정 및 조직자로서 역할: 교육목적과 교육목표가 확인되고 설정되어 진술되면, 그 목표를 달성하기에 적합한 교육내용을 선정하고 그것을 교육 수준이나 순서에 따라 체계를 세워 적절하게 조직해야 한다. 선정되고 조직된 교육내용은 학생이 이해할 수 있도록 학생의 발달단계와 사전경험, 능력 등을 고려하여 적절하게 표현되어야 하며, 학생의 흥

미를 유발하여 능동적으로 수업에 참여할 수 있도록 제시되어야 한다.

그런데 실제로 교사는 교육내용이 이미 선정되고, 조직되고, 표현된 여러 가지 교과서를 접할 수 있고, 그중 하나를 채택하여 사용한다. 그러나 이러한 교과서는 완전한 것이 아니라 하나의 교재에 불과하다는 것을 명심해야 한다. 교사는 학생의 보다 나은 성장을 위해 이러한 교과서를 비롯하여 교육목적에 맞는 다양한 지식과 경험을 교육내용으로 선정하고 조직하여 활용해야 한다.

- 수업운영자로서 역할: 교육의 목적 수립과 내용의 선정, 조직이라는 준비단계를 거쳐 실제의 수업활동으로 들어가면, 교사는 수업목표와 내용에 따라 수업계획을 세우고, 각종 교육매체를 고안 · 정비하고, 수업방법 등을 포함하여 적절한 수업 형태를 결정해야 한다. 또한 교사는 필요에 따라 학습집단을 조직하기도 하며, 학습자가 자발적으로 참여할 수 있도록 학습동기를 유발하고, 학습자 각자에게 가능한 많은 학습활동을 할 수 있도록 다양한 기회를 주면서 수업을 진행해야 한다. 수업을 진행하는 중에 교사는 수업이 계획대로 이루어지는가를 확인하면서 상황의 변화에 따라 계획을 창의적으로 융통성 있게 수정 · 보완함으로써 학습자의 학습효과를 극대화하도록 해야 한다.
- 생활지도자로서 역할: 교사의 학생지도 영역은 교과학습지도 외에 생활지도가 있는데, 생활지도는 학생의 일상생활의 모든 문제, 즉 교육적 · 사회적 · 직업적 · 가정적 · 신체적 · 도덕적 · 정신적 · 종교적 문제에 폭넓게 관여한다. 따라서 생활지도는 학생들이 지적 성장에만 치우치지 않고 통합된 전인적 존재로서 균형 있고 건전한 삶을 살아갈 수 있도록 돕는 것이다.

교사에게는 개인적 상담자로서 또는 집단적 상담자로서 역할과 임무가 있다. 또한 학생의 신상과 학교 내외에서의 문제 등에 관한 충분한 자료를 수집하여 언제 어디서나 학생의 상담 요구에 응할 수 있어야 한다.

- 교육평가자로서 역할: 교사는 학습지도나 생활지도를 비롯한 모든 교육활동에 있어서 목표 도달 정도를 평가해야 한다. 교육평가는 주로 학생들의 학업성취도를 확인함으로써 시작되지만, 교사에게 있어서 이것은 자

신이 준비하고 수행한 교육의 각 단계를 반성하게 함으로써 다음에는 더 나은 교육을 할 수 있도록 하는 피드백(feed-back) 효과를 갖는다.

교육은 단지 인간의 지적인 성장만이 아니라 균형 있는 전인적인 인간의 성장을 추구하는 것이다. 그러므로 평가에는 인지적인 학습의 성취에 대한 평가뿐만 아니라 정의적 영역과 운동 기능적 영역도 포함되어야 하며, 특히 학생들의 생활지도, 특별활동 그리고 학교 · 학급경영 면의 평가도 교육경영의 측면에서 이루어져야 한다.

② 학급경영자로서 역할

학급경영자로서 교사의 역할은 다음과 같다.

- 교사는 학급의 급훈을 비롯한 기본적인 교육목적과 활동방침을 정한다.
- 학급의 인적 조직을 정비하고 관리한다.
- 교실환경의 정리정돈 등 물적 자원을 관리한다.
- 교육계획에 관한 일과표를 작성하고 정비한다.
- 학급회의와 학급문집의 발간 등 학생활동을 지도한다.
- 학급의 제반 장부를 정비한다.
- 학생생활의 관찰기록 및 실태 파악을 비롯하여 학급에 관한 연구와 조사 활동을 한다.

이러한 다양한 활동을 통해서 교사는 학급의 제반 조건을 정비해 나가면서 학급이라는 집단을 지도해 나간다.

효율적인 학급경영을 위해서 교사는 자신의 교육철학과 분석 기준을 가지고 자신이나 동료교사가 과거에 수업을 효율적으로 유도한 상황을 분석함으로써 이상적인 학급상황을 구체화해야 한다. 또한 이것을 현재의 학급상황과 비교함으로써 문제점을 찾아내고, 그 문제점을 해결하기 위한 경영전략을 선정하고 실천에 옮겨야 한다.

(2) 학교에서 역할

① 학교경영 참여자로서 역할

학교에서 거의 모든 교사는 행정기능에 해당하는 학교경영에 관한 업무를 동시에 담당한다. 학교경영조직은 일반적으로 교육조직, 사무조직, 운영조직으로 대별된다. 교육조직에서 교사는 학급담임, 교과전담, 생활지도 담당 및 특별활동 등 학교교육의 목적 달성을 위한 직접적 교육활동을 담당한다. 교장, 교감, 학년부장교사, 학급 또는 교과 담당교사로 이어지는 위계적 조직으로, 교육목표 도달을 위해서는 교육에 관련된 지식과 자료를 교사 간에 공유하는 등 협동체제가 요구된다. 사무조직에서 교사의 역할과 관련되는 것은 교무조직으로, 교무, 연구, 학생, 과학, 체육, 윤리, 환경 등 부장제도의 조직이며, 담당자들은 직무상의 기능으로 교육과 교무를 겸하고 있다. 운영조직에서 교사는 교육과정운영위원회, 생활지도위원회 등 교육 발전을 위한 각종 위원회 등에 참여한다.

② 행사교육자로서 역할

학교행사와 관련한 교사의 역할은 수련회와 수학여행 인솔, 각종 기념일 행사 준비와 개최, 각종 전시회, 발표회, 운동회 준비 지도와 개최 및 시상, 각종 경연 · 경시대회 대비 지도 및 참가 학생 인솔 등이 있다(심진구, 1996).

③ 직장인으로서 역할

사회적으로는 인간을 교육하기 위한 전문적 기관이지만 이에 종사하고 있는 교사에게는 곧 직장이다. 직장인으로서 교사에게는 상사에 대한 좋은 협력자와 보필자 역할과 동료 사이에서 좋은 벗으로서 역할, 하급자에 대한 선도자로서 역할이 있다(김성력, 1982).

(3) 사회에서 역할

① 사회 모범으로서 역할

교사도 사회의 구성원 중 한 사람이므로 학교와 학급에서 역할 이외에 사회에서 수행해야 하고 또 기대되는 역할이 있다. 우리나라나 서양에서는 사회의 지적 · 도덕적 모범 또는 성직자로서 교사에 대한 역할 기대가 오늘날까지도 어느 정도 지속되고 있다. 더욱이 초 · 중등교육을 받는 어린 학생들은 실제로 교사의 사고와 행동을 모델로 삼는 경우가 많으며, 교사의 기대는 그들의 성장에 크게 영향을 주고 있다는 연구 결과가 있다.

② 변화촉진자로서 역할

오늘날의 교사는 지식만을 전수하는 전통적인 교직관에서 탈피하여 국가와 지역사회의 사회 · 경제 · 문화 등을 개혁하고 발전시키는 변화와 개혁의 촉진자, 선도자의 역할을 수행하도록 요구되고 있다(이상주, 1974).

③ 연수 및 연구자로서 역할

교사가 더욱 발전하기 위해서는 끊임없이 연구하고 자기 계발을 하지 않으면 안 된다. 그러므로 교사는 각종 연수회 및 강습회에 적극 참여하여 자기 계발에 노력해야 할 뿐만 아니라 자기 자신, 학생 개개인, 사회와 그 변화, 교과, 교육이론, 교육실제 등에 대해서 끊임없이 연구해야 한다. 또한 교사는 실천적 연구자가 되어 교육개혁에 제언을 하고, 현장에서 실천하는 등 적극적인 참여뿐 아니라 선구자적 역할을 해야 한다. 현대의 교사에게는 연수 및 연구자로서 역할이 더욱 강조되고 있다.

〈표 11-2〉 **교사의 역할에 대한 분류**

교사의 활동 단위	역 할
학 급	• 학생지도자 • 학급경영자
학 교	• 학교경영 참여자 • 행사교육자 • 직장인
사 회	• 사회모범 • 변화촉진자 • 연수 및 연구자

2. 교사의 자질

교사에게 요구하는 일반적인 기대는 보통 문화 및 제도에 의해 규정된다. 예를 들어, 교직을 성직으로 보는 관점은 문화적으로 규정된다고 볼 수 있다. 이 기대에 따르면 교사는 보통 사람들이 흔히 하는 행동과는 다른 모범적인 행동을 해야 하는 사람으로 본다. 교직을 전문으로 보는 관점은 주로 제도적으로 규정된다. 제도적 역할 기대에 의하면 교직은 전문직이기 때문에 그에 필요한 전문지식과 기술을 교사에게 요구한다.

교사는 어떠한 자질을 가진 사람이어야 하는가에 대한 학자들의 접근방법도 다양하다. 이성진(1983)은 대체로 세 가지 접근법으로서 '성향적 접근' '유형적 접근', '기능적 접근' 방법을 제시하고 있다.

① 성향적 접근

바람직한 교사란 어떤 특정 성향 또는 특성을 갖고 있는가 하는 문제에 초점을 두어 바람직한 교사와 그렇지 못한 교사를 구별하는 심리적인 성향 특성을 찾아내려는 접근방법을 말한다.

② 유형적 접근

교수 · 학습상황에서 관찰되는 교사의 행동 유형에 따라서 교사를 분류하는 접근방법을 의미한다. 이는 교사가 수업 장면에서 보이는 행동양식을 몇 가지 유형으로 묶을 수 있다는 것이다. 교사의 언어적 행동에 초점을 두어 지배적 행동과 통합적 행동으로 유형화한 것(Anderson, 1971)이나 지시적 통제와 비지시적 통제로 유형화한 것(Flanders, 1970), 그리고 교사를 전제적 지도형, 민주적인 지도형, 자유방임적 지도형으로 구분한 것(Lewin et al., 1951) 등이 유형적 접근에 기초한 연구의 예라고 하겠다(윤종건, 전하찬, 1998).

③ 기능적 접근

기능적 접근은 능률성이 수업활동이 이루어지고 있는 교사상황에서 교과목의 내용상의 특성, 학습자의 특성, 수업상황, 구조적 · 과정적 특징 등과 관련되어 있음을 상정한다. 따라서 바람직한 교사의 자질은 교육내용, 대상, 수업 환경에 따라 달라질 수 있다고 본다.

박용헌(1988)은 성공적인 교사의 자질을 예언할 수 있는 요인을 탐색하고 이를 토대로 교사의 자질을 평가할 수 있도록 '교사자질 평정척'을 개발하였다. 그는 이 평정척에서 바람직한 교사의 자질을 다음과 같이 구분하여 제시하고 있다.

- 교사 기능의 전문적 측면에서 교과지도: 교과에 대한 지식, 수업을 위한 준비, 동기유발, 수업의 열의, 학급토론의 유발과 그 지도, 융통성, 용어, 목소리 평정 및 몸짓, 학습 분위기의 조성 등
- 교사 기능의 인간적 측면에서 학습자의 이해와 지도: 학습자의 이해, 지도성, 훈련방법, 신뢰성 등
- 교사 기능의 인성적 측면에서 인성적 특성: 비판에 대한 반응, 상식, 안정감과 자신감, 창의성, 건강, 외모, 도덕성, 인품, 사회성 등
- 교사 기능의 적응적 측면에서 교직의 적성: 인기, 직업정신, 상사와 관계, 동료 직원과 협조, 행정 능력 등

한국교육개발원에서 실시한 한국인의 교육의식조사(김영화 외, 1994)에서는 훌륭한 교사가 갖추어야 할 요인으로 '학생에 대한 사랑'을 가장 많이 선택했고, 다음으로 '인격', '지도열의' 순이었다. 한국인은 훌륭한 교사가 갖추어야 할 요건으로 교사의 전문적 지식과 기술보다는 정의적 특성과 태도를 강조하는 것으로 나타났다. 훌륭한 교사와는 달리 우수한 교사 혹은 효과적인 교사에 관한 연구에서는 '잘 가르치는 교사'에 초점을 두고 교사의 효과적인 수업행동을 규명하려는 연구들이 있다. 교사효과성에 관한 연구들은 잘 가르치는 교사의 수업활동을 수업내용, 수업전략, 수업관리 차원으로 구분하여 변인들을 추출한다. 수업내용은 명료화, 조직화, 수업전략은 다양화, 동기화, 수업관리는 학생 행동관리와 학습관리로 구분하여 교사의 수업행동 수행의 변인들을 규정할 수 있다.

이상과 같은 교사의 자질에 관한 연구를 종합해 볼 때, 구체적이고 공통적인 교사의 바람직한 자질을 제시하기란 쉽지 않은 것으로 보인다. 시대에 따

라서, 보는 관점에 따라서 바람직한 교사의 자질은 달리 인식되고 있다. 그러나 대체적으로 보면, 교사는 교직에 대해 바람직한 태도와 가치관을 가져야 하며, 교직 수행에 필요한 지식 및 이해 그리고 기술 및 실기 능력을 가져야 한다고 할 수 있다. 또한 이와 같은 전문적 영역의 특성뿐 아니라 건전한 인성과 인품, 정신적 건강 그리고 신체적 건강 등 개인적 영역에서도 바람직한 특성을 갖추어야 할 것이다.

앞의 여러 논의를 정리하여 교사가 갖추어야 자질을 크게 세 가지로 나누어 보면 다음과 같다.

① 인격적 측면

교사 자신에 대한 긍정적 태도와 학생에 대한 깊은 애정, 교과에 대한 열성적 태도가 중요하다. 이러한 인격적 특성은 일시적으로 형성되는 것이 아니라 구체적인 상황에서 나타나는 것이므로 실제적인 교육현장에서 형성되도록 해야 한다.

② 전문적인 지식

교사의 교직에 대한 지식과 교과에 관한 지식을 말한다. 전자는 교육현상을 기술하고 설명하며 예언하는 교육이론과 관련된 지식이다. 이는 교육 실제상황에 적용되고, 응용되어 학급에서 학생들을 이해하고 수업하는 데 활용되어야 한다. 교과에 대한 지식은 해당 교과 영역을 교육현장에서 교수 · 학습하는 것과 관련된 이론적이며 실제적인 지식을 말한다.

③ 지도기술적 측면

교사는 다양한 학생의 요구와 능력을 파악하여 학습내용을 선정 · 조직하고 계획하며, 각종 자료와 매체를 활용할 수 있으며, 학습내용을 효과적으로 전달할 수 있는 능력이 필요하다. 지도기술은 이론적으로 얻기보다는 실제 상황에서 경험의 결과로 얻을 수 있다.

Worksheet 내가 생각하는 교사의 역할과 자질을 정리해 봅시다

교사의 역할	
교사의 자질	

제12장

교직윤리

1. 교직의 특성
2. 한국 교원윤리 강령

1. 교직의 특성

우리가 쓰는 상식적인 교사라는 말에는 적어도 다음 네 가지 의미가 내포되어 있다(김재복 외, 1996).

- 공 · 사립교육기관에 학생의 지도를 위하여 고용된 사람
- 한 영역에 뛰어난 자질을 갖추고 남을 가르치는 사람
- 교직 과목을 이수하고 공적으로 인정된 교사자격증을 가지고 있는 사람
- 무엇인가 남을 가르치는 사람

여기에서 볼 수 있듯이 넓은 의미로 교사란 아동, 학생, 청년, 성인에게 학교 내외의 장소에서 좋은 영향과 강화를 주어 인간적인 성장이 가능하도록 돕는 사람이다. 특히, 인생에 대해 깊은 도움을 주는 사람을 가리킨다. 협의의 의

미로는 초 · 중 · 고등학교에서 제도적 교육 내에 있는 학생을 지도, 편달하는 자격증을 갖춘 교사를 언급한다.

또한 교직은 일반 직업의 공통되는 특징을 가지는 동시에 일반 직업과 구분되는 교직만의 특성을 가지고 있는데, 이러한 특성은 다음과 같다.

① 교직은 인간을 대상으로 하는 직업이다

인간을 대상으로 하는 직업에는 의사나 법률가도 있지만 그들은 인간 그 자체를 주 대상으로 한다기보다는 법률이나 신체적 혹은 정신적 기능의 일부만을 그 대상으로 삼는다. 이와는 달리 교사는 인간의 어느 부분적인 기능만을 그 대상으로 하는 것이 아니라 전인으로서 인간, 즉 지적 · 정신적 · 신체적 · 정서적 · 사회적 · 문화적 · 정치적 특징을 지닌 인간 그 자체를 대상으로 한다. 이것이 교직만이 갖는 특징이며, 다른 직업과 차이라고 하겠다. 그러므로 교사에게 있어 지식을 가르치는 것도 중요하지만 인간다운 인간을 길러 내는 것이 더 중요하다.

② 교직은 주로 인간의 정신생활을 대상으로 하는 직업이다

의사 중에서도 정신과 의사의 경우는 인간의 정신을 다루지만 그것은 병적 증상에 한정된 정신을 다루므로 관심의 초점은 어디까지나 인간의 신체에 국한되어 있다고 할 수 있다. 교사도 학생의 신체적 건강 상태에 관심을 가져야 하지만 그 주된 관심사는 역시 학생의 정신적인 면이다.

③ 교직은 미성숙자를 대상으로 하는 직업이다

법률가는 사람을 대상으로 그 주변에서 일어나는 일을 다루지만, 교사는 아직 성숙하지 않은 어린이 및 청소년을 대상으로 한다. 교사는 현재의 미성숙한 학습자를 무한한 가능성을 가진 한 인간으로 성장, 발달할 수 있도록 도와줌으로써 개인의 삶을 변화시킬 수 있다.

병아리가 알에서 부화할 때의 모습을 '줄탁동시'라는 말로 표현한다. 병아리가 알에서 나올 때에 껍질 속에서 병아리가 우는 소리를 '줄', 어미가 밖에서 쪼아 깨뜨리는 것을 '탁'이라고 한다. 병아리가 껍질을 깨고 밖으로 나오려고 하는 것과 동시에 껍질을 쪼아 줌으로써 병아리라고 하는 새 생명이 탄

생하는 것이다. 교사는 바로 알을 깨고 나오려고 하는 병아리의 '놓쳐서는 안 될 시기' 를 조성해 주는 역할을 할 수 있는 사람으로 새 생명의 탄생을 돕고 지켜 보는 사람이라고 할 수 있다.

④ 교직은 봉사직이다

교직도 일반 직업처럼 경제적 보수를 목적으로 하는 것은 분명하지만 다른 직업에 비하여 봉사가 더욱 요구된다. 즉, 교직은 여러 종류의 전문직에 비하여 봉사직으로서 특성이 더욱 강조되는 직업이다. 이런 면에서 교직은 인류와 사회에 대한 봉사직이며, 희생을 감수해야 할 직업이라고 하여 흔히 성직이라고 한다.

⑤ 교직은 국가와 민족에 대해 지대한 영향을 주는 공공직업이다

교직은 당장 교육하는 학생에게뿐만 아니라 그들이 구성원이 될 사회를 고려하지 않으면 안 된다. 교직은 개인적으로 볼 때에는 학생과 가장 친근한 사적인 관계를 맺는 동시에 사회적 입장에서 보면 국가나 민족의 장래에 대해 지대한 영향을 미치는 공공사업인 것이다. 다른 직업도 국가와 민족의 장래에 대하여 직접 · 간접적으로 영향을 미치지만 교직은 이와는 다른 측면에서 국가나 민족의 운명과 직결되는 것이다. 이 때문에 현대의 많은 국가가 막대한 경비를 투자하여 의무교육제도를 강화하고 있고, 사립학교에 대해서도 국가가 많은 지원을 하게 된다.

⑥ 교직은 사회 발전에 중대한 역할을 맡는 미래지향적인 직업이다

교육의 중요한 기능은 인류가 쌓아 온 문화유산을 보존하고 계승하여 새로운 문화를 창출하는 것이라고 할 수 있다. 교육을 담당하는 교사는 인류가 축적해 온 문화유산을 다음 세대에 전달하는 동시에 현재를 출발점으로 하여 보다 나은 문화를 창조하고 희망찬 미래를 건설하는 일에 주역이 되어야 한다. 따라서 교직은 현재 상태에 안주하는 보수적이고 소극적인 자세가 아니라, 보다 나은 내일을 위해 적극적이고 진취적인 자세로 행동해야 하는 미래지향적인 직업인 것이다.

이와 같이 교직은 미성숙자인 아동을 대상으로 하여 이상적인 전인적 인간

의 성장과 발달을 도모하고 나아가 훌륭한 사회인이 될 수 있도록 아동을 교육함으로써 사회와 국가 발전에 기여할 수 있는 전문적이고 봉사하는 직업이라고 할 수 있다(기순신, 2001).

2. 한국 교원윤리 강령

(1) 사도헌장(師道憲章)

오늘의 교육은 개인의 성장과 사회의 발전과 내일의 국운을 좌우한다. 우리는 국민교육의 수임자(受任者)로서 존경받는 스승이요, 신뢰받는 선도자임을 자각한다. 이에 긍지와 사명을 새로이 명심하고 스승의 길을 밝힌다.

- 우리는 제자를 사랑하고 개성을 존중하며 한마음 한뜻으로 명랑한 학풍을 조성한다.
- 우리는 폭넓은 교양과 부단한 연찬으로 교직의 전문성을 높여 국민의 사표가 된다.
- 우리는 원대하고 치밀한 교육계획의 수립과 성실한 실천으로 맡은 바 책임을 완수한다.
- 우리는 서로 협동하고 교육의 자주 혁신과 교육자의 지위 향상에 적극 노력한다.
- 우리는 가정교육, 사회교육과의 유대를 강화하여 복지국가 건설에 앞장선다.

(2) 사도강령(師道綱領)

민주국가의 주인은 국민이므로 나라의 주인을 주인답게 길러 내는 교육은 가장 중대한 국가적 과업이다. 우리 겨레가 오랜 역사와 찬란한 문화를 계승, 발전시키며, 선진제국과 어깨를 나란히 하여 인류 복지증진에 주도적으로 기여하려면 무엇보다도 문화국민으로서 의식개혁과 미래 사회에 대비한 창의적이고 자주적인 인간 육성에 온 힘을 기울여야 한다. 그러기 위하여 우리 교육자는 국가 발전과 민족중흥의 선도자로서의 사명과 긍지를 지니고 교육을 통해 국민 각자의 능력을 최대한으로 계발하여 개인의 자아실현과 국력의 신장 그리고 민족의 번영에 열과 성을 다해야 한다. 또한 교육자의 품성과 언행이 학생의 성장, 발달을 좌우할 뿐만 아니라 국민윤리 재건의 관건이 된다는 사실을 명심하고 사랑과 봉사, 정직과 성실, 청렴과 품위, 준법과 질서에 바탕을 둔 사도 확립에 우리 스스로 헌신하여야 한다.

우리의 이러한 뜻은 교직에 종사하는 모든 교육자가 공동체 의식을 가지고 노력하여야만 이루어질 수 있다는 것을 인식하고, 사도헌장 제정에 때맞추어 우리의 행동 지표인 현행 '교원윤리강령'을 '사도강령'으로 개정하여 이를 실천함으로써 국민의 사표가 될 것을 다짐한다.

① 제1장 스승과 제자

스승의 주된 임무는 제자로 하여금 고매한 인격과 자주정신을 가지고 국가사회에 봉사할 수 있는 유능한 국민을 육성하는 데 있다.

- 우리는 제자를 사랑하고 그 인격을 존중한다.
- 우리는 제자의 심신 발달이나 가정의 환경에 따라 차별을 두지 아니하고 공정하게 지도한다.
- 우리는 제자의 개성을 존중하며, 그들의 개인차와 욕구에 맞도록 지도한다.
- 우리는 제자에게 직업의 존귀함을 깨닫게 하고, 그들의 능력에 알맞은 직업을 선택하도록 지도한다.
- 우리는 제자 스스로가 원대한 이상을 세우고, 그 실현을 위하여 정진하도록 사제동행한다.

② 제2장 스승의 자질

스승은 스승다워야 하며 제자의 거울이 되고 국민의 사표가 되어야 한다.

- 우리는 확고한 교육관과 긍지를 가지고 교직에 종사한다.
- 우리는 언행이 건전하고 생활이 청렴하여 제자와 사회의 존경을 받도록 한다.
- 우리는 단란한 가정을 이룩하고 국법을 준수하여 사회의 모범이 된다.
- 우리는 학부모의 경제적 · 사회적 지위를 이용하지 아니하며, 또 이에 좌우되지 아니한다.
- 우리는 자기 향상을 위하여 전문적인 지식과 전문화된 기술을 계속 연마하는 데 주력한다.

③ 제3장 스승의 책임

스승은 제자 교육에 열과 성을 다하여 맡은 바 책임을 다하여야 한다.

- 우리는 사회의 일원으로서 모든 책임과 임무를 다한다.
- 우리는 교재연구와 교육자료 개발에 만전을 기하여 수업에 최선을 다한다.
- 우리는 생활지도의 중요성을 인식하여 제자들이 올바른 사람이 될 수 있도록 지도에 철저를 기한다.
- 우리는 교육의 성과를 공정하게 평가하고 이를 교육에 충분히 활용한다.
- 우리는 제자와 성인들을 위한 정규 교과 외의 활동에 적극 참여한다.

④ 제4장 교육자와 단체

교육자는 그 지위의 향상과 복지의 증진을 위하여 교직단체를 조직하고 적극 참여함으로써 단결된 힘을 발휘할 수 있다.

- 우리는 교직단체의 활동을 통하여 교육자의 처우와 근무조건의 개선을 꾸준히 추진한다.
- 우리는 교직단체의 활동을 통하여 교육자의 자질 향상을 기함으로써 교권의 확립에 박차를 가한다.
- 우리는 편당적 · 편파적 활동에 참여하지 아니하고 교육을 그 방편으로 삼지 아니한다.
- 교직단체는 국가 주요 교육정책 결정에 참여하여 교육자의 여망과 주장을 충분히 반영시킨다.
- 교직단체는 교육자의 혁신과 국가의 발전을 위하여 다른 직능단체나 사회단체와 연대 협동한다.

⑤ 제5장 스승과 사회

스승은 제자의 성장 발달을 돕기 위하여 학부모와 협력하며, 학교와 사회와의 상호작용의 원동력이 되고, 국가 발전의 선도자가 된다.

- 우리는 학교의 방침과 제자의 발달 상황을 가정에 알리고, 학부모의 정당한 의견을 학교교육에 반영시킨다.
- 우리는 사회의 실정을 정확하게 파악하고 지역사회의 생활과 문화 향상을 위하여 봉사한다.

- 우리는 사회의 요구를 교육 계획에 반영하며, 학교의 교육활동을 사회에 널리 알린다.
- 우리는 국민의 평생교육을 위하여 광범위하게 협조하고 그 핵심이 된다.
- 우리는 확고한 국가관과 건전한 가치관을 가지고 국민의식 개혁에 솔선 수범하며, 국가 발전의 선도자가 된다.

Worksheet 내가 생각하는 바람직한 교사상을 그려 봅시다

부록

1. 교육공무원 임용후보자선정경쟁시험 규칙
2. 표시과목의 대학 관련 학부(전공 · 학과) 및 기본 이수 과목 또는 분야
3. 중등교사 임용시험 안내(서울시 교육청 예시)
4. 교수설계 예시
   - 국어과(문법)
   - 도덕과
   - 수학과(함수)
   - 수학과(도형)
   - 사회과(역사)
   - 영어과

[부록 1] 교육공무원 임용후보자선정경쟁시험 규칙

제1조 (목적) 이 규칙은 교육공무원임용령 제11조 제3항의 규정에 의하여 교육공무원의 임용후보자선정경쟁시험에 관한 사항을 규정함을 목적으로 한다. [개정 1985. 8. 19, 1991. 10. 8]

제2조 (적용범위) 이 규칙은 다른 법령에 특별한 규정이 있는 경우를 제외하고는 유치원 · 초등학교 · 중등학교 및 특수학교의 교사 임용후보자선정경쟁시험(이하 '시험' 이라 한다)에 적용한다. [개정 1985. 8. 19, 1996. 8. 30, 전문개정 1977. 12. 27]

제3조 (시험의 구분) 시험은 이를 다음과 같이 구분한다. [개정 1977. 12. 27, 1996. 8. 30, 2004. 9. 3]

1. 유치원교사임용후보자선정경쟁시험
2. 초등학교교사임용후보자선정경쟁시험
3. 중등학교교사임용후보자선정경쟁시험
4. 특수학교교사임용후보자선정경쟁시험
5. 실기교사임용후보자선정경쟁시험
6. 보건교사임용후보자선정경쟁시험
7. 사서교사임용후보자선정경쟁시험
8. 전문상담교사임용후보자선정경쟁시험
9. 영양교사임용후보자선정경쟁시험

제4조 (시험실시기관 등) ① 시험은 당해 교육공무원의 임용권자(임용권의 위임을 받은 자를 포함하며, 이하 '시험실시기관' 이라 한다)가 실시한다.

② 시험실시기관은 시험을 실시할 때에는 시험문제의 출제 및 채점과 시

험을 감독하게 하기 위하여 필요한 시험위원 및 시험감독관을 임명 또는 위촉하여야 한다. [전문개정 1992. 10. 1]

제5조 삭제 [1995. 6. 8]

제6조 (시험의 단계) ① 시험은 제1차 시험과 제2차 시험으로 구분하여 실시하되, 제1차 시험에 합격하지 아니하면 제2차 시험에 응시할 수 없다.

② 시험실시기관은 필요하다고 인정할 때에는 제1차 시험과 제2차 시험을 통합하여 실시할 수 있다. [본조신설 1990. 12. 26]

제7조 (시험의 방법) ① 시험은 필기시험 및 실기시험과 면접시험에 의하여 이를 실시한다. 다만, 응시자가 채용 예정 인원수에 미달되거나 시험실시기관이 필요하다고 인정할 때에는 시험의 일부를 면제할 수 있다.

② 필기시험은 서술적 단답형 · 선택형 또는 논문형으로 실시하며, 채용 예정직에 상응하는 학력과 능력을 고사한다.

③ 실기시험은 예 · 체능 과목 등 실기시험이 필요한 경우에 실시하며, 채용 예정직에 상응하는 실기능력을 고사한다.

④ 면접시험은 교원으로서의 적성 · 교직관 · 인격 및 소양을 고사한다.

⑤ 제1차 시험은 서술적 단답형 · 선택형 또는 논문형의 필기시험과 실기시험으로, 제2차 시험은 논문형의 필기시험, 실기시험 및 면접시험으로 실시하되, 시험실시기관의 장이 시험일정 등을 고려하여 필요하다고 인정하는 경우에는 제1차 시험 및 제2차 시험의 실기시험을 통합하여 실시할 수 있다. [개정 1996. 4. 25, 2000. 12. 19, 전문개정 1990. 12. 26]

제8조 (시험과목 및 배점비율) ① 시험과목 및 배점비율은 시험실시기관이 정한다.

② 시험실시기관은 교육대학, 사범대학(대학의 교육과를 포함한다. 이하 같다) 및 고등교육법 제43조의 규정에 의한 종합교원양성대학(이하 '교육대학 등' 이라 한다)의 졸업자(졸업예정자를 포함한다. 이하 같다)에 대하여는 재학 기간 중의 성적(교육대학 등 외의 학교를 졸업한 자에 대하여는 제1차 시험성적에 대하여 일정비율로 환산한 점수)을 제1차 시험성적에 가산할 수

있다. [개정 1995. 6. 8, 2000. 12. 19]

③ 시험실시기관은 다음 각호의 1에 해당하는 자에 대하여 제1차 시험 성적 만점의 10퍼센트의 범위 안에서 가산점을 부여할 수 있다. [개정 1991. 3. 16, 1991. 10. 8, 1992. 10. 1, 1995. 6. 8, 2001. 1. 31, 2002. 11. 5]

1. 교육대학 등의 졸업자(교원 경력자를 제외한다)로서 교육감이 정하는 지역에서 응시하는 자
2. 특별시 · 광역시 · 도 교육감이 정하는 도서 · 벽지지역에서 근무할 것을 조건으로 응시하는 자
3. 기타 시험실시기관이 인정하는 기준에 해당하는 자 [전문개정 1990. 12. 26]

제9조 (시험의 실시 및 공고) ① 시험은 교원자격증 소지자를 교사로 신규임용할 때에 실시한다.

② 시험실시기관이 시험을 실시하고자 할 때에는 그 일시 · 장소 · 방법 · 과목 · 배점비율 · 응시 자격 · 원서 제출 절차 · 기타 시험실시에 관하여 필요한 사항을 시험기일 20일 전까지 공고하여야 한다. 공고 내용을 변경할 경우에는 시험기일 7일 전까지 이를 다시 공고하여야 한다. [전문개정 1990. 12. 26]

제10조 (출원서류) 시험에 응시하고자 하는 자는 소정의 응시원서에 다음 각호의 서류를 첨부하여 당해 시험실시기관에 제출하여야 한다. [개정 1973. 8. 16, 1980. 1. 21, 1990. 12. 26, 1995. 6. 8]

1. 출신학교(교육대학 등에 한한다)의 전학년 성적증명서(졸업예정자는 이수한 모든 학기의 성적증명서)
2. 교원자격증의 사본(교원자격증을 취득할 졸업예정자 또는 수료예정자는 그 졸업예정증명서 또는 수료예정증명서)
3. 삭제 [1995. 6. 8]
4. 삭제 [1995. 6. 8]

제11조 삭제 [1992. 10. 1]

제12조 삭제 [1992. 10. 1]

제13조 삭제 [1992. 10. 1]

제14조 삭제 [1992. 10. 1]

제15조 삭제 [1992. 10. 1]

제16조 삭제 [1992. 10. 1]

제17조 (합격자의 결정) ① 합격자의 결정은 시험성적(제8조 제2항 및 제3항의 규정에 의하여 가산한 점수를 포함한다)의 다득점자 순으로 하되, 제1차 시험 합격자는 임용 예정 인원의 2배수 이내로, 제2차 시험 합격자는 임용 예정 인원의 1.2배수 이내로 한다.

② 제1항의 규정에 의하여 합격자를 결정함에 있어서 동점자가 있는 때에는 다음의 순위에 의하여 결정한다.

1. 전공과목의 고득점자
2. 병역의무를 필한 자
3. 시험실시기관이 정하는 기준에 해당하는 자 [전문개정 1990. 12. 26]

제18조 (합격자의 공고) 시험실시기관은 시험 합격자가 결정된 때에는 지체 없이 이를 공고하여야 한다.

제19조 (합격증서의 발급) ① 시험실시기관은 시험 합격자의 신청이 있을 때에는 합격증명서를 발급한다.

② 제1항의 규정에 의하여 합격증명서의 발급을 받고자 하는 자는 당해 시험실시기관이 정하는 바에 의하여 수수료로서 1통당 30원을 납부하여야 한다. [개정 1977. 12. 27]

제20조 삭제 [2000. 12. 19]

제21조 (응시수수료) 시험에 응시하고자 하는 자는 특별시 · 광역시 및 도의 조례로 정하는 바에 의하여 응시수수료를 납부하여야 한다. [개정 1995. 6. 8, 전문개정 1991. 10. 8]

제22조 (시험위원 등에 대한 수당지급) 시험위원 및 시험감독관에 대하여는 예

산의 범위 안에서 수당을 지급한다.

제23조 (시험운영자문위원회의 설치) ① 시험의 실시 · 운영 등에 관하여 시험실시기관의 자문에 응하기 위하여 시험실시기관 소속하에 시험운영자문위원회를 둘 수 있다.

② 제1항의 규정에 의한 시험운영자문위원회의 구성 및 운영 등에 관하여 필요한 사항은 당해 시험실시기관이 정한다. [본조신설 1992. 10. 1]

[부록 2] 표시과목의 대학 관련 학부(전공 · 학과) 및 기본 이수과목 또는 분야

〈※2004학년도 입학자부터 적용〉

□ 교육인적자원부고시 제2004-5호(2004. 6. 9)

제1조 (목적) 이 고시는 교원자격검정령 시행규칙 제13조에 의거 중등학교 교사(특수학교교사, 보건교사, 유치원교사, 사서교사, 전문상담교사 및 영양교사 포함)와 실기교사의 자격증에 표시할 표시과목의 대학의 관련 학부(전공 · 학과) 및 기본 이수과목 또는 분야를 지정함을 목적으로 한다. [개정 2004. 6. 9]

제2조 (관련 학부 및 과목) ① 표시과목의 대학의 관련 학부(전공 · 학과) 및 기본 이수과목 또는 분야는 별표 1과 같다.

② 기본 이수과목 또는 분야란 표시과목에 해당하는 중등학교 교육과정의 기본 과목 또는 분야로서 교원양성기관에서 필수적으로 이수하여야 한다.

제3조 (기본 이수과목의 수) 기본 이수과목은 기본 이수과목 또는 분야 중 5과목(14학점) 이상을 이수하여야 한다.

제4조 (공통과목의 이수방법) 공통과학 및 공통사회 표시과목은 전공과목에 대하여는 42학점 중, 부전공과목에 대하여는 30학점 중 기본 이수학점(14학점 이상)을 제외한 나머지 학점을, 공통과학은 물리, 화학, 생물, 지구과학의 분야에서, 공통사회는 일반사회, 역사, 지리의 분야에서 각각 균형있게 이수하여야 한다. [개정 2001. 12. 19]

제5조 (과목의 명칭과 교육과정) 별표 1에 표시된 기본 이수과목 또는 분야와 명칭을 달리하는 경우에 그 교육과정의 내용은 표시된 기본 이수과목 또는 분야의 교육과정과 같아야 하며, 이를 입증할 수 있는 자료를 갖추어야 한다.

부 칙

제1조 (시행일) 이 고시는 공포한 날부터 시행한다.

[별표 1]

표시과목의 대학 관련 학부(전공 · 학과) 및 기본 이수과목 또는 분야

1. 중등학교교사

〈인문계열〉

표시 과목	관련 학부(전공)	기본 이수과목 또는 분야	비 고
국어 Korean Language	국어교육, 국어국문학 및 관련되는 학부(전공 · 학과)	국어교육론, 국어학개론, 국문학개론, 국어사, 국문학사, 국어문법론, 소설론(또는 시론, 또는 희곡론, 또는 수필론, 또는 의사소통론)	
수학 Mathematics	수학교육, 수학, 전산통계학 및 관련되는 학부(전공 · 학과)	수학교육론, 정수론, 복소해석학, 해석학, 선형대수, 현대대수학, 미분기하학, 위상수학, 확률 및 통계, 이산수학	
공통과학 Common Science	과학교육, 물리교육, 화학교육, 생물교육, 지구과학교육, 공통과학 교육전공 및 관련되는 학부(전공 · 학과)	(1) 공통과학교육론 (2) 일반물리학 및 실험 Ⅰ, Ⅱ, 고급물리학 Ⅰ, Ⅱ (3) 일반화학 및 실험 Ⅰ, Ⅱ, 고급화학 Ⅰ, Ⅱ (4) 일반생물학 및 실험 Ⅰ, Ⅱ, 고급생물학 Ⅰ, Ⅱ (5) 지구과학 및 실험 Ⅰ, Ⅱ, 고급지구과학 Ⅰ, Ⅱ	(1) 분야에서 1과목, (2)~(5) 분야에서 각각 1과목(3학점) 이상을 이수하여야 함
물리 Physics	과학교육, 물리교육, 물리학 및 관련되는 학부(전공 · 학과)	물리교육론(또는 과학교육론), 역학, 전자기학, 양자물리, 열 및 통계물리, 파동 및 광학, 전산물리, 현대물리학	
화학 Chemistry	과학교육, 화학교육, 화학 및 관련되는 학부(전공 · 학과)	화학교육론(또는 과학교육론), 물리화학 및 실험, 유기화학 및 실험, 무기화학 및 실험, 분석화학 및 실험	
생물 Biology	과학교육, 생물교육, 생물학 및 관련되는 학부(전공 · 학과)	생물교육론(또는 과학교육론), 세포생물학, 발생생물학, 생리학, 유전학, 분류학, 생태학, 분자생물학, 형태학, 생화학, 미생물학	

(계 속)

지구과학 Earth Science	과학교육, 지구과학교육, 지구과학 및 관련되는 학부(전공 · 학과)	지구과학교육론(또는 과학교육론), 지질학, 천문학, 대기과학, 해양학, 지구물리학, 지구환경과학	
공통사회 Common Social Studies	사회교육, 일반사회교육, 지리교육, 역사교육, 공통사회교육 전공 및 관련되는 학부(전공 · 학과)	(1) 공통사회과교육론 (2) 정치와 사회(또는 정치학), 경제와 사회(또는 경제학), 문화와 사회(또는 사회학), 법과 사회(또는 법학) (3) 한국사개론, 동양사개론, 서양사개론, 역사학개론, 문화사(한국문화사, 동양문화사, 서양문화사) (4) 자연지리학(개론), 인문지리학(개론), 한국지리, 세계지리, 지도학	(1)분야에서 1과목, (2)~(4)분야에서 각각 1과목(3학점) 이상 이수
일반사회 Social Studies	사회교육, 일반사회교육 및 관련되는 학부(전공 · 학과)	일반사회교육론, 정치와 사회(또는 정치학), 경제와 사회(또는 경제학), 문화와 사회(또는 문화인류학), 법과 사회(또는 법학), 사회과학방법론, 인간과 사회(또는 사회학)	
역사 World & Korean History	역사교육, 역사학 및 관련되는 학부(전공 · 학과)	역사교육론, 역사학개론(한국사, 동양사, 서양사), 고대사(한국고대사, 동양고대사, 서양고대사), 중세사(한국중세사, 동양중세사, 서양중세사), 근대사(한국근대사, 동양근대사, 서양근대사), 현대사(한국현대사, 동양현대사, 서양현대사)	
지리 Geography	지리교육, 지리학 및 관련되는 학부(전공 · 학과)	지리교육론, 자연지리학, 인문지리학, 도시지리학(또는 촌락지리학), 경제지리학(또는 자원지리학), 문화지리학(또는 역사지리학), 지형학, 기후학, 환경지리학, 한국지리, 세계지리(또는 지역지리), 지도학(또는 지리정보론 및 원격탐사론 또는 계량지리학), 인구지리학(또는 정치지리학)	
도덕 · 윤리 Ethics	(국민)윤리교육, 철학, 교육학 및 관련되는 학부(전공 · 학과)	(1) 도덕 · 윤리교육론 (2) 윤리학개론, 동양윤리사상, 서양윤리사상, 한국사상개론, 윤리고전강독 (3) 민주주의론, 국가안보론, 통일교육론, 시민교육론, 도덕(발달)심리학	(1)분야에서 1과목, (2)와(3)분야에서각각 2과목(6학점) 이상 이수
상담 Counseling	교육학, 심리학 및 관련되는 학부(전공 · 학과)	상담이론, 생활지도, 심리검사, 발달심리학, 집단상담, 진로상담, 심리치료, 청소년 심리, 상담실습, 학교사회사업, 이상심리, 아동심리, 유아심리, 사회심리학, 학습심리, 성격심리, 특수아지도와 상담, 교육심리학	

(계 속)

교육학 Education	교육학 및 관련되는 학부(전공 · 학과)	교육학개론, 교육과정, 교수 · 학습이론, 교육철학, 교육심리, 교육평가, 교육사회학, 교육행정, 학교 · 학급경영, 학생상담의 이론과 실제, 교육공학, 평생교육(또는 교사론), 교육과 컴퓨터, 도덕교육론	
종교 Religion	종교교육, 종교학 및 관련되는 학부 (전공 · 학과)	종교교육론, 종교학개론, 종교현상학, 종교철학, 한국종교, 종교사회학(또는 종교인류학), 종교심리학, 세계종교(또는 종교사, 또는 비교종교학), 현대종교, 종교와 과학, 종교학사	
철학 Philosophy	철학 및 관련되는 학부(전공 · 학과)	철학교육론, 논리학, 윤리학, 인식론, 형이상학, 한국철학사, 동양철학사, 서양철학사, 철학과 논술, 철학고전선독	
심리학 Psychology	교육심리학, 교육학, 심리학 및 관련되는 학부(전공 · 학과)	발달심리학, 상담심리학, 성격심리학, 인지심리학, 산업(조직)심리학, 생리(생물)심리학, 임상심리학, 심리검사, 사회심리학, 학습심리학	
환경 Environmen-tal Science	환경교육(학), 환경학, 농업교육, 생물교육, 화학, 화학공학, 해양환경학, 환경공학, 지구과학교육, 지리교육, 수산교육 및 관련되는 학부(전공 · 학과)	환경교육론, 대기오염론(또는 대기환경론), 수질오염론(또는 수리학), 토양오염론(또는 토양학, 폐기물처리론), 환경정책(또는 환경평가), 지구환경론, 생물환경론(또는 생태학, 독성학), 환경지리학 (또는 도시와 환경, 산업과환경), 해양환경론(또는 해양오염론), 환경과학개론(또는 환경화학), 농업환경, 자연환경보호론	
체육 Physical Education	체육교육, 체육학, 무용(학) 및 관련되는 학부(전공 · 학과)	스포츠 교육학, 체육원리, 체육사, 운동학습 및 심리, 스포츠 사회학, 운동생리학, 운동역학, 운동실기, 체육측정평가, 보건론, 한국무용	
교련 Military Training	보건교육, 보건과학, 간호학 및 관련되는 학부(전공 · 학과)	보건교육론, 기초건강과학(또는 공중보건학), 지역사회보건교육(또는 지역사회간호학), 국가안보론, 안전교육학, 응급처치(또는 구급간호학), 환경보건(또는 보건관리), 신체발육발달론, 아동건강간호학, 건강생활(또는 성인 · 노인간호학), 보건영양(또는 모성간호학), 역학 및 전염병관리(또는 정신간호학)	
음악 Music	음악교육, 음악 및 관련되는 학부(전공 · 학과)	음악교육론, 서양음악 실기(또는 전공실기), 화성법, 대위법, 시창청음, 국악개론, 국악실기, 작곡, 지휘, 한국음악사, 서양음악사, 음악형식론, 장구반주법, 피아노반주법	

(계 속)

미술 Fine Arts	미술교육, 미술 및 관련되는 학부(전공 · 학과)	미술교육론, 소묘, 소조, 디자인, 색채학, 수묵화(또는 한국화 표현기법), 유화(또는 서양화 표현기법), 미술학, 조소, 공예, 영상, 판화, 조형(또는 서예), 한국미술사, 동양미술사, 서양미술사	
한문 Chinese Characters	한문교육, 한문학 및 관련되는 학부(전공 · 학과)	한문교육론, 한문학개론, 한문문법, 한문학사, 경서강독, 한문국역연습, 한시선독, 한문소설선독, 역대산문선독, 문자학개론	
영어 English	영어교육, 영어영문학 및 관련되는 학부(전공 · 학과)	영어교육론, 영어학개론, 영문학개론, 영어문법, 영어회화(또는 실용영어), 영어작문, 영어독해, 영어응용 음성학, 영미문화	
독일어 German	독어교육, 독어독문학 및 관련되는 학부(전공 · 학과)	독일어교육론, 독어학개론, 독문학개론, 독어문법, 독어회화, 독어작문, 독일문학사, 독어권문화	
프랑스어 French	불어교육, 불어불문학 및 관련되는 학부(전공 · 학과)	프랑스어교육론, 프랑스어학개론, 프랑스문학개론, 프랑스어문법, 프랑스어회화, 프랑스어작문, 프랑스어권문화	
중국어 Chinese	중국어교육, 중어중문학 및 관련되는 학부(전공 · 학과)	중국어교육론, 중국어학개론, 중국문학개론, 중국어문법, 중국어회화, 중국어작문, 중급중국어, 고급중국어, 중국현대문학강독, 한문강독	
스페인어 Spanish	스페인어 교육, 서어서문학 및 관련되는 학부(전공 · 학과)	스페인어교육론, 스페인어학개론, 스페인문학사, 중남미문학사, 스페인어문법, 스페인어회화, 스페인어작문, 스페인문화, 중남미문화	
일본어 Japanese	일어교육, 일어일문학 및 관련되는 학부(전공 · 학과)	일본어교육론, 일본어학개론, 일본문학개론, 일본어문법, 일본어회화, 일본어작문, 일본어강독, 일본문화	
러시아어 Russian	러시아어교육, 노어노문학 및 관련되는 학부(전공 · 학과)	러시아어교육론, 러시아어학개론, 러시아문학개론, 러시아어문법, 러시아어회화, 러시아어작문, 러시아어강독, 러시아문화	
아랍어 Arabian	아랍어교육, 아랍어 및 관련되는 학부(전공 · 학과)	아랍어교육론, 아랍어학개론, 아랍문학개론, 아랍어문법, 아랍어회화, 아랍어작문, 아랍어강독, 아랍문화, 아랍어구어체연구	

<실업계열>

표시 과목	관련 학부(전공)	기본 이수과목 또는 분야	비 고
식물자원 · 조경	농업교육, 농학, 원예학, 임학, 조경학 및 관련되는 학부(전공 · 학과)	농업교육론, 작물, 원예, 조림, 육종, 재배, 번식, 생리, 가공 및 저장, 농업정보, 조경계획, 조경시공, 조경관리, 조경식물, 임업경영	
동물자원	농업교육, 축산학, 잠사학 및 관련되는 학부(전공 · 학과)	농업교육론, 축산, 가축사양, 가축위생, 가축번식, 애완동물, 축산물가공, 양잠, 농업정보	
농공 Agricultural Industry	농업교육, 농공학, 농업기계공학 및 관련되는 학부(전공 · 학과)	농업교육론, 농업공작, 농업기계, 농업동력, 농업토목, 농업수리, 농공학개론, 작물학개론, 원예학개론, 축산학개론, 농업경영, 농업정보, 농산가공기계학, 농지조성, 농촌환경, 농업시설	
농산물유통 Agricultural Products Distribution	농업경제학, 농업교육(농업경제 및 유통전공), 농업경영학 및 관련되는 학부(전공 · 학과)	농업교육론, 농업과학개론, 농산물유통, 농업경제학, 농업경영학, 농업전산일반	
식품가공 Food Processing	농업교육, 수산교육, 수산가공학, 식품공학, 식품영양학, 식품가공학, 축산가공학 및 관련되는 학부(전공 · 학과)	농업교육론(또는 수산교육론, 또는 공업교육론), 식품화학, 식품가공, 식품위생, 유기화학, 농산물가공, 축산물가공, 수산물가공, 작물학개론, 원예학개론, 축산학개론, 영양학	
정보 · 컴퓨터 Information & Computer	컴퓨터(공학)교육, 컴퓨터(공)학, 전산통계학, 전자계산학, 상업교육, 수산교육, 농업교육, 산업공학, 해사정보전공 및 관련되는 학부(전공 · 학과)	컴퓨터교육론, 컴퓨터프로그래밍, 데이터구조, 데이터베이스, 파일처리론, 운영체제, 컴퓨터구조, 컴퓨터시스템, 컴퓨터네트워크, 논리회로(또는 알고리즘분석), 프로그래밍언어구조론, 인터넷입문	

(계 속)

전기 · 전자 · 통신 Electrical Engineering & Electronic Engineering & Communication Engineering	전기공학교육, 전기공학, 전기제어공학, 전자공학, 항공전자(공)학, 전자재료공학, 제어계측공학, 컴퓨터(공학)교육, 컴퓨터(공)학, 전자계산기공학, 통신공학, 항공통신공학, 전자통신공학, 통신학, 전파공학, 정보통신공학, 전자기계공학, 수산교육, 수산해양 및 관련되는 학부(전공 · 학과)	공업교육론, 전기일반, 회로이론, 전기자기학, 전기기기, 제어공학, 전기설비 및 법규, 디지털시스템, 전력공학, 전력전자공학, 디지털회로실험(또는 디지털회로설계), 통신이론, 전자기기, 반도체공학, 전기전자실험, 마이크로프로세서, 전자파응용, 마이크로파공학, 안테나공학, 디지털통신, 무선통신시스템, 정보통신(또는 컴퓨터네트워크)	
기계 · 금속 Mechanical Engineering & Metallurgy	기계공학교육, 기계공학, 정밀기계공학, 생산기계공학, 항공(기계)공학, 조선공학, 선박해양공학, 기계공학교육(자동차전공), 자동차공학, 전자기계공학, 재료공학, 금속공학교육, 금속(공)학, 금속재료공학, 금형설계학, 기관공학, 수산교육 및 관련되는 학부(전공 · 학과)	공업교육론, 고체역학(또는 재료역학), 유체역학, 열역학(또는 금속열역학), 내연기관, 기계설계(또는 자동차설계), CAD/CAM, 기계공작법(또는 NC가공), 정밀공작법(또는 일반공작기계), 용접공학, 배관공학, 박용기관, 일반조선공학(또는 선박설계), 자동차공학, 유압공학, 전기공학(또는 제어공학), 전자회로(또는 디지털회로설계), 마이크로프로세서 응용설계, 정밀공학, 센서 및 신호처리, 전자기계, 금속재료, 금속조직학, 화학야금학(또는 물리야금학), 금속강도학, 철강재료학, 금속제련학, 주조공학(또는 소성가공), 부식방식학	
화공 · 섬유 Chemical Engineering & Textile	화학공학교육, 공업화학, 화학공학, 고분자공학, 정밀화학공학, 섬유공학 및 관련되는 학부(전공 · 학과)	공업교육론, 화공양론(또는 섬유가공학), 물리화학(또는 섬유화학), 유기화학(또는 염색화학), 화공열역학, 단위조작, 반응공학, 공정제어, 생물화학공업, 고분자공학(또는 섬유가공학), 분석화학, 섬유물리, 방적공학, 제포공학(또는 편성공학), 공업화학	
자원 · 환경 Natural Resources & Environmental Technology	자원공학, 지질학, 환경공학, 해양학 및 관련되는 학부(전공 · 학과)	공업교육론, 환경교육론, 물리탐사, 광상학, 암석학, 광물학, 지사학, 구조지질학, 채광학, 자원공학, 광물처리, 자원개발, 환경공학, 수질분석실험, 생활폐기물처리, 환경공학설계, 환경설비, 환경오염측정, 해양학개론, 해양오염론	

(계 속)

건설 Construction	건축공학교육, 건축(공)학, 토목공학교육, 토목공학 및 관련되는 학부(전공 · 학과)	공업교육론, 기초공학, 건축구조, 환경계획 및 실험, 환경위생공학(또는 상하수도공학), 건축설비, 건축재료(또는 토목재료), 구조역학(또는 응용역학), 건축설계(또는 강구조토목설계), 건축시공(또는 토목시공), 건축계획, 철근콘크리트구조, 측량학, 지도학, 지적학, 사진판독법, 지형정보론(또는 지리정보시스템), 토질역학, 수리학, 도시계획, 교통계획, 토지이용계획	
요업 Ceramic	도예, 요업공학, 무기재료공학 및 관련되는 학부(전공 · 학과)	공업교육론, 요업원료학, 내화물공학, 결정구조학, 요업물리, 시멘트공학, 유리공학, 요업공정, 강도학, 요업재료, 분체공학	
인쇄 Printing	인쇄공학 및 관련되는 학부(전공 · 학과)	공업교육론, 인쇄공학(화상공학), 인쇄재료, 인쇄기계, 제판공학, 특수인쇄, 색분해(품질관리), 사진제판실습, 인쇄실습, 컴퓨터전산, 컴퓨터그래픽	
상업정보 Commercial Information	상업교육, 상경학 및 관련되는 학부(전공 · 학과)	상업정보교육론, 회계원리, 회계이론, 경영학원론, 무역영어, 무역실무, 전자계산개론(또는 프로그래밍), 전자계산실무(또는 컴퓨터그래픽), 경영정보론(또는 비서학개론), 상업경제, 마케팅관리론, 재무관리	상업계열 고등학교의 전산 등 전문교과 담당
수산 · 해양 Fishery & Maritime	수산교육, 수산학, 해양공학, 해양(환경)학 및 관련되는 학부(전공 · 학과)	수산교육론, 어업학개론, 양식학개론(또는 어류양식), 수산물유통(또는 수산경영학), 어구어법학, 동물학 및 실험, 식물학 및 실험, 수산자원학(또는 해양생물), 해양학개론, 해양환경(또는 수리관리), 해양구조물설계(또는 해양토목), 잠수공학, 천해지질학, 해양오염론, 어병학	
항해 · 기관 Navigation & Ship Engineering	수산교육, 기계공학, 기계교육공학, 자동차공학, 항해 · 기관 및 관련되는 학부(전공 · 학과)	보조기계, 기관설계공학(또는 기계요소설계), 자동제어(또는 계측공학), 열역학, 유체역학, 재료역학, 내연기관, 외연기관, 기관관리, 전기공학, 전자공학, 전파항해학, 지문항해(또는 천문항해), 해상안전공학, 해양기상, 선박조종, 해양학개론, 해사법규, 해상교통법, 선박관리(또는 선박운용), 선화운송론, 항해계기	
냉동 Refrigeration Machine	수산교육, 냉동(공조)공학, 기계공학, 기계교육공학, 자동차공학 및 관련되는 학부(전공 · 학과)	수산교육론(또는 해양교육론), 냉동공학, 공기조화, 냉동기기, 냉동설비설계, 냉동공조산업, 동역학, 정역학, 전기공학, 기계설계, 수산학개론	

(계 속)

의상 Clothing & Design	가정교육학, 의류학, 의상디자인학 및 관련되는 학부(전공 · 학과)	의류교육론(또는 가정교육론), 복식디자인, 의복구성학, 패션마케팅, 섬유재료학, 의복위생학, 복식사회심리학, 자수, 편물, 한국무늬, 서양무늬, 디자인과 색채	
조리 Culinary	가정교육, 조리 및 관련되는 학부(전공 · 학과)	조리교육론(또는 가정교육론), 조리과학, 한국조리, 외국조리, 제과 · 제빵, 식품가공, 단체급식, 영양학, 식품위생, 식품구매, 식사요법	
미용 Cosmetology	가정교육, 미용 및 관련되는 학부(전공 · 학과)	미용교육론(또는 가정교육론), 미용학개론, 피부미용, 헤어미용, 네일미용, 화장품과 메이크업, 공중보건학, 해부학	
사진 Photography	사진학 및 관련되는 학부(전공 · 학과)	사진학개론, 사진사, 사진화학, 사진재료, 사진현상인화, 사진기구조, 컬러사진, 광고사진론, 보도사진론, 사진미학, 사진사	
디자인 · 공예 Design & Craft	디자인학, 공예학, 산업공예 및 관련되는 학부(전공 · 학과)	디자인 · 공예교육론, 기초소묘, 기초소조, 색채학, 그래픽디자인, 시각디자인, 영상디자인, 공업디자인, 제품디자인, 실내디자인, 가구디자인, 공간디자인, 디스플레이, 공예론, 금속공예, 목공예, 기초도자, 장신구, 공예제도, 재료학, 공예실습	
연극영화 Drama & Movie	연극영화 및 관련되는 학부(전공 · 학과)	연극영화교육론, 연극사, 영화사, 연극개론, 극작, 연기(화술), 연극제작, 영화개론, 시나리오 작법, 영화기술, 영화제작실습	
관광 Tourism	관광(경영)학, 호텔경영학 및 관련되는 학부(전공 · 학과)	관광교육론, 관광경영학원론(또는 관광학원론), 여행사경영론, 호텔경영론, 관광교통론, 관광자원론, 관광법규, 관광경영론, 식당경영론, 관광개발론, 산업체 현장실습	

※ 기본이수영역 또는 과목이란 표시과목에 해당하는 중등학교 교육과정의 기본 영역 또는 과목으로서 교사양성기관에서 필수적으로 이수하여야 함

※ 공업계 표시과목의 기본이수영역 또는 과목에는 '산업체 현장실습 4주 이상'이 별도로 포함됨

※ 대학에서 학과제를 운영하지 아니하고 학부제를 운영할 때에는 대학의 장이 정하는 바에 따라 교사자격 표시과목 관련 전공과목 42학점 이상(기본이수영역 14학점 이상 포함)을 반드시 이수하여야 함

[부록 3] 중등교사 임용시험 안내(서울시 교육청 예시)

1. 응시자격

가. 중등교사: 선발교과 표시과목의 중등학교 준교사 이상 교원자격증 소지자, 부전공 교원자격증 소지자 및 해당교과 교사자격증 취득예정자

나. 특수학교(중등)교사: 전공과목에 관계없이 특수학교(중등)교사 자격증 소지자 및 특수학교(중등)교사 자격증 취득예정자

다. 보건교사: 보건교사자격증 소지자 및 보건교사자격증 취득예정자

※ 교원자격검정령 시행규칙 부칙 제3조 및 제4조에 의거 명칭이 변경, 통합된 표시과목의 응시 자격

<table>
<tr><th>모집과목</th><th>응시 자격 과목</th><th>모집과목</th><th>응시 자격 과목</th></tr>
<tr><td>도덕윤리</td><td>윤리, 국민윤리, 도덕 · 윤리</td><td>역 사</td><td>역사, 사회(역사)</td></tr>
<tr><td rowspan="2">공통과학</td><td rowspan="2">공통과학, 과학(물리, 화학, 생물, 지구과학)</td><td>지 리</td><td>지리, 사회(지리)</td></tr>
<tr><td>영 어</td><td>영어, 외국어(영어)</td></tr>
<tr><td>물 리</td><td>물리, 과학(물리)</td><td>중 국 어</td><td>중국어, 외국어(중국어)</td></tr>
<tr><td>화 학</td><td>화학, 과학(화학)</td><td>일 본 어</td><td>일본어, 외국어(일본어)</td></tr>
<tr><td>생 물</td><td>생물, 과학(생물)</td><td>상업정보</td><td>상업, 상업정보</td></tr>
<tr><td>지구과학</td><td>지구과학, 과학(지구과학)</td><td>기 술</td><td>기술, 기술 · 가정</td></tr>
<tr><td>공통사회</td><td>공통사회, 사회(일반사회, 역사, 지리)</td><td>가 정</td><td>가정, 기술 · 가정</td></tr>
<tr><td>일반사회</td><td>일반사회, 사회(일반사회)</td><td>정보·컴퓨터</td><td>정보 · 컴퓨터, 전자계산</td></tr>
</table>

2. 출제범위 및 배점

<table>
<tr><th>구분</th><th>시험과목</th><th colspan="2">출 제 범 위</th><th>배점</th><th>비고</th></tr>
<tr><td rowspan="4">제1차 시험</td><td>교육학</td><td colspan="2">• 중등학교 교사(보건교사 포함): 교육사, 교육철학, 교육심리학, 교육사회학, 교육과정 및 평가, 교육방법 및 공학, 교육행정 및 교육경영, 교사론, 생활지도, 교육관계법 등을 포함
• 특수학교 교사: 일반교육학 및 특수교육학 관련 내용 포함</td><td>20</td><td>60분
객관식
4지
선택형
50문항</td></tr>
<tr><td rowspan="3">전 공</td><td colspan="2">〈교과교육학, 교과내용학으로 구성〉
• 교과교육학: 해당교과의 교수 · 학습지도법, 평가방법, 7차 교육과정 총론 및 각론에 포함되는 내용</td><td rowspan="3">80</td><td>주관식
30~35%</td></tr>
<tr><td colspan="2">• 교과내용학: 해당 교과의 전공 내용으로 기본이수영역 또는 과목(교육부고시 제2000-1호(2000. 1. 28)에서 제시되는 내용 중심)</td><td>주관식
65~70%</td></tr>
<tr><td colspan="2">* 영어과: 위 내용과 같이 출제하되, 문제 형태를 우리말로 답하는 문제를 배점의 20% 내외, 영어로 답하는 문제를 배점의 80% 내외로 출제</td><td>150분</td></tr>
<tr><td rowspan="8">제2차 시험</td><td>논술시험</td><td colspan="2">• 교직과 관련한 교양 등 평가</td><td>25</td><td>영어과는 20</td></tr>
<tr><td rowspan="3">면접시험</td><td colspan="2">• 교원 적성, 교직관, 인격, 소양 및 전문성 등을 평가</td><td>25</td><td rowspan="3"></td></tr>
<tr><td rowspan="2">영어과</td><td>• 영어듣기평가</td><td>10</td></tr>
<tr><td>• 교원 적성, 교직관, 인격, 소양 및 전문성 등(영어로 진행)</td><td>10</td></tr>
<tr><td rowspan="3">수업실기능력평가</td><td colspan="2">• 교수 · 학습 관련 컴퓨터활용능력평가(영어과, 보건교사 제외)</td><td>10</td><td rowspan="3"></td></tr>
<tr><td rowspan="2">영어과</td><td>• 교수 · 학습지도안 작성</td><td>10</td></tr>
<tr><td>• 영어로 진행하는 영어수업 실기능력평가</td><td>10</td></tr>
<tr><td>실기시험</td><td colspan="2">• 체육, 음악, 미술, 미용, 디자인 · 공예과목: 실기능력평가
• 평가 종목 등은 제1차 시험 합격자 발표 시 공고함</td><td>50</td><td></td></tr>
</table>

3. 가산점(서울시 교육청 예시)

<table>
<tr><th>구 분</th><th colspan="4">대 상</th><th>배점</th></tr>
<tr><td>지역가산점
(응시과목 교원 자격증 기준)</td><td colspan="4">• 서울특별시 소재 사범계 대학 졸업자로서 교원 경력이 없는 자(복무의무 면제자 제외) 및 졸업예정자
• 서울특별시 소재 고등학교 졸업자 또는 서울특별시에서 고졸검정고시에 합격한 자 중 한국교원대 졸업자로서 교원 경력이 없는 자(복무의무 면제자 제외) 및 졸업예정자</td><td>3.5</td></tr>
<tr><td rowspan="3">정보처리사무분야 국가기술자격증 가산점
※중복 시 택일</td><td colspan="4">• 정보처리기사 이상 • 전자계산기조직응용기사 이상</td><td>2.0</td></tr>
<tr><td colspan="4">• 정보처리산업기사 • 정보기술산업기사
• 전자계산기조직응용산업기사 • 워드프로세서 1급 • 컴퓨터활용능력 1급</td><td>1.5</td></tr>
<tr><td colspan="4">• 정보처리기능사 • 워드프로세서 2, 3급 • 컴퓨터활용능력 2, 3급</td><td>1.0</td></tr>
<tr><td>복수 및 부전공 교원자격증가산점
(영어과, 보건, 특수학교교사 응시자는 제외)</td><td colspan="4">• 복수전공 교원자격증 소지자 또는 부전공 교원자격증 소지자
- 복수전공 교원자격증 소지자: 4.5점
- 부전공교원 자격증 소지자: 3.5점
- 중등교사 응시자로서 중등학교 교원자격증에 한하여 인정하며, 중복 시 높은 배점의 가산점 한 가지만 택일</td><td>4.5
3.5</td></tr>
<tr><td rowspan="5">TOEFL
TEPS,
TOEIC
(영어과)</td><td>구TOEFL</td><td>신TOEFL</td><td>TEPS</td><td>TOEIC</td><td>배점</td></tr>
<tr><td>620점 이상</td><td>260점 이상</td><td>877점 이상</td><td>930점 이상</td><td>4.5</td></tr>
<tr><td>610~620 미만</td><td>253~260 미만</td><td>839~877 미만</td><td>900~930 미만</td><td>3.3</td></tr>
<tr><td>600~610 미만</td><td>250~253 미만</td><td>804~839 미만</td><td>870~900 미만</td><td>2.0</td></tr>
<tr><td>600점 미만</td><td>250점 미만</td><td>804점 미만</td><td>870점 미만</td><td>0</td></tr>
<tr><td rowspan="8">입상경력 및 지도실적 가산점
(체육과)</td><td>구 분</td><td colspan="2">대 회 명</td><td>입상실적</td><td>배점</td></tr>
<tr><td rowspan="4">본인 입상 경력</td><td colspan="2">올림픽대회, 세계선수권대회, 아시안게임</td><td>동메달 이상</td><td>10</td></tr>
<tr><td colspan="2" rowspan="3">전국체육대회</td><td>금</td><td>7</td></tr>
<tr><td>은</td><td>6</td></tr>
<tr><td>동</td><td>5</td></tr>
<tr><td rowspan="3">선수 지도 실적</td><td colspan="2" rowspan="3">전국(소년)체육대회</td><td>금</td><td>4</td></tr>
<tr><td>은</td><td>3</td></tr>
<tr><td>동</td><td>2</td></tr>
</table>

※ 제1차 시험의 성적이 각각 해당 배점의 40% 이상인 자에 한해 필기시험 성적 총점에 위 가산점을 별도 부여함

※ 교원 경력자 중 시간강사, 기간제 교원 및 대학조교는 교원 경력이 없는 자로 봄

※ 가산점의 총 배점은 1차 필기시험 배점의 10%(10점) 이내로 함

※ 영어과의 경우 구TOEFL, 신TOEFL, TEPS, TOEIC 중 택일

※ 전년도 사전 공고내용을 완화하여 국가기술가격증에 대한 '자격증 원본제시' 를 자격증미발급자가 '합격확인서' 를 제출하고 제1차 시험일까지 반드시 자격증원본을 제시하는 경우도 인정함

4. TSE 취득성적 합산 점수(영어과 응시자에 한함)

취득점수	45	50	55	60
부여점수	15	20	25	30

5. 대학성적(또는 제1차 시험성적) 환산 반영방법(중등학교 교사만 해당)

가. 제1차 시험점수에 합산

나. 반영방법

구 분	반 영 방 법
지역가산점 부여 대상 사범계 대학 졸업자 및 졸업예정자 (3. 가산점 참조)	대학 총 · 학장 발행 대학재학 중 전학기 성적증명서에 의거 성적 총점의 석차서열을 일정비율로 환산한 등급별로 제1차 시험 배점의 20% 이내에서 별도 반영(※ 대학성적 및 제1차 시험성적 반영 등급별 점수표 참조) • 졸업자는 출신대학 전학년 성적 석차(8학기를 원칙으로 함)를 환산 반영하고, 조기졸업자 및 졸업예정자는 4학년 1학기(7학기)까지의 성적 석차를 환산 반영 • 후기학기 졸업자의 성적은 직전 학기 전기 졸업자의 해당평점의 등급적용 환산된 성적 석차 반영 • 편입생의 대학 성적은 편입 후의 성적을 반영 • 성적석차증명서 발급이 불가능할 경우에 대학(교) 발행 성적석차증명서 미발급 사유서를 제출하면 기타 대상자와 같은 방법으로 반영 • 성적석차증명서나 대학(교) 발행 성적석차증명서 미발급 사유서를 제출하지 않으면 평정의 최저점수(16.4점) 부여 ※ 성적석차증명서는 반드시 학과별 총인원수 대 서열 석차가 기재된 것에 한함
기 타 대상자	• 표시 과목별로 제1차 필기시험 성적의 전체 석차를 내고, 이를 10등급으로 나누어 사범계 대학 출신자와 동일한 방법으로 환산 반영

※ 대학별, 등급별 구성 인원은 1등급부터 순차적으로 누가 비율에 따라 계산하되, 소수로 나타날 경우는 소수점 이하 첫째 자리에서 반올림

※ 한 등급의 등급 구성 비율에 따른 인원이 1명 이상으로 환산되지 않을 경우 해당 응시자의 석차 서열 백분율에 해당하는 등급의 점수를 반영하되, 석차 서열 백분율은 소수점 이하 셋째 자리에서 반올림

※ 대학 성적 및 제1차 시험성적 반영 등급별 점수표

등 급	등급별 인원 구성비(%)	석차 서열 백분율(%)	등급별 부여 점수	비 고
1	5	00.00 ~ 05.00	20.0	등급 간 점수차는 0.4점
2	7	05.01 ~ 12.00	19.6	
3	10	12.01 ~ 22.00	19.2	
4	13	22.01 ~ 35.00	18.8	
5	15	35.01 ~ 50.00	18.4	
6	15	50.01 ~ 65.00	18.0	
7	13	65.01 ~ 78.00	17.6	
8	10	78.01 ~ 88.00	17.2	
9	7	88.01 ~ 95.00	16.8	
10	5	95.01 ~100.00	16.4	
10등급	100%			

6. 시험시행의 일반원칙

가. 제1차 시험 합격자에 한하여 제2차 시험의 응시자격을 부여함

나. 제1차 시험(교육학, 전공) 및 제2차 시험(논술시험, 면접시험, 수업실기능력평가, 실기시험) 성적이 각각 해당 배점의 40% 미만인 자는 합격자 사정에서 제외됨. 다만, 특수학교교사는 1차 또는 2차 시험에서 과락으로 인하여 선발 인원을 선발할 수 없는 경우에는 부족한 인원을 과락자 중에서 과락을 적용하지 않고 다득점 순으로 합격시키되, 석차는 과락과목이 없는 합격자의 후순위로 함

다. 제1차 시험 합격자는 모집 인원수의 1.3배수를 선발함(소수점 이하는 절상). 단, 체육, 음악, 미술, 디자인 · 공예교과는 2배 수를 선발함

라. 제2차 시험 합격자는 모집 인원수 이내로 선발함

마. 제2차 시험 합격자 결정은 제1차 필기시험 성적과 가산점 및 대학 내신 성적(또는 제1차 시험성적) 환산점수, TSE 부여 점수(영어과 응시자에 한함)와 제2차 시험성적을 합산한 점수의 다득점자 순으로 함

바. 지원자가 모집예정 인원의 1.3배수(체육, 음악, 미술, 디자인 · 공예교과는 2배수) 이내이거나 서울특별시교육청이 필요하다고 인정할 때에는 시험 일부를 생략할 수 있음

사. 사범계 대학의 범위는 사범대학, 한국교원대학교, 일반대학(교) 교육과로 함

※ 기타 자세한 내용은 각 시도교육청 임용시험 공고 참고

[부록 4] 교수설계 예시

국어과(문법) 교수설계

1. 단 원

• 인문계 고등학교 11학년 문법 Ⅶ. 바른언어생활 2. '발음' 단원

2. 학습환경 분석

• 교수매체: 인쇄매체(문법교과서, 평가물〈준거지향평가 중 사후검사지〉)
• 장소: 30명 정도 학생을 수용할 수 있는 일반 교실
• 시간: 문법 교과 시간(50분 수업)

3. 학습자 특성 분석

• 출발점 행동은 과제분석(하위기능 분석)에서 찾을 수 있으며, 과제분석표에 점선으로 표시해서 그 아래를 출발점 행동으로 간주한다. 본 교수설계의 출발점 행동은 과제분석표에 점선으로 표시된 그 아래 부분이다.
• 학습자의 일반적 특성 분석: 본 교수설계 학습자의 일반적 특성을 분석한 결과는 다음과 같다.
  – 교수 프로그램에 대한 학습자들의 일반적 능력 수준: 인문계 11학년은 지적 기능을 학습할 수 있는 지적 능력을 기본적으로 갖고 있다. 그러나 '문법' 교과가 논리적이고 순차적인 지식 구조로 된 교과 영역이기 때문에 학습자가 선호하는 학습유형이나 학습자의 경향에 따라서 과제에 대한 흥미도와 능력에 차이가 있을 수 있다.

-사전경험: 말하기와 읽기 등 언어 영역은 언어생활에서 절대 비중을 차지하는 만큼 '발음'은 학습자들에게 일상적 경험이라고 할 수 있으나, 11학년이라는 연령대가 보일 수 있는 감각적이고 편리성을 추구하는 언어생활 속에서 규범적인 표준발음에 대한 관심이나 실천 노력이 부족할 수 있다.

-기대: 문법에 대한 흥미와 필요성 인식 수준, 표준발음 준수 의지에 대한 기대치가 낮을 수 있다.

4. 수업목표

겹받침 체언이 모음 조사와 결합할 때 발음의 원리에 따라 정확하게 발음할 수 있다.

5. 학습과제 분석(하위기능 분석)

[부록 그림 4-1] 참조

6. 평가계획

① 사전검사

사전검사를 실시하되, 시간적 여유가 충분하지 않으므로 주요 하위목표(개념-음절의 개념, 체언의 곡용과 용언의 활용 개념)에 대한 것을 직접 질문법과 관찰법을 통하여 간단히 검사하도록 한다.

② 학습증진검사

본 교수 프로그램에서 다루는 주요 영역인 지적 기능 학습의 검사문항은 금방 학습한 기능을 적용할 수 있는 생소한 예(넋이, 삯을, 몫으로, 여덟에, 값은, 칡이, 까닭이 등의 예를 표준발음으로 발음하는지 관찰)를 통해서 검사하도록 한다.

③ 사후검사

최종 목표인 '겹받침 체언이 모음 조사와 결합할 때 발음의 원리에 따라 정

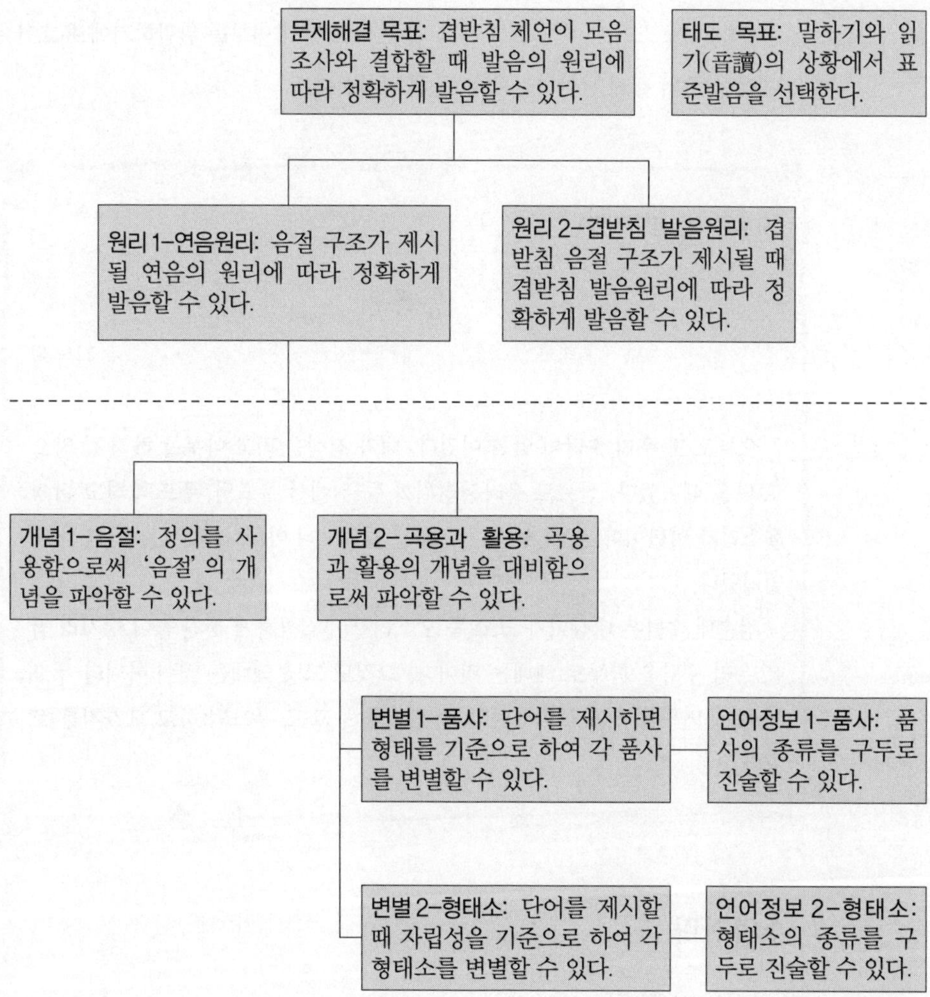

[부록 그림 4-1] 학습과제 분석(하위기능 분석)

확하게 발음할 수 있다.' 와 '말하기와 읽기(音讀)의 상황에서 표준발음을 선택한다.' 의 목표 달성 여부를 측정하기 위해 제작한 평가지로 평가한다(김유정 소설 「동백꽃」을 소리 내어 읽도록 하고 최종 목표 달성 여부를 판단하기에 유효한 부분의 발음을 주의 깊게 관찰하는 것을 통해 평가한다).

〈사후검사용 평가자료〉

동백꽃

김유정

오늘도 또 우리 수탉이 막 쪼이었다. 내가 점심을 먹고 나무를 하러 갈 양으로 나올 때이었다. 산으로 올라서려니까 등 뒤에서 푸드덕, 푸드덕 하고 닭의 횃소리가 야단이다. 깜짝 놀라며 고개를 돌려보니 아니나 다르랴, 두 놈이 또 얼리었다.

점순네 수탉은 대강이가 크고 똑 오소리같이 실팍하게 생긴 놈이 덩저리 작은 우리 수탉을 함부로 해내는 것이다. 그것도 그냥 해내는 것이 아니라 푸드덕 하고 면두를 쪼고 물러섰다가 좀 사이를 두고 또 푸드덕 하고 모가지를 쪼았다.

7. 수업전략

(1) 교수 전 활동

① 동기유발

- '주의(Attention)' 환기 및 집중을 위한 전략 A.1 지각적 주의환기의 전략 활용

표준발음에 대한 동기유발을 위해 사투리 영향으로 일어나는 비표준발음 '쌀' 의 [살]* 발음, '의사' 의 [으사]* 발음, 경음화의 경향으로 일어나는 비표준발음 '닦다' 의 [딱따]* 발음, '자장면' 의 [짜장면]* 발음, 연음규칙과 관련된

비표준발음 '꽃에'의 [꼬세]* 발음, '부엌에'의 [부어게]* 발음, '밥솥에'의 [밥소세]* 발음 등의 예를 제시한다.

② 목표제시

- '관련성(Relevance)' 증진을 위한 전략 R.2 목적지향성의 전략
- '자신감(Confidence)' 수립을 위한 전략 C.1 학습의 필요조건 제시의 전략
- 수업의 목표와 구조의 제시 활용

설정한 수업목표는 '교양 있는 사람들이 두루 쓰는 현대 서울말'인 표준어에 관련된 목표로써 학습자 미래의 중요성과 실용성이 연관되어 있기 때문에 이러한 관련성을 통해서 목표의 목적지향성을 높이고, 학습의 필요조건을 제시하여 수업내용에 대한 자신감을 갖도록 한다.

③ 선수학습 상기

- '자신감(Confidence)' 수립을 위한 전략 C.1 학습의 필요조건 제시의 전략
- 선수학습능력의 판단 활용

준거지향평가도구 중 사전검사를 통해서 선수학습 내용을 상기하고, 이에 대해서 자신감을 갖도록 한다.

(2) 정보제시(교수 계열)

- '자신감(Confidence)' 수립을 위한 전략 C.2 성공의 기회 제시의 전략 활용

과제분석(하위기능 분석)을 통해 계열화된 학습과제를 난이도에 따라 적절하고 효과적으로 제시하도록 한다. 그런데 본 과제가 순차적이고 논리적인 성격의 과제이기 때문에 학습자의 인지 스타일에 따라서 흥미와 이해가 차이가 있을 수 있으므로 이러한 것을 세심하게 고려하여 학습자 전반이 자신감과 성공의 기회를 얻을 수 있도록 해야 한다.

(3) 학습자 참여(연습, 피드백)

- '자신감(confidence)' 수립을 위한 전략 C.3 개인적 조절감 증대의 전략

활용

준거지향평가도구 중 학습증진검사를 통해 방금 학습한 내용을 연습할 수 있는 기회를 제공한다.

(4) 추수활동(심화와 보충)

사후검사 결과에 따라 별도의 보충적인 교수 프로그램이 필요할 수 있는데, 이것이 심화와 보충과 같은 추수활동이다.

그런데 본 교수전략 설계에서는 최종 교수목표 달성을 위한 보충적인 활동이 필요하지 않다고 생각되기 때문에 추수활동에 해당하는 심화와 보충단계를 생략하도록 한다.

도덕과 교수설계

1. 단 원

• 고등학교 10학년 도덕 1. 사회생활과 도덕, 2. 청소년문제와 청소년문화

2. 학습자 특성 분석

(1) 학습자에 대한 전체 분석

• ○○여자고등학교 1학년 2반 36명

여학생들로만 이루어져 있어 학생들의 결속력이 강하며, 자신의 의견에 대해서 솔직하게 이야기하는 편이다. 다양한 생각과 개성을 가지고 있는 학생들이 수업에 적극적으로 참여하여, 다양하고 기발한 아이디어를 많이 제시한다. 특히, 춤, 노래, 영화, 만화 등 다양한 분야에 관심을 갖고 있는 학생들이 많기 때문에 '청소년문화' 부분을 이끌어 나가는 데 있어서 다양한 의견이 제시될 수 있을 것이라 기대된다.

(2) 출발점 행동 분석

지적 출발점 행동은 사회문제와 청소년문제를 연관시켜 생각하여 청소년문제를 개인의 문제가 아니라 사회의 문제라는 측면에서 이론적으로 생각해 본 학생은 많지 않다. 따라서 학생들은 뉴스나 신문 등의 매체를 접하게 되는 청소년문제의 실태에 대해서는 어느 정도 알고 있지만, 이러한 청소년문제가 '도덕 2' 에서 배운 산업화 · 정보사회문제와 긴밀한 관련이 있다는 점은 생각해 보지 못한 실정이다.

정의적 출발점 행동을 분석하는 데 있어서, 이 단원은 협동학습을 진행할 계획이기 때문에 도덕 교과에 대해 어느 정도의 관심과 적극성을 가지고 있느냐를 판단하는 일이 중요하다. 지난달에 조별로 환경문제와 관련된 '환경신문

만들기' 를 과제로 냈을 때, 학생들끼리 자주 모여서 의논하는 모습을 발견할 수 있었고, 과제에 대한 질문도 많았으며, 기발한 아이디어가 담긴 과제물을 제출한 점으로 미루어 보아 과제에 대한 흥미도도 높았다.

학생들이 어느 정도 자신의 작품에 대한 성취감과 도덕 교과의 과제에 대한 긍정적 자아개념을 가지고 있으며, 자신의 의견을 표현하는 데 적극적이다.

(3) 협동학습을 위한 조 편성

① 자료 배포

수업에 들어가기에 앞서, 전시 수업시간에 학생들에게 청소년문화에 대한 다양한 시각이 담긴 자료를 배포한다. 그리고 '문화' 라는 개념이 무엇인지 설명하면서 '청소년문화' 의 개념과 범위 그리고 청소년문화에 대한 다양한 예를 들어서 '청소년문화' 가 무엇인지를 이해할 수 있도록 한다.

② 설문지 작성

한국의 청소년문화를 긍정적으로 생각하는지, 부정적으로 생각하는지 여부와 왜 그렇게 생각하는지에 대해 묻는 전시간에 학습한 산업화, 도시화로 인해 나타난 청소년문제 그리고 정보화로 인해서 나타난 청소년문제를 얼마나 숙지하고 있는지를 평가하는 문항으로 구성한다.

③ 설문지 분포 및 협동학습을 위한 과제 부여

학생들에게 자신의 입장과 그렇게 생각하는 이유 그리고 바람직한 한국의 청소년문화를 위한 대안을 노트에 정리하여 가져오게 한다. 그리고 자신의 주장을 뒷받침해 줄 수 있는 자료를 수집해 오도록 한다. 예를 들면, 신문, 인터넷, 뉴스, 서적 등에 실린 자료 등을 수집해 오도록 한다.

④ 조 편성

설문지에서 나온 결과를 토대로 6인 1조로 조를 편성한다. 그리고 조별로 재미있는 이름을 지어 준다. 우선, 학생들의 입장에 따라 한국의 청소년문화를 긍정적으로 생각하는 집단과 부정적으로 생각하는 집단으로 나눈다.

3. 수업목표

- 자아정체성의 의미에 대한 질문이 주어지면, 5분 이내에 자아정체성의 개념과 중요성을 자신의 삶에 적용시켜 설명할 수 있다.
- 청소년문제의 사례가 주어지면, 10분 이내에 청소년문제의 원인을 사회문제와 연결지어 논리적으로 서술할 수 있다.
- 청소년문화를 바라보는 다양한 관점이 제시되면 다른 자료를 참고하지 않고 올바른 청소년문화 형성을 위한 방안을 논리적으로 설명할 수 있다.

4. 학습과제 분석

(1)

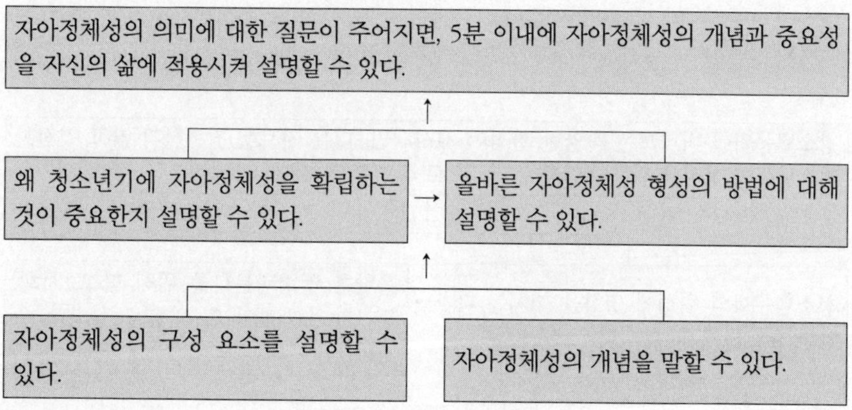

(2)

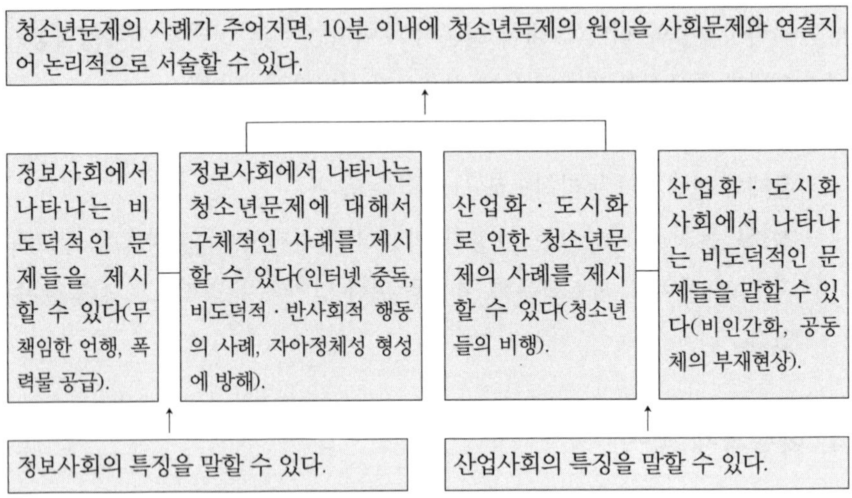
청소년문제의 사례가 주어지면, 10분 이내에 청소년문제의 원인을 사회문제와 연결지어 논리적으로 서술할 수 있다.
정보사회에서 나타나는 비도덕적인 문제들을 제시할 수 있다(무책임한 언행, 폭력물 공급).
정보사회에서 나타나는 청소년문제에 대해서 구체적인 사례를 제시할 수 있다(인터넷 중독, 비도덕적 · 반사회적 행동의 사례, 자아정체성 형성에 방해).
산업화 · 도시화로 인한 청소년문제의 사례를 제시할 수 있다(청소년들의 비행).
산업화 · 도시화 사회에서 나타나는 비도덕적인 문제들을 말할 수 있다(비인간화, 공동체의 부재현상).
정보사회의 특징을 말할 수 있다.
산업사회의 특징을 말할 수 있다.

(3)

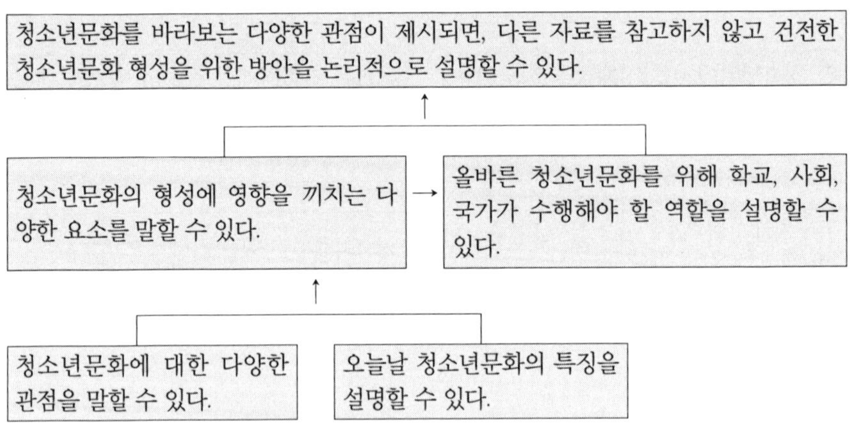
청소년문화를 바라보는 다양한 관점이 제시되면, 다른 자료를 참고하지 않고 건전한 청소년문화 형성을 위한 방안을 논리적으로 설명할 수 있다.
청소년문화의 형성에 영향을 끼치는 다양한 요소를 말할 수 있다.
올바른 청소년문화를 위해 학교, 사회, 국가가 수행해야 할 역할을 설명할 수 있다.
청소년문화에 대한 다양한 관점을 말할 수 있다.
오늘날 청소년문화의 특징을 설명할 수 있다.

5. 수업전략

(1) 수업절차

① 주의집중

수업을 시작하기 전, 학생들의 관심을 집중시키기 위해 학생들과 인사를 나누고 좋은 글귀를 읽어 준다.

② 수업목표 및 본시 수업의 개요

본시 수업에 들어가기에 앞서 학생들에게 이번 수업시간에 학습할 내용과 학습목표를 제시해 준다.

③ 선수학습 요소 회상

선수학습 요소로 중학교 도덕 시간에 배운 내용을 알아야 함으로 본시 수업에 들어가기에 앞서 학생들에게 간단한 질문과 설명으로 선수학습을 떠올릴 수 있도록 한다.

④ 본시 수업

- 6인 1조별로 조원끼리 역할분담을 하도록 한다. 예를 들면, 논의를 정리해서 기록하는 학생, 발표할 학생, 자료를 정리하는 학생, 학생들에게 제시할 자료를 만드는 학생, 조별 토론에 있어서 조원을 통제하는 조장, 질문이 있을 경우 질문을 종합하여 교사에게 묻는 학생, 각 조원들의 일을 도와줄 도우미를 정한다.
- 조별로 조원끼리 돌아가면서 의견을 들어보고, 조의 입장을 정리하도록 한다. 입장을 정리하는 데 있어서, 현재 한국의 청소년문화를 바라보는 조별 시각, 그렇게 바라보는 이유, 바람직한 한국의 청소년문화를 만들기 위한 대안에 대한 내용이 반드시 들어가도록 하고, 그 문제에 대해서 정확한 입장(긍정도 부정도 아닌 중간적 입장이 아니라)을 정리하도록 한다.
- 정리된 내용을 간단하게 전지에 기록한다. 한국의 청소년문화를 바라보는 조별 입장, 그러한 입장을 갖게 된 이유, 바람직한 청소년문화 형성을 위한 대안을 간단하게 전지 한 장에 기록한다.

- 각 조별로 정리한 자료를 칠판에 붙이고 조별 입장을 발표하도록 한다.
- 발표가 끝난 후에도 학생들이 각 조별 입장을 알 수 있도록 전지에 정리한 내용을 붙여 놓고, 조별 발표에 대한 토론을 진행한다. 토론과정에서 토론에 적극적으로 참여하고, 논리적으로 말하는 학생에게는 '한국의 소크라테스', '멋진 답변' 등의 재미있는 말이 담긴 칭찬 카드로 보상해 준다.
- 토론이 끝난 후 발표와 토론의 전개과정에서 좋았던 부분, 부족했던 부분을 평가한다. 그리고 학생들의 발표 가운데서 나타난 청소년문화에 대한 다양한 관점을 정리하고, 조별로 바람직한 한국의 청소년문화의 형성을 위해 제시한 다양한 대안을 종합하여 설명한다. 그리고 논리적으로 조의 입장을 설명하고, 토론에도 적극적으로 참여한 조에게 보상으로 칭찬 카드를 준다. 이 칭찬 카드는 학생들의 학기말 점수에 반영될 것이며, 학년말에 가장 많은 칭찬 카드를 받은 사람에게는 상을 준다.

⑤ 수업의 정리와 평가

학습한 내용을 확인하는 간단한 형성평가를 통해 수업을 정리한다. 협동학습을 진행하는 과정을 관찰한 결과를 바탕으로 평가한다. 토론의 전개과정에 대한 평가와 발표, 토론과정에서 나온 논의들을 종합하여 설명하며 정리한다.

⑥ 차시예고 및 복습과제 제시

다음 시간에 배울 내용을 예고하고, 방과 후 과제와 반드시 알아야 할 학습내용을 제시해 준다.

(2) 동기유발 전략

단원에 들어가기에 앞서 적절한 자료를 제시하여 학생들의 호기심을 이끌어 내야 한다. 그러기 위해서 우선 수업에 들어가기에 앞서 학생들에게 적절한 시각적 매체를 제시한다. 티베트 사람들이 성지를 순례하며 오체투지를 하는 모습과 인도 사람들이 갠지스 강에서 기도하는 모습이 담긴 사진을 보여주어 학생들의 호기심을 유발한다. '어떻게 살아야 하는가?', '나는 어디에서 왔는가?', '나는 누구인가?' 라는 자아정체성의 질문이 교과서에서만 실린 문제가 아님을 이야기하여 학생들 자신의 문제로 생각해 볼 수 있도록 한다.

6. 수업매체

매체 중심의 수업은 아니지만 중간에 학생들의 이해도를 높일 수 있는 사진이나 동영상 자료를 제시한다. 정보사회의 익명성으로 인한 무책임한 언행의 경우 플래시 자료를 활용할 것이며, 청소년문제를 단적으로 보여 주는 뉴스나 신문의 보도자료를 적절하게 제시한다. 플래시 자료와 뉴스나 신문의 보도자료는 미리 CD에 구성해 놓아 자료를 찾느라 시간이 지체되는 상황이 발생하지 않도록 한다. 플래시 자료와 뉴스의 보도자료의 경우는 'Windows Media Player' 프로그램을 사용할 것이며, 신문의 보도자료의 경우 웹사이트에서 신문기사를 제공받거나 스캔을 떠서 이미지를 볼 수 있는 프로그램으로 제시한다.

- 조별 이름이 쓰인 명찰을 미리 학생 수대로 준비해서, 학생들이 명찰을 착용하고 자신의 조에 대한 소속감과 책임감을 갖고 발표를 준비할 수 있도록 한다. 그리고 그 명찰 안에는 각자의 이름을 적어 넣을 수 있도록 하여 교사가 학생의 이름을 파악하고, 태도를 기록할 수 있도록 한다.
- 학생들의 정보(이름, 특징, 수업태도, 이전에 토론하였을 때의 참여도 등)가 담긴 수첩을 만들어, 학생들의 발표를 준비하고 토론하는 과정을 잘 살펴보면서 얼마나 적극적으로 참여하고 있는지, 자신이 맡은 역할을 잘 수행하고 있는지를 체크한다. 칭찬 카드를 받은 여부도 체크한다.

7. 평가계획

(1) 출발점 행동 평가

단원에 들어가기에 앞서, 현대사회의 문제인 산업화 · 도시화 · 정보사회의 특징을 어느 정도 숙지하고 있는지를 5분 정도 구두로 평가한다. 5, 6명 정도 학생들의 선수학습 정도를 파악한 후, 평가 결과에 따라 어느 정도 보충설명을 해야 할지를 판단한다.

(2) 형성평가

2차례에 걸쳐 형성평가가 이루어질 것이다.

- 자아정체성의 개념과 구성 요소, 자아정체성 형성의 유형을 설명하도록 한다.
- 수업이 끝나기 전 10분 동안 빈 칸 넣기, 청소년문제가 나타난 기사를 보고 5줄 이내로 청소년문제의 원인을 분석하기 등의 문제가 담긴 평가지를 작성하도록 한다.

(3) 수행평가

발표문의 내용만 평가하는 것이 아니라, 다른 사람의 발표문도 얼마나 열심히 귀기울여 들었는지, 토론에 얼마나 잘 참여하였는지의 수업과정적인 측면을 고려한다.

체크리스트
① 발표 시 조의 의견을 자신감 있게 말하였는가?
② 발표 시 조의 의견을 논리적으로 설명하였는가?
③ 발표 시 조 의견의 핵심을 잘 정리해서 말하였는가?
④ 조원들이 발표를 준비하기까지 역할분담을 한 대로 적극적으로 준비하였는가?
⑤ 토론과정에서 동료 학생들에게 자신의 의견을 잘 설득하였는가?
⑥ 토론과정에서 토론 중 지켜야 할 예절을 잘 지켰는가?

(4) 수업목표 달성 정도의 평가

① 첫 번째 수업목표

'자아정체성의 의미에 대한 질문이 주어지면, 5분 이내에 자아정체성의 개념과 중요성을 자신의 삶에 적용하여 설명할 수 있다.' 의 경우, 우선 자아정체성을 자신의 삶에서 생각해 본 적이 있는지, 구체적으로 어떤 생각을 했는지를 짧게 이야기해 보도록 한다.

② 두 번째 수업목표

'청소년문제의 사례가 주어지면, 10분 이내에 청소년문제의 원인을 사회문제와 연결하여 논리적으로 서술할 수 있다.' 의 경우, 수업이 끝나기 10분 전에 행해지는 지필평가에서 수업목표를 달성했는지의 여부를 판단한다.

③ 세 번째 수업목표

'청소년문화를 바라보는 다양한 관점이 제시되면, 다른 자료를 참고하지 않고 바람직한 청소년문화 형성을 위한 방안을 논리적으로 설명할 수 있다.' 의 경우, 각 발표자들이 반드시 바람직한 청소년문화 형성을 위한 방안에 대해서 각 조의 입장을 논리적으로 설명해 볼 수 있도록 한다.

(5) 수업평가

① 학급활동 평가하기(조별 평가)

학생들의 협동학습의 과정과 결과를 〈부록 표 4-1〉과 같은 기준에서 평가한다.

② 학급활동 평가하기(개인별 평가)

협동학습이 끝난 후 학생들에게 다음의 질문 중 한 가지에 답하도록 하여, 협동학습을 하는 과정에서 자신의 역할을 제대로 수행하였는지와 협동학습에 자신이 얼마나 적극적으로 참여하였는지를 스스로 평가해 보고, 반성해 볼 수 있도록 한다.

- 내가 다음번에 우리 조를 위해서 _____는 역할을 해야겠다.
- 내가 다음번에는 _____점을 고쳐야겠다.
- 나는 다음번에 _____함으로써 우리 조를 도울 수 있을 것이다.

〈부록 표 4-1〉 집단 체크리스트

항 목	예	아니요	논평
① 모든 학생이 발표과정에 참여하였는가?			
② 모든 학생이 토론과정에 참여하였는가?			
③ 한 사람이 우세하거나, 한 사람이 열세인 경우가 있었는가?			
④ 논쟁하는 데 있어서 인신공격이 있었는가?			
⑤ 논쟁하는 과정에서 학생들이 예절을 잘 지켰는가?			
⑥ 수업 중에 방해요소가 있었는가?			
⑦ 모든 학생이 자신이 해야 할 일을 알고 있었는가?			
⑧ 협동학습을 통해 학생들의 지적인 부분의 향상이 있었는가?			
⑨ 협동학습을 통해 학생들의 정의적 부분의 향상이 있었는가?			
⑩ 지금까지 한 활동에 만족하는가?			

수학과(함수) 교수설계

1. 학습환경 분석

(1) 학습공간

- 정원 40명 수용 가능한 공간
- 모둠학습이 가능한 육각형 모양의 책상
- 2인당 1대의 컴퓨터 보유
- 냉난방 시설완비

(2) 교수매체

- LCD 프로젝터 1대
- 교사용 컴퓨터 1대
- 마이크 1대
- 그래픽 계산기 10대

2. 학습자 특성 분석

(1) 대상

- **학년**: 고등학교 10학년(16~17세)
- **성별**: 남학생 16명, 여학생 16명(총 32명)
- **가정환경**: 학교가 아파트 단지에 위치해 있어 26명은 주택가에 6명은 상업지구에 주거지가 있고 생활 수준도 비슷한 중산층 가정이 대부분이다.
- **지능**: 모든 학습자는 90~135 이내의 평범한 지능
- **방과 후 학원이나 과외학습 여부 조사**: 전체 32명 중 여학생 3명과 남학생 5명 등 8명이 사교육을 받고 있지 않다.

(2) 설문 1: 수학에 대한 흥미도와 수업참여도 분석

① 일반적 흥미의 측정

- 수학을 좋아하십니까?

  (매우 그렇다. 약간 그렇다. 보통이다. 약간 그렇지 않다. 매우 그렇지 않다.)

- 수학 교과서 이외에 수학과 관련된 책을 읽어 보거나 수학과 관련된 인터넷 사이트를 자주 방문하십니까?

  (주 1회 이상. 한 달에 2~4회. 한 달에 1회. 아주 가끔 이용. 전혀 없다.)

- 수학문제를 스스로 풀어 내려고 노력하는가?

  (매우 그렇다. 약간 그렇다. 보통이다. 약간 그렇지 않다. 매우 그렇지 않다.)

② 수업 참여도의 측정

- 수업에 적극적으로 참여하는 편입니까?

  (매우 그렇다. 약간 그렇다. 보통이다. 약간 그렇지 않다. 매우 그렇지 않다.)

- 과제를 혼자 해결합니까?

  (매우 그렇다. 약간 그렇다. 보통이다. 약간 그렇지 않다. 매우 그렇지 않다.)

- 모르는 내용이나 문제를 어떻게 해결하십니까?

  (선생님이나 친구에게 물어본다. 자습서나 참고서적을 이용한다. 넘어간다.)

⇒ 위의 설문조사를 통해 학습자가 수학과 통계에 관해 얼마나 흥미를 가지고 수업에 참여하는지 정도를 측정하였다[(매우 그렇다(5점). 약간 그

이름	흥미	참여도	이름	흥미	참여도	이름	흥미	참여도	이름	흥미	참여도
고봉성	↑	↑	윤유진	↓	–	김대현	–	–	이승엽	–	–
김소영	↓	↓	이혜미	–	↓	김세진	↑	↑	임경민	↓	↓
김성희	–	↓	장윤미	–	↑	김영일	–	↓	조현우	↑	–
김효진	↑	↑	정효진	–	–	노재영	↓	↓	현민우	↓	–
박소라	–	–	한겨울	↓	–	마현우	↑	–	홍성현	–	↓
박정아	↑	–	홍석희	↑	–	배남윤	–	–	송화진	–	–
유지연	↓	↑	정소라	–	–	임태윤	↓	↑	김종대	↑	↑
안지원	–	–	배은영	–	↓	이상민	–	–	박철은	–	↑

렇다(4점). 보통이다(3점). 약간 그렇지 않다(2점). 매우 그렇지 않다(1점). 3~6: 낮음(↓), 7~12: 보통(-), 13~15: 높음(↑)].

③ 선수학습 성취도와 선행학습 정도 평가

중학교에서 배운 함수에 대한 이해 정도를 평가하기 위한 선수학습 성취도와 본 학습에서 배울 함수에 대한 선행학습 정도를 평가하기 위한 진단평가를 실시하였다(각 10점 만점). 그리고 선수학습 성취도가 50% 미만인 학생을 대상으로 간단한 보충학습을 시행한 후 본 학습에 들어간다.

선행학습 진단 결과를 바탕으로 수준이 비슷한 4개의 조를 구성하였다. 각 조당 높은 성취도를 보이는 학생 2명, 보통 성취도를 보이는 학생 4명, 낮은 성취도를 보이는 학생 2명으로 편성하여 본 학습에 적용한다.

(3) 설문 2: 함수단원에 대한 분석

- 중학교에서 배운 함수에 대해 명확히 이해하고 있습니까?
  (매우 그렇다. 약간 그렇다. 보통이다. 약간 그렇지 않다. 매우 그렇지 않다.)
- 함수단원에 대해 어렵다고 생각합니까?
  (매우 그렇다. 약간 그렇다. 보통이다. 약간 그렇지 않다. 매우 그렇지 않다.)
- 그렇다면 그 이유를 말하시오.
  ㉠ 내용이 많아서 ㉡ 공식을 외워 적용해야 하므로
  ㉢ 그래프를 이해하기 힘들어서 ㉣ 실생활 응용문제가 어려워서
  ㉤ 기타 (________________________)

설문조사 결과, 학생들이 함수에 대한 형식적인 이해에만 그치기 때문에 공식을 암기하고 그래프와 연결하여 사고하거나 실생활 문제에 적용하는 데 어려움을 많이 겪고 있는 것으로 나타났다. 따라서 함수관계를 실생활의 다양한 현상으로 이해하고 정리할 수 있도록 하는 데 수업목표를 두었다.

3. 수업목표

함수를 독립변수 x와 종속변수 y 사이에 나타나는 상관관계인 y=f(x)라고 형식적으로 표현하기보다는 함수관계를 사용하여 일상생활에서 다양한 현상을 표현할 수 있고, 이를 그래프로 나타낼 수 있다.

4. 평가계획

(1) 평가도구 1: 평가척도

① 계획기능
- 계획이 잘 수립되었는가?
- 수립된 계획이 학습목표에 적합한가?
- 수립된 계획이 실현 가능성이 있는가?
- 수립된 계획이 학습자 수준에 적절한가?

② 관찰기능
- 주의 깊게 살펴보았는가?
- 관찰한 내용을 정확하게 기록하였는가?
- 재료의 수집을 위해 노력하였는가?
- 궁금한 점을 해결하기 위한 노력이 있는가?
- 관찰한 사실에 기초하여 결론을 이끌어내는가?

③ 표현기능
- 적절한 용어로 결과를 바르게 전달하였는가?
- 그림이나 표 등으로 체계적인 정리를 하였는가?

(2) 평가도구 2: 학습성취도평가

고등학교 학년 반 이름:		
① 함수의 예를 들면 어떤 것이 있는가?		2점
② 그래프에서 두 변수 사이의 관계를 해석할 수 있는가?		1점
③ 지면에서 높이가 100m씩 높아질 때마다 기온은 0.6℃씩 내려간다고 한다. 지면의 온도가 10℃이고 높이가 xm인 곳의 기온을 y℃라고 할 때 독립변수와 종속변수는 무엇인가?		1점
④ 문제 ③을 함수식으로 표현해 보자.		2점
⑤ 문제 ③의 함수식을 그래프로 나타내 보자.		2점

(3) 평가도구 3: 조원활동평가

개인이 평가하는 조원의 활동	
평가 항목	조원 이름
① 학습목표와 관련된 정보를 가장 많이 제시한 사람은 누구입니까?	
② 합리적인 근거와 이유를 들어 의견을 제시하고, 판단한 사람은 누구입니까?	
③ 흥미를 갖고 학습에 가장 적극적으로 참여한 사람은 누구입니까?	
④ 다른 사람의 의견을 존중하며 열심히 잘 들은 사람은 누구입니까?	
⑤ 학습목표를 가장 많이 수집하여 제시한 사람은 누구입니까?	

(4) 평가도구 4: 자기학습평가

자기학습 평가					
평가 내용	평 점				
① 학습방법을 정확히 알고 있다.	1	2	3	4	5
② 우리 조의 학습목표를 정하는 데 의견을 냈다.	1	2	3	4	5
③ 내게 알맞은 학습과제를 정하였다.	1	2	3	4	5
④ 스스로 자료를 찾고 적극적으로 공부하였다.	1	2	3	4	5
⑤ 문제해결과 관련된 질문을 하였다.	1	2	3	4	5
⑥ 토론활동에 적극적으로 참여하여 합리적으로 의견을 제시하고 판단하였다.	1	2	3	4	5
⑦ 끼어들지 않고 기다리며 다른 사람의 의견을 존중하였다.	1	2	3	4	5

5. 수업전략(문제중심학습 수업과정 설계)

1) 1차시 수업

(1) 수업전개(전체학습, 10분)

① 수업 소개

문제중심학습 수업의 특징 및 학습목표에 대해 설명한다. 처음 문제중심학습을 접하는 학생들에게 문제중심학습의 특징을 소개하고, 평가방법을 제시해 주며, 학습목표를 제시한다(학습목표: 함수관계를 사용하여 일상생활에서 다양한 현상을 표현할 수 있고, 이를 그래프로 나타낼 수 있다).

② 분위기 조성

문제중심학습에서는 교사가 어떤 역할을 하고 학습자는 수업시간에 어떤 역할을 해야 하는지에 대해 안내한다.

(2) 문제상황 제시(전체학습과 조별학습)

① 전체학습(10분)

- 문제상황을 제시한다.

  [문제상황] 일상생활에서는 일정 요인에 따라 변하게 되는 현상이 많이 있다. 예를 들면, 첨단강의실에 들어가기 위해 신발을 갈아 신으려던 A는 친구인 B와 C에 비해 신발 크기가 작은 것을 발견하였다. 그들과 또 다른 두드러진 차이를 키에서 찾게 된 A는 발과 키의 상관관계를 생각하게 되었다. 따라서 자기반 아이들의 신발 크기와 키를 조사하여 보았다. 그 결과 그렇지 않은 경우도 있었지만 일반적으로 신발 크기가 큰 아이들이 키가 크다는 것을 알게 되었다.

- 문제에 대한 주인의식을 느끼도록 한다.

  [목적] 학생들이 문제를 내재화하도록 한다.

- 마지막에 제출해야 하는 과제물에 대해 소개한다.

  [과제] 'A' 학생과 같이 실생활에서 어떤 요인으로 인해 결과가 달라지는 종속관계를 찾아 함수식으로 표현하고 그래프를 그려 보자.

  [제출해야 할 과제물] 위의 과제를 해결한 보고서, 조별활동지(1차, 3차), 개별학습지(2차), 자기평가지

② 조별학습(30분)

먼저 학생들에게 조별활동지(1차)와 개별학습지(2차)를 나누어 준다.

- 학습집단 구성원 각자의 역할을 분담한다: 진행자, 기록자, 연락망, 종합, 정리자 그리고 발표자를 조별활동지에 기록한다.
- 조별 과제에 대한 탐구를 하도록 한다〔조별활동지(1차)에 기록〕.

구분	생각(가정들)	사 실	학습과제	실천계획
활동	주어진 문제상황 과제에 대하여 학생들의 생각을 교환하고 기록하여 원인과 결과, 가능한 해결안 등을 종합	개인학습이나 조별학습을 통해서 제시된 가정을 뒷받침할, 이미 알고 있는 지식과 정보를 종합	주어진 과제를 해결하기 위해 학생들 자신이 더 알거나 이해해야 할 사항을 기록	주어진 과제를 해결하기 위해 취해야 할 구체적 실천계획
예시	토론에 의해 도출된 여러 가지 가정 중에서 신발 사이즈에 따른 키의 크기가 종속관계를 이룰 것이라는 가정을 선택	• 독립변수: 신발 사이즈(원인)-정의역 • 종속변수: 키(결과)-치역	• 9명 정도의 서로 다른 신발 크기와 그 학생들의 키 • 자료를 이용해서 그래프를 그리는 방법 • 독립변수와 종속변수 사이의 함수식 만드는 방법	우리 반 학생들 중 230mm, 235mm, 240mm, 245mm, 250mm, 255mm, 260mm, 265mm, 270mm의 신발 사이즈를 가지고 있는 아이들의 키를 조사한다.

• 주어진 문제의 해결안에 대하여 깊이 사고한다: 조에서 종합된 사항 중에서 나는 무엇을 할 것인가를 생각해 본다.

생각(가정들)	사 실	학습과제	실천계획
확대 · 집중한다.	종합 · 재종합한다.	규명 · 정당화한다.	계획을 공식화한다.

• 비록 학습되어야 할 것이 많이 남아 있는 상태지만 잠정적으로 가능할 듯한 해결안에 대한 생각을 정리한다.
• 사실들을 종합 · 재종합한다.
• 조별 학습목표를 규명하고 각각의 학습목표를 설정하며 학습과제를 분담한다. 즉, '나는 학생들의 신발 사이즈를 조사할 거야.' 또는 '나는 자료를 이용해서 그래프를 그리는 방법을 조사할 거야.' 등으로 분담한다.
• 나의 계획을 공식화한다.
  - 정해진 토론시간 전까지 자신이 맡은 과제를 완료하기 위해 계획을 세운다.
  - 다음에 하게 될 토론시간을 정한다[여기까지는 개별학습지(2차)에 기록].
  - 수업시간 종료 시 조별활동지(3차)를 나누어 준다.

(3) 문제 후속단계(방과 후 학습)

① 개별학습(자율학습)

- 각각 주어진 과제를 해결한다: 개인적으로 자신이 맡은 과제에 대한 해결과 학습자 모두가 반드시 학습할 내용에 대해서 학습한다.
- 자아성찰을 하는 시간을 갖는다: 문제해결을 위한 현재 자신의 상태와 나아갈 방향 등에 대해 생각해 본다.

② 조별학습(협동학습) : 조별활동지(3차)에 기록

- 활용된 학습자료를 종합하고 그것에 대해 의견을 교환한다: 다른 학생의 다양한 의견을 접하며, 개인이 지닌 사고의 영역과 범주를 넘어서서 관련 지식에 대한 전문적 지식을 넓힌다.
- 토론에 의해 얻은 결과를 종합하여 과제를 완료한다: 보고서 작성 완료, 새로 습득한 지식을 활용하여 재종합한다.

2) 2차시 수업

(1) 결과물 제시 및 발표(전체학습, 30분)

- 발표를 통해서 조별로 얻은 결과를 다른 조와 함께 공유한다: 전달 내용을 개별적으로 정리한다(자기 조의 견해를 전달하는 과정을 통해 지식을 공유한다).
- 보고서 작성 및 발표능력을 기른다: 각 조에서 발표된 학습내용을 최종적으로 정리하여 발표한다.

(2) 문제 결론과 해결 이후: 정리 및 평가단계(전체학습과 개별학습, 20분)

- 자기학습평가, 조원활동평가, 학업성취도평가 등을 통한 평가–전체학습
- 작성한 보고서, 조별활동지(1차, 3차), 개별학습지(2) 제출
- 오늘의 학습과정 반성하기: 개별학습(조별로 발표된 자료를 통하여 지식을 정리하기–배운 지식의 추상화와 정리 작업)

6. 수업매체

- 멀티미디어: 문제해결 학습에 대한 설명을 위한 파워포인트 자료를 이용해 조원들이 자신의 활동을 원활히 할 수 있는 지식을 제공한다.
- 시각자료: 일상생활 중에서 두 가지 양이 서로 관련되어 변하는 것 중 정비례하게 변하지 않는 것을 보여 동기를 유발시킨다.
- 판서: 칠판에 학습목표와 문제를 제시한다.
- 개별학습지, 조별활동지

※ 별첨 1

조별활동지(1차)

조명 : (   )   학년   반   번 이름 (   )

문제상황 일상생활에서는 일정 요인에 따라 변하게 되는 현상이 많이 있다. 예를 들면, 첨단강의실에 들어가기 위해 신발을 갈아 신으려던 A는 친구인 B와 C에 비해 신발 크기가 작은 것을 발견하였다. 그들과 또 다른 두드러진 차이를 키에서 찾게 된 A는 발과 키의 상관관계를 생각하게 되었다. 따라서 자기반 아이들의 신발 크기와 키를 조사하여 보았다. 그 결과 그렇지 않은 경우도 있었지만 일반적으로 신발 크기가 큰 아이들이 키가 크다는 것을 알게 되었다. 이렇듯 어떤 요인으로 인해 결과가 달라지는 것을 종속적인 관계라 한다. 그러면 실생활에서 이러한 예를 찾아본 뒤 그 예의 종속적인 관계를 함수식으로 표현하고 그래프를 그려 보자.

1. 조별 주제:

2. 조별 역할분담

① 토론 진행자(조장):
② 기록자:
③ 연락망:
④ 종합 · 정리:
⑤ 발표자:

3. 조별 탐구과정

생각(가정들)	
사 실	
학습과제	
실천계획	

4. 조별 학습목표 설정 및 조별분담 현황

※ 별첨 2

개별학습지(2차)

조명 : (　　　　　　　　　)　　　　　　　　　학년　　반　　번 이름 (　　　　　　　　　)

1. 우리 조에서 내가 맡은 역할은 무엇입니까?

2. 내가 맡은 과제를 해결하고 모두가 학습해야 할 내용학습 과정을 다음 과정에 따라 생각해 보자.

생각(가정들)	
사 실	
학습과제	
실천계획	

3. 앞의 과정에 따라 학습하고 조사한 자신의 과제를 정리해 보자.

※ 별첨 3

조별활동지(3차)

조명 : (   )   조원 : (   )

1. 조별 학습목표

2. 각자 조사해 온 내용을 발표하고 종합하여 토론한다.

생각(가정들)	
사 실	
학습과제	
실천계획	

3. 토론에 의해 얻은 결과를 적어 보자.

4. 지금까지 조별, 개별학습에 의해 얻은 결과를 종합하여 보고서를 작성하라.

수학과(도형) 교수설계

1. 단 원

• 고등학교 수학 10-나 1. 도형의 방정식 2. 직선의 방정식

2. 학습자 특성 분석

(1) 학습자의 일반 특성

• ○○고등학교 1학년 ○반 남녀 36명

학습자들은 강의식 수업보다 스스로 학습하고 동료 학생들과 함께 수업하는 것을 더 선호한다.

(2) 출발점 행동 분석

• 일차함수의 기울기, x절편, y절편은 몇몇을 제외한 대부분의 학생이 구할 수 있었다.
• 두 점 사이의 거리를 구하는 것은 이전 차시에 배운 내용으로 학생들이 많은 어려움은 없어 보였으나 계산상에서 약간의 서툼을 보였다.
• 주어진 두 점을 지나는 기울기는 대부분의 학생이 구할 수 있었다.
• 일차함수의 그래프를 기하적으로 나타내는 데에는 많은 학생이 어려움이 있었다.

3. 수업목표

한 점과 기울기 또는 두 점이 주어질 때 직선의 방정식을 구할 수 있다.

4. 학습과제 분석 및 수업계열

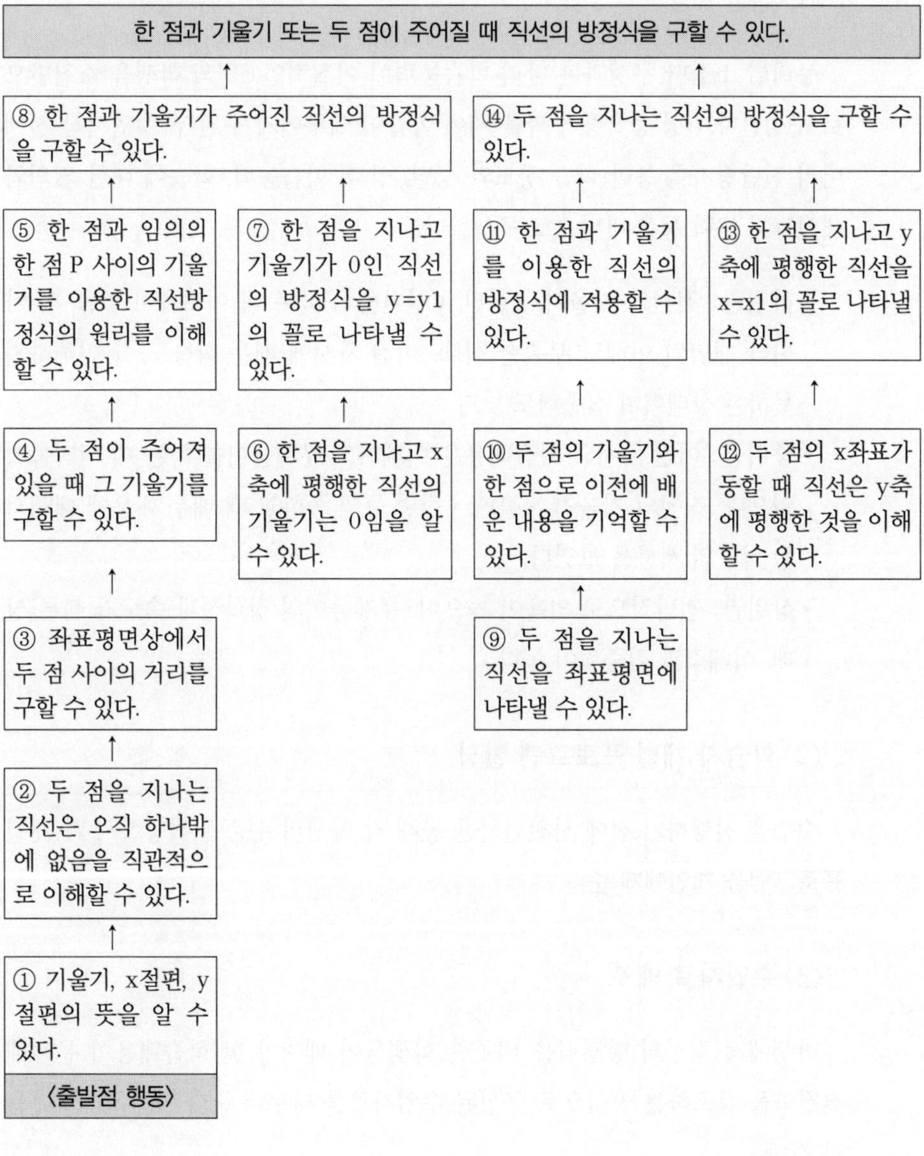

5. 수업전략: 협동학습 중 팀보조 개별학습(TAI) 모형

(1) 집단구성

능력별 소집단 구성과는 달리 학습능력이 이질적인 6명의 학생을 소집단으로 구성한다. 6명 중 2명씩 짝을 지어 학습이 이루어지게 된다. 수업시작 전에 미리 진단평가를 통한 학습 정도와 성별, 성격, 학습능력, 학습에 대한 열의와 대인관계 능력 등을 바탕으로 구성한다.

- 하위권: 직선의 기울기, x절편, y절편을 구하는 데 어려움이 있을 뿐 아니라 개념의 이해도 부족한 상태, 이전 차시에 배운 학습도 잘 이해하지 못하는 상태이며 집중력도 낮다.
- 중위권: 이전 차시의 학습내용은 이해하고 문제풀이를 하는 데 어려움이 없으나, 직선의 기울기, x절편, y절편 등의 중학교 때 배운 내용에 대해서는 약간의 서툼을 보였다.
- 상위권: 전반적으로 의욕이 높으며, 문제풀이의 정확성과 속도가 빠른 상태, 이해력과 집중력이 높다.

(2) 학습자 개별 프로그램 할당

수업을 진행하기 전에 사전검사를 통해 각 학생의 수준에 적당한 수학 개별 프로그램을 개인에게 준다.

(3) 수업자료 배포

학생에게 직선의 방정식을 비롯한 학생들이 배워야 할 학습내용이 문제해결전략을 강조하는 방식으로 구성된 수업자료를 나누어 준다. 이 구성은 다음과 같다.

- 안내면: 교수집단에서 교사에 의해 소개되는 개념의 개관과 문제를 해결하는 절차 소개
- 기능훈련면: 각 16개의 문제로 구성된 기능의 훈련은 전체 기능의 최종

적 획득을 위한 안내의 역할
- 형성평가: 각각 10개의 문항으로 구성된 두 개의 형성평가 문제
- 단원평가: 15개 문항으로 된 단원평가 문제로 교사가 별도 관리
- 정답면: 기능훈련 문제, 형성평가 문제, 단원평가 문제에 대한 정답

(4) 교사의 기본 개념 수업

파워포인트 자료를 활용하여 한 점과 기울기, 또는 두 점을 지나는 직선의 방정식 개념과 직선의 방정식을 구하는 과정을 간략하게 제시해 준다.

(5) 협동학습의 방법에 대한 설명

앞으로의 수업 진행상황에 대해서 설명해 주고, 제시된 과제를 '집단별'로 해결하는 것을 목적으로 하는 협동학습의 특성을 강조한다. 학습 후에 제시될 평가와 보상에 대해 제시한다.

(6) 개별학습 및 협동학습

- 학생은 학습자료 안내면을 학습하고, 필요하다면 교사나 동료에게 도움을 청한다.
- 학생은 기능훈련면의 16개 문제를 해결하기 시작한다. 이 문제는 4문항씩 4개의 묶음으로 되어 있다. 학생은 자신이 가진 기능으로 첫 묶음(4문항)을 해결한다. 그리고 동료에게 답안을 통해 체크받는다. 만약 모두 맞았다면 형성평가 단계로 넘어간다. 틀렸다면 또 다른 묶음(4문항)을 해결한다. 이런 식으로 기능훈련 문제의 한 묶음(4문항)을 다 맞힐 때까지 계속한다. 만약 이 과정에서 어려움이 있다면 소집단 내 동료에게, 그래도 안 되면 교사에게 도움을 청한다.
- 기능훈련 문제를 해결한 학생은 형성평가 A(10문항: 마지막 기능문제와 비슷함)를 치른다. 소집단 내 동료는 그의 점수를 계산한다. 만약 8개 이상을 맞쳤다면 그 소집단이 증명하는 합격증을 준다. 만약 그러지 못했다면 교사에게 그 학생이 가진 문제를 점검하게 한다. 교사는 학생에게 부족한

부분의 기능을 가르쳐 주고 형성평가 B를 보게 한다. 형성평가에서 합격해야만 단원평가를 볼 수 있다.

- 합격증을 가진 학생은 다른 소집단의 일일 점검자에게 가서 단원평가 검사를 받는다. 일일 점검자는 매일 2명의 점검자가 봉사를 하며, 그 결과를 기록한다.
- 교사는 학생이 프로그램을 하는 동안 10~15분간 각 집단에서 같은 수준에 있는 학생을 불러 내어 직접 교수하는 시간을 갖는다.

(7) 학습내용 정리

개별학습과 협동학습을 통해 학습자들이 학습과제를 충분히 수행하고 있는지 확인한다. 각 조에서 한 명씩 대표자를 선정(되도록이면 진단평가에서 낮은 점수를 받은 학생)하여 질문을 유도한 후 학습내용을 정리한다.

(8) 팀 점수와 팀 보상

수업이 끝난 후 교사는 팀 점수를 계산한다. 집단 팀 점수는 각 팀 구성원이 해결한 단원평가의 점수에 기초해서 계산한다. 그리고 이에 따른 팀 보상을 한다.

6. 수업매체(파워포인트의 활용)

직선의 방정식 개념과 구하는 과정을 제시하기 위해서는 그래프와 사진자료가 활용되는 것이 필요하다. 실질적인 수업내용은 학습자의 협동을 통해 이루어지게 되므로 기본 개념 수업에는 가능한 적은 시간으로 이루어져야 한다. 따라서 사전 슬라이드 제작을 통한 파워포인트 자료의 활용이 필요하다.

7. 평가계획

(1) 진단평가(배치검사 자료에 사용하게 된다)

- $y=2x+4$의 기울기, x절편, y절편을 구하여라.

- 다음 두 점 사이의 거리를 구하여라.

−A(2, 1), B(4, 5)

−A(−1, 3), B(2, 5)

- 다음 두 점을 지나는 직선의 기울기를 구하여라.

−A(2, −1), B(3, −2)

- y=2x−4의 그래프를 좌표평면에 나타내 보라.

(2) 성취도 평가방법(학생들에게 제시한 형성평가와 단원평가)

① 개인평가

개인의 향상 점수를 계산하여 가장 높은 향상력을 보이는 학생에게 가산점을 부여한다.

② 집단평가

구성원 개개인의 향상 점수의 평균이 가장 높은 집단을 집단 1등, 2등으로 정하여 가산점을 차별되게 부여한다(집단 1등: 2점, 집단 2등: 1점). 이때 조원 모두에게 추가 가산점을 부여한다.

③ 향상 점수의 기준

- 기본 점수에서 3점 이상 하락하였을 때: 향상 점수 0점
- 기본 점수에서 1~2점 하락하였을 때: 향상 점수 1점
- 기본 점수에서 0~2점 상승하였을 때: 향상 점수 2점
- 기본 점수에서 3점 이상 상승하였을 때: 향상 점수 3점
- 만점을 받았을 경우: 향상 점수 3점

④ 수업태도에 따른 가산점

협동학습이므로 개인학습에만 집중하거나 협동학습에 집중하지 않는 것을 방지하고, 이를 통해 집단 전체의 학습효과를 높인다. 수업능력이 약간 뒤떨어지는 개인이나 집단에게 가산점을 부여함으로써 학습 의욕을 높일 수도 있다(태도 우수자 +2점, 태도 불량 −2점, 태도 우수 집단의 경우 구성원 개개인 +2점).

⑤ 점수의 계산

- 점수 배점: 개인별 퀴즈 점수 + 가산점
- 팀 점수 = (기본 점수의 합/사람 수) + (향상 점수/사람 수) + 가산점

(3) 보상

수업이 끝난 후 평가 결과가 가장 좋은 집단, 두 번째로 좋은 집단, 향상도가 가장 좋은 집단에게 보상을 제공한다.

사회과(역사) 교수설계

1. 단 원

- 고등학교 10학년 사회과 Ⅵ. 시민사회의 발전과 민주시민 중 1. 시민혁명과 시민사회의 발전

2. 요구분석, 학습환경 분석

교실은 멀티미디어 수업이 가능하도록 환경이 갖추어져 있다. 교실 내에는 6대의 학생용 컴퓨터와 1대의 교사용 컴퓨터가 설치되어 있어, 수업시간에 인터넷을 활용한 수업이 가능하도록 환경이 조성되어 있다. 또한 간단한 비디오 시청도 가능하도록 비디오 시설도 설치되어 있다.

학생들의 요구를 분석하기 위해 간단한 설문을 실시한 결과, 학생들도 설명식 수업보다는 발표 위주의 수업과 멀티미디어 수업을 훨씬 더 선호하는 것으로 나타났다(70%).

3. 학습자 특성 분석

- 대상: ○○고등학교 1학년 3반
- 수업시기: 9월 첫째 주

○○고등학교는 비평준화 지역 내의 학교며 입학시험을 통해 학생을 선발하는데, 지역 내에서는 3위권 내의 학교다. 그래서인지 대부분의 학생의 학업성취도는 높은 편이다. 1학년 3반의 인원은 30명인데 남자 15명, 여자 15명으로 구성된 혼합반이다. 학업성취도는 지난 학기 중간고사와 기말고사 성적을 기준으로 하였을 때 교내에서 중간이다. 담임선생님이 사회와 정치를 담당하고 계셔서 사회과에 대한 학생들의 관심도가 남다르다. 수업 분위기는 대체로 활발한 편이며, 발표에 적극적인 다수의 학생이 이러한 분위기를 주도하고 있다.

(1) 일반적 특성

학생들의 생활 수준을 조사하기 위해 가정의 월 수입을 조사한 결과 상 30%, 중 55%, 하 15%로 나타났다.

수업시간에 인터넷을 활용한 수업을 하기 위해서 가정 내 인터넷 환경과 학생들의 컴퓨터 활용능력 수준에 대해 조사하였다. 먼저 가정 내의 환경을 알아보기 위해 PC 보유수를 조사하였는데, 2대 이상인 학생이 25%, 나머지도 모두 1대씩을 보유하고 있었다. 컴퓨터 활용능력 조사를 위해 컴퓨터 교육을 받은 경험이 있는지의 여부를 조사하였는데, 특별히 컴퓨터 학원을 다녔던 경험이 있는 학생이 55%가 되었고, 나머지 학생도 모두 인터넷과 간단한 컴퓨터 조작은 가능한 것으로 조사되었다.

학생들은 저마다 개성이 강한 편이지만, 문과를 지망하는 학생들이 이과를 지망하는 학생들에 비해 더 많은 것으로 나타났다(65%).

(2) 구체적 특성

지적 출발점 행동을 분석하기 위해 진단평가를 실시하였으며, 정의적 출발점 행동을 분석하기 위해 적극성과 성실도를 알아보았다.

① 지적 출발점 행동 분석

학습자들의 선행학습 정도를 알아보기 위해 △민주주의의 개념, △시민단체의 정치 참여, △우리나라 민주정치의 발전, △17~18세기의 사회와 문화, △시민사회의 특징, △고대와 중세의 시민의 개념, △민주시민의 자질 등에 관한 9개의 객관식 문항을 제시하여 선행학습 평가를 실시하였다.

7문항 이상을 맞춘 경우는 상, 4문항 이상은 중, 그 이하는 하로 평가하였다. 분석 결과 상 6명, 중 18명, 하 6명으로 나타났다. 상의 평가를 받은 학생 중 4명은 여학생, 2명은 남학생이었으며, 중을 받은 학생 중에서 여학생은 8명, 남학생은 10명이었고, 하를 받은 학생은 남녀 학생 각각 3명으로 나타났다.

② 적극성 분석

생활기록부의 활동상황, 평소 발표하는 횟수, 학급임원이나 클럽의 임원을 맡고 있는지의 여부를 고려하여 학생들의 적극성을 분석하였고, 적극적인 학생을 1로, 소극적인 학생을 −1로 분류하였다. 여학생 중 1로 분류된 학생은 5명, 0으로 분류된 학생은 3명, 소극적인 것으로 나타난 학생이 7명이었다. 남학생은 1로 분류된 학생이 7명, 0으로 분류된 학생이 3명, −1로 분류된 학생이 5명이었다. 그 결과 여학생이 상대적으로 소극적인 성향을 띠는 것으로 나타났다.

③ 성실도 분석

지각 횟수, 결석 일수, 평소 과제 제출 현황 등을 고려하여 학생들의 성실도를 분석하였다. 성실한 학생을 1로 불성실한 학생을 −1로 분류하였다. 여학생들 중에 1로 분류된 학생은 7명, 0으로 분류된 학생은 3명, −1로 분류된 학생이 5명이었다. 남학생의 경우 1로 분류된 학생이 5명, 0으로 분류된 학생이 3명, −1로 분류된 학생이 7명이었다. 분석 결과 여학생이 상대적으로 성실한 것으로 나타났다.

4. 수업목표

시민혁명의 과정을 통해 시민사회의 형성을 분석할 수 있다.

5. 학습과제 분석 및 수업계열

[부록 그림 4-2] 참조

6. 수업전략(협동학습 중 JIGSAW Ⅱ 모형)

(1) 한 단원을 네 가지 기본 주제로 나눈다

- 주제 1: 영국 명예혁명의 과정과 의의
- 주제 2: 프랑스혁명의 과정과 의의
- 주제 3: 미국 독립혁명의 과정과 의의
- 주제 4: 우리나라 시민사회의 형성과정과 의의

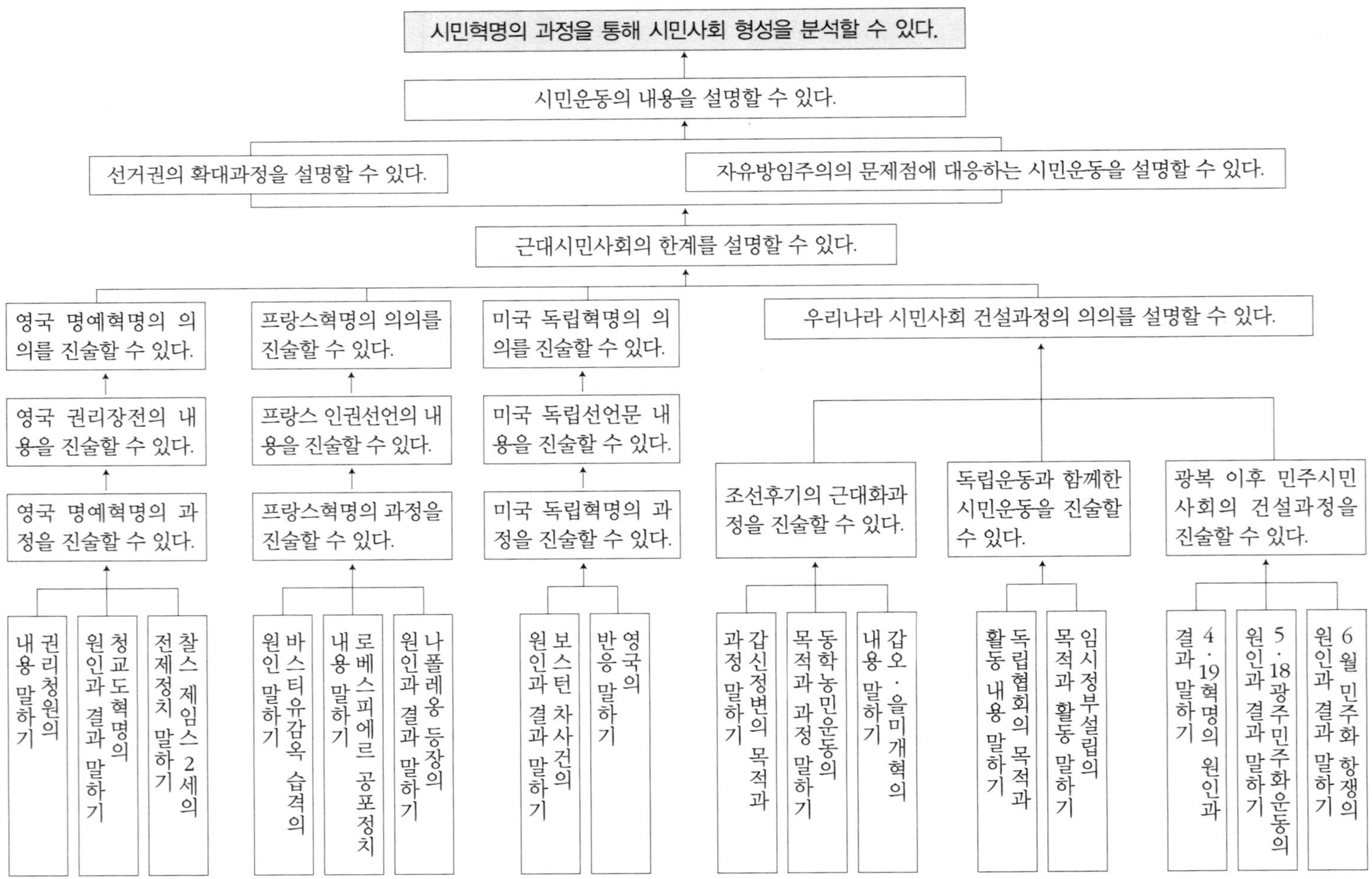

[부록 그림 4-2] 학습과제 분석

(2) 학생들의 주의를 집중시키기 위해 그림과 사진자료를 제공한다

- 각국의 시민혁명에 관한 그림과 사진자료를 제공한다.
- 4·19혁명, 5·16군사정변, 5·18광주민주화운동에 관한 다큐멘터리를 10분 정도 제공한다.
- 제17대 총선에서 낙선운동을 펼친 시민단체와 관련 뉴스를 보여 준다.

(3) 원집단 구성

진단평가의 실시 결과, 발표 횟수 및 생활기록부를 고려한 적극성, 과제 제출 여부와 출결 사항을 고려한 성실도를 기준으로 소집단을 조직한다. 30명의 반 구성원은 5명씩 6개조로 편성되는데, 조의 편성은 △진단평가의 결과가 상 1명, 중 3명, 하 1명, △적극성에 대한 조원의 합이 0, △성실도에 대한 조원의 합이 0이 되도록 모든 조가 동질하게 구성된다.

(4) 목표 제시

모든 조에는 동일한 학습목표가 부여되고, 학습목표에 도달하기 위해 네 가지 주제가 제시된다.

(5) 전문가 집단 구성

각 조원은 부여된 과제를 해결하기 위해 각각의 주제에 따라 전문가 집단을 구성하게 된다. 즉, 원래의 집단(이하: 원집단)에서 조원은 학습목표를 해결하기 위해 요구되는 네 가지 주제 중에서 각각 다른 주제를 담당하며, 다른 조의 구성원 중에 자신과 같은 주제를 담당한 조원과 협력하여 전문가 집단을 구성하게 된다. 여기서 전문가 집단은 수준이 높은 학생으로만 혹은 성실한 학생으로만 편중되게 구성되는 것을 방지하기 위하여, 진단평가의 결과를 활용하여 이질적인 구성원으로 구성한다.

① 그룹 구성하기

남녀 혼합반이므로 남녀의 비율도 고려하여 조를 구성한다. 남학생은 밑줄과 기울여 쓰기로 표기하였으며, 괄호 안은 진단평가 등급과 점수를, 마지막으로 적극성, 성실도 순으로 표기한다.

② 전문가집단의 구성

남학생(조, 진단평가, 적극성, 성실도), 여학생(조, 진단평가, 적극성, 성실도)

- 그룹 1: 영국 명예혁명의 과정과 의의
  14번(1조, 8상, 1, 1), 13번(2조, 5중, −1, 1), 4번(3조, 5중, 1, −1),
  23번(4조, 4중, 0, −1), 16번(5조, 5중, 0, 1), 22번(6조, 3하, −1, −1)
  ⇒ 진단평가 결과: 30, 적극성 합계: 0, 성실도 합계: 0
- 그룹 2: 프랑스혁명의 과정과 의의
  18번(1조, 5중, 1, −1), 27번(2조, 6중, 1, −1), 12번(3조, 3하, 0, 1),
  24번(4조, 7상, 1−, 1), 1번(5조, 4중, 1, −1), 10번(6조, 6중, −1, 0)
  ⇒ 진단평가 결과: 31, 적극성 합계: 1, 성실도 합계: 1
- 그룹 3: 미국 독립혁명의 과정과 의의
  5번(1조, 4중, −1, 1), 21번(2조, 5중, −1, 1), 20번(3조, 4중, 1, 1),
  2번(4조, 6중, 1, 0), 6번(5조, 3하, −1, 1), 26번(6조, 7상, 1, −1)
  ⇒ 진단평가 결과: 30, 적극성 합계: 0, 성실도 합계: −1
- 그룹 4−1: 우리나라 시민사회의 형성과정과 의의
  29번(1조, 4중, −1, 1), 8번(1조, 3하, 0, 0), 17번(4조, 3하, −1, 1),
  3번(4조, 5중, 1, −1), 28번(5조, 9상, −1, 0), 11번(5조, 6중, 1, −1)
  ⇒ 진단평가 결과: 30, 적극성 합계: −1, 성실도 합계: 0
- 그룹 4−2: 우리나라 시민사회의 형성과정과 의의
  9번(2조, 8상, 1, −1), 30번(2조, 2하, 0, 0), 15번(3조, 8상, −1, −1),
  19번(3조, 4중, −1, 0), 7번(6조, 6중, 0, 1), 25번(6조, 4중, 1, 1)
  ⇒ 진단평가 결과: 32, 적극성 합계: 0, 성실도 합계: 0

(6) 각 소집단에 네 가지 주제가 질문의 형식으로 적혀 있는 전문가 용지(Expert Sheet)를 배포한다.

(7) 소집단 구성원 각자에게 전문가 주제를 하나씩 할당한다.

(8) 모든 학생에게 단원 전체를 읽게 하되, 특히 자신이 맡은 주제를 중심으로 읽게 한다.

(9) 단원 전체를 다 읽었으면 각 전문가 집단이 모여 자신들의 주제에 관해 인터넷을 이용해 자료를 찾고 토론한다.

전문가 집단이 모이면 전문가 학습지를 제공한다. 전문가 학습지는 전문가 집단이 같이 학습을 할 때 학습할 범위와 방향을 안내해 준다.

- 그룹 1: 권리청원, 청교도혁명의 원인과 결과, 찰스 제임스 2세의 전제정치, 권리장전의 내용을 묻는 질문지
- 그룹 2: 바스티유 감옥 습격의 원인과 결과, 로베스피에르의 공포정치, 나폴레옹의 등장과 결과, 프랑스 인권선언의 내용을 묻는 질문지
- 그룹 3: 보스턴 차사건의 원인과 과정, 영국의 반응을 묻는 질문지
- 그룹 4: 갑신정변의 목적과 과정, 동학농민운동의 목적과 과정, 갑오개혁 · 을미개혁, 독립협회의 활동, 임시정부의 목적과 활동, 4 · 19혁명의 원인과 결과, 5 · 18 광주민주화운동, 6월 민주항쟁의 내용을 묻는 질문지

(10) 전문가 토론이 끝나면 자신의 원래 소집단에 가서 단원 전체를 학습한다.

- 각국의 시민혁명의 의의를 설명할 수 있다.
- 근대 시민사회의 한계를 설명할 수 있다.
- 선거권의 확대과정을 설명할 수 있다.
- 자유방임주의의 불합리에 대응하는 시민운동을 설명할 수 있다.
- 시민사회의 한계를 극복하기 위한 시민운동을 설명할 수 있다.

(11) 소집단 학습이 끝나면 단원 전체에 대해 개인별로 시험을 치르고 결과를 진단평가와 비교해 향상 점수를 부여한다.

7. 수업매체

- 4 · 19혁명, 5 · 16군사정변, 5 · 18광주민주화운동에 관한 다큐멘터리를 10분 정도 제공한다.
- 제17대 총선에서 낙선운동을 펼친 시민단체와 관련 뉴스를 보여 준다.
- 각국의 시민혁명에 관한 그림과 사진자료를 제공한다. 프랑스혁명에 관한 그림, 나폴레옹과 로베스피에르의 초상화, 영국 명예혁명과 미국의 독립혁명에 관한 그림을 8장 정도 제시한다.
- 전문가 그룹 학습 시 자료조사에 필요한 각종 인터넷 사이트를 활용한다.

8. 평가계획

(1) 전문가 집단의 평가

전문가 집단이 주제를 해결하는 데 도움을 주기 위해 제공했던 질문지를 회수하여 전문가 집단의 학습을 평가하는 데 활용한다. 또한 최종학습 후에 실시되는 평가에서 특정 주제에 대해 학생들이 낮은 성취율을 보였을 경우, 그 주제를 담당했던 전문가 집단에 대해 감점을 실시한다.

(2) 평가 절차와 보상

최종학습 후에 학습목표의 도달을 확인하기 위하여 평가를 실시한다. 8문항으로 작성된 단답형과 객관식 문항으로 구성된 평가지를 통해 개인별 평가를 실시한다. 개인별 평가의 결과와 진단평가의 결과를 비교하여 향상 점수를 부여한다.

개인별 향상 점수는 조별로 합하고 인원수로 나누어 평균을 내고, 그 점수를 각 조의 점수로 한다. 각 조의 점수 중 가장 높은 조에 보상을 하게 된다. 이

때 보상은 수업이 진행된 그날에 교실 뒤 게시판의 '명예의 전당' 에 조 이름이 올라가게 된다. 그리고 한 달을 정산하여 명예의 전당에 가장 많이 오른 조의 조원에게 선물을 증정한다.

영어과 교수설계

1. 단 원

- 중학 영어 2, 두산동아 2. 단원 'Lesson 3 Dear Mr. Warm-Heart'

2. 수업목표

- 고민을 상담하는 편지글을 통하여, 형용사의 조언 · 충고 등 다양한 표현과 as~as 동등 비교법, 사역동사를 적절히 사용할 수 있다.

3. 학습자 특성 분석

(1) 전체 학습자 분석

- ○○ 중학교 2학년 10반 학생

2학년 10반은 여자 17명, 남자 19명으로 남학생이 여학생보다 2명이 많다. 학생들의 건강은 양호하고 대부분 중산층이다. 학생들은 자기들끼리 유대감과 반에 대한 소속감이 강하다. 전체 수업 분위기는 적극적인 편이고 활발하게 발표활동이 이루어진다. 영어 선행학습이 대부분 이루어져 있지만 선행학습의 정도에 따라 영어 교과에서 개인차는 현저하게 드러난다.

(2) 개별 학습자 분석

수업 전 개별 학습자의 선수학습 정도를 판단하는 진단평가를 통해 개별 학습자의 수준을 선수학습 정도에 따라 상, 중, 하로 나눈다.

① 수준 '상'의 학습자(진단평가에서 90점 이상을 받은 학습자)

- 평서문을 의문문으로 완벽하게 전환할 수 있다.
- 현재진행형을 이해하고 사용할 수 있다.

- 비교급에 대한 기본적인 지식을 가지고 있고 형용사의 변화를 이해한다.
- 교과서 안의 단어에 대한 지식이 충분히 갖추어져 있다.

② 수준 '중'의 학습자(진단평가에서 80점 이상 90점 미만의 학습자)

- 의문문의 전환과정에서 실수가 있지만 기본적인 이해는 이루어져 있다.
- 현재진행형의 형태를 이해한다.
- 형용사의 비교급, 최상급의 변화, 다양한 형용사를 알고 사용할 수 있다.
- 단어의 의미를 이해하나 직접 사용하지는 못한다.

③ 수준 '하'의 학습자(진단평가에서 80점 미만을 받은 학습자)

- 형용사의 의미와 문장에서 쓰임을 이해한다.
- 어휘가 충분히 갖추어져 있지 못하다.
- 의문문으로의 전환에서 어려움이 있다.
- 현재진행형의 형태를 이해하나 직접 변형시키지는 못한다.

④ 수업에 대한 참여도

수업 시간 중 질문에 얼마나 열심히 답하고자 하였는지를 통해 수업에 대한 참여도를 판단한다. 두 번 이상 참여한 학생에게는 2점의 가산점을, 한 번 참여한 학생에게는 1점의 가산점을 준다. 발표에 참여하지 않았다고 감점을 하지는 않는다. 각 모둠 구성은 남녀의 성별, 성적, 적극성 등을 고려하여 적절하게 구성원이 배치되도록 한다.

조 구성 및 분석 결과

남 자				여 자			
번 호	석 차	적극성	조 구성	번 호	석 차	적극성	조 구성
12	1	2	A	27	1	2	B
18	2	2	B	24	2	1	C
13	3	2	C	21	3	2	D
1	4	0	D	20	4	1	E
16	5	2	E	29	5	2	F
15	6	1	F	22	6	0	A
17	7	1	A	36	7	1	B
9	8	1	B	23	8	2	C
3	9	1	C	26	9	2	D
14	10	0	D	25	10	1	E
19	11	1	E	35	11	1	F
4	12	1	F	21	12	2	A
2	13	0	A	28	13	0	B
6	14	2	B	34	14	0	C
5	15	0	C	30	15	2	D
11	16	2	D	33	16	0	E
7	17	1	E	31	17	2	F
8	18	0	F	10	19	0	A

(3) 모둠 구성

12	17	2
	A	
22	29	32

18	9	6
	B	
27	36	28

13	3	5
	C	
24	23	34

1	14	11
	D	
21	26	30

16	19	7
	E	
20	25	33

15	4	8
	F	
29	35	31

4. 학습과제 분석 및 수업계열

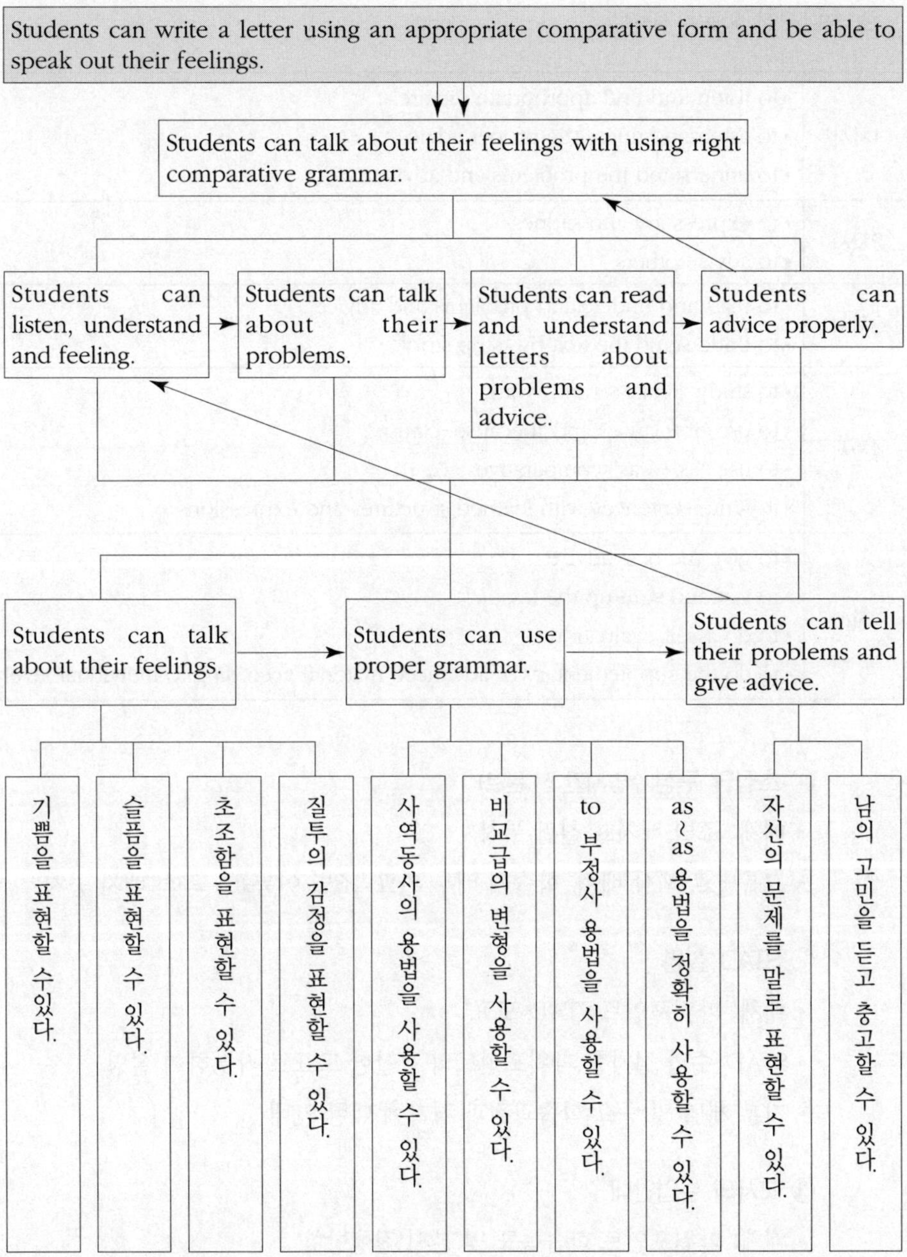

5. 수업전략계획(협동학습 중 STAD 모형)

총 수업시간(45분씩 6차시)

차시	내용
1차시	• to listen and find appropriate picture • to listen and guess the proper advice • to understand the problems and advice
2차시	• to express joy and sadness • to advise others
3차시	• to read and understand problems and advice • to understand the text by "strip story"
4차시	• to study "make~" and "want~" • to use "if-clause" and "because-clause" • to use "as … as" comparatives • to write sentences with learned structures and expressions
5차시	• to give the best advice • to test and sum up the lesson • to do a self evaluation • to do the supplementary or advanced material according to individual level

① 소집단 구성(수업시간 전 완료)

- 매체: 조별 배치표 칠판 부착
- 그룹별로 책상 배치, 학습지 배부 완료, 조별 이름표 · 좌석 배치 공지

② STAD 설명

- 매체: 파워포인트 STAD 도표
- STAD 수업 절차를 파워포인트의 간단한 도표로 작성하여 설명
- 기본 개념 및 중요 학습과정과 평가에 대한 안내

③ 교사의 수업안내

- 매체: 파워포인트 학습목표 및 본시 진행방향
- 학습목표에 대한 안내, STAD에 따른 주의해야 할 수업절차 및 수업진행 시간을 주지시킨다.

④ 개별학습

- 매체: 학습지 교부
- 상 · 중 · 하 학습지를 통한 개별학습(자기진단문제)
- 교사가 각 학습자마다 나누어 준 학습지를 학습하도록 한다. 보조교사는 학습자가 수준에 맞게 학습지를 배부받았는지를 확인하여 학습과정이 개별적으로 원활하게 이루어질 수 있도록 지도한다.

⑤ 협동학습 안내

- 매체: 파워포인트 협동학습 과제, 평가, 보상 기준 예시로 dialogue OHP 형식으로 예시 제시, OHP 각 조별 소그룹마다 배부
- 교사는 협동학습에 대한 안내를 명확히 한다.
- 협동학습의 진행과정, 소요시간 그리고 협동학습 결과물 발표의 평가 기준을 명확히 제시하여 평가에 이의가 없도록 하며, 보다 적극적으로 협동학습이 원활하게 이루어질 수 있도록 보상에 대해 명시한다.

⑥ 협동학습 진행

- 교사가 준비한 협동학습 과제에 따라 진행하며, 구성원이 역할을 나누어 원활히 진행될 수 있도록 한다.
- 절차에 맞게 협동학습이 진행될 수 있도록 지도한다.

⑦ 형성평가

- 매체: 평가지
- 교사는 수준별에 맞도록 나누어진 형성평가, 상 · 중 · 하의 평가지를 나누어 주고, 형성평가를 신속히 실행하여 학습 향상 정도를 평가한다.
- 형성평가가 진행되는 동안 협동학습이 잘된 소집단에게 보상(부가점수)을 준다.

⑧ 소집단 활동에 대한 보상 및 개인 향상 점수 공지

6. 평가계획(평가방법)

① 개인 총점

- 개인 총점 = 형성평가 점수 (30) + 향상 점수 (10) + 팀 점수 (10) + α
- 모둠 점수 = 모둠 구성원의 향상 점수 합 ÷ 팀 구성원 수

② 조별평가

- 소집단 점수는 그 구성원의 향상 점수의 산술평균이 된다.
- 개인평가와 같이 조별 평가의 1등을 뽑고 보상을 실시한다.

③ 평가 후 게시와 보상

- 단원이 끝난 후 최대한 점수를 빨리 발표하여 효과를 높인다.
- 가능한 많은 소집단에게 시상하고, 소집단 점수를 게시판에 공고한다.

④ 향상 점수 기준

학습 수준이 '상' 인 학습자		학습 수준이 '중' 인 학습자		학습 수준이 '하' 인 학습자	
실제 향상 점수	향상 점수	실제 향상 점수	향상 점수	실제 향상 점수	향상 점수
4.5~5.0 이상	10	14.5~ 이상	10	27.0~30.0 이상	10
4.0~4.5	9	13.0~14.5	9	24.0~27.0	9
3.5~4.0	8	11.5~13.0	8	21.0~24.0	8
3.0~3.5	7	9.0~11.5	7	18.0~21.0	7
2.5~3.0	6	7.5~9.0	6	15.0~18.0	6
2.0~2.5	5	6.0~7.5	5	12.0~15.0	5
1.5~2.0	4	4.5~6.0	4	9.0~12.0	4
1.0~1.5	3	3.0~4.5	3	6.0~9.0	3
0.5~1.0	2	1.5~3.0	2	3.0~6.0	2
0.0~0.5	1	0.0~1.5	1	0.0~3.0	1

향상 점수는 10점 만점이다. 학습 수준이 '상' 인 학습자에게는 작은 폭의 점수 상승에도 많은 향상 점수를 부여하고, 학습 수준이 '하' 인 학습자에게는 큰 폭의 점수 상승에도 적은 향상 점수를 부여한다. 진단평가에서 만점을 받았던 학생이 형성평가에서 다시 만점을 받는 경우, 향상 점수는 최고점 10점을 부여한다.

참고문헌

강이철(2001). 교육공학의 이론과 실제. 서울: 학지사.

교육개혁위원회(1997). 21세기 한국 교육의 발전지표. 서울: 한국교육개발원.

권성호(1998). 교육공학의 탐구. 서울: 양서원.

권성호(2002). 하드웨어는 부드럽게 소프트웨어는 단단하게. 서울: 양서원.

기순신(2001). 교사론. 서울: 학지사.

김봉수(1993). 초등교사론. 서울: 형설출판사.

김성력(1982). 학교의 조직론적 특성. 학교교육행정의 발전과 전망. 서울: 과학과 예술.

김신자 외(1999). 교육공학의 이론과 실제. 서울: 문음사.

김신주(1990). 신교육심리학. 서울: 문음사.

김영화 외(1994). 한국인의 교육의식 조사연구. 서울: 한국교육개발원.

김윤태, 서정화, 노종희(1984). 교사와 교직 사회. 서울: 배영사.

김재복 외(1996). 초등학교 교사교육과정. 교육과정연구. 한국교육과정학회.

김재우(1996). 교직교육론. 서울: 양서원.

김종철(1994). 최신 교사론. 서울: 교육과학사.

김태완(1990). 교원정책에 대한 국민의식 조사 연구. 서울: 한국교육개발원.

김호권 외(1977). 현대교육과정론. 서울: 교육출판사.

문낙진(1993). 학교 · 학급경영의 이론과 실제. 서울: 형설출판사.

박병량, 주철안(1999). 학교 · 학급경영. 서울: 학지사.

박용헌(1988). 학교와 지역사회. 서울: 교육출판사.

박은혜, 이현옥, 임응렬 공저(1999). 교사발달에 적합한 장학의 이론과 실제. 서울: 정민사.

박준희, 김재은(1961). 교사의 적성 분리 및 그 특성에 관한 연구. **이대한국문화원논총 제2집**.

배천웅(1986). **한국인의 교육관 분석**. 서울: 한국교육개발원.

변영계, 김광휘(2000). **협동학습의 이론과 실제**. 서울: 학지사.

변창진 외(1997). **교육평가**. 서울: 학지사.

서명원 외(1961). **교육사회학**, 현대교육총서 6. 현대교육총서출판사.

성태제(2000). **현대교육평가**. 서울: 학지사.

심진구(1996). **초등교사론**. 서울: 교육과학사.

윤종건, 전하찬(1998). **교사론**. 서울: 정민사.

이상주(1974). 변화 촉진자로서의 교사의 역할. **학교와 지역 사회**, 제7 · 8회 지역사회학교운동 세미나 보고서. 한국지역사회학교후원회.

이성진, 정원식(1983). **현대교육심리학**. 서울: 교육출판사.

이성호(1999). **교수방법론**. 서울: 학지사.

장상호(1980). **인간주의 교육**. 서울: 박영사.

장진호(1968). **교육과 사회**. 서울: 경지사.

정우현(1995). **교사론**. 서울: 배영사.

정원식(1983). 현대사회에서의 교육. **교직과 사도**. 서울특별시교육위원회.

정재철(1995). **교육실습**. 서울: 교육출판사.

정혜영(2003). 교육실습생의 갈등에 관한 분석연구. **한국교원교육연구, 20**(3), 277-294.

정태범 외(1995). **학교 · 학급경영론**. 서울: 도서출판 하우.

조벽(2002). **새시대 교수법 상담가이드북**. 서울: 한단북스.

조인진, 안미리(2004). 교사신념 측정도구 개발 및 타당성 분석. **한국교육** Vol. 31. No. 4. 3-25.

조인진, 안미리(2004). 교육실습 중 중등 예비교사들의 갈등 요인 측정도구 구안. **한국교원교육연구, 21**(3), 163-182.

조인진(2005). 중학교 교사들의 교육저 신념의 현장 적용성에 대한 연구. **한국교원교육연구, 22**(2), 335-351.

주삼환 외(1998). **수업관찰과 분석**. 서울: 원미사.

진영은, 조인진(2001). **교과교육의 이해**. 서울: 학지사.

진영은, 조인진, 김봉석(2002). **교육과정과 교육평가의 탐구**. 서울: 학지사.

진위교, 홍성연(1985). **교수학습의 과정**. 서울: 형설출판사.

최희선(1990). **학교 · 학급경영**. 서울: 형설출판사.

황정규(2000). **학교학습과 교육평가**. 서울: 교육과학사.

홍경자(2001). **상담의 과정**. 서울: 학지사.

Anderson, W. G. (1971). Descriptive-Analystic Research on Teaching Quest. *Monograph 15.*

Barbara, G. D. (1993). *Tools for Teaching.* San Francisco: Jossey-Bass.

Ben-Peretz, M., Mendelson, N., & Kron, F. W. (2003). How teachers in different educational contexts view their roles. *Teaching and Teacher Education, 19*(2), 277-290.

Borich, G. D. (2002). *Effective Teaching Methods.* N.Y.: Prentice Hall.

Borich, & Tombari (1995). *Becoming a teacher: an inquiring dialogue for the beginning teacher.* Washington, D.C.: Falmer Press.

Cole, P. G., & Chan, L. K. S. (1981). *Teaching Principles and Practice,* N.Y.: Prentice Hall.

Combs, A. W. (1988). **교사교육의 혁신**. 서울: 교육과학사.

Corey, G. (1977). *Theory and Practice of Counseling and Psychotherapy.* Monterey, Calif.: Brooks/Cole Pub. Co.

Dick, W., & Carey, L. (1990). *The Systematic Design of Instruction* (3rd ed.). Harper Collins.

Elbaz, F. (1981). The teachers' practical knowledge. *Curriculum Inquiry, 11,* 43-71.

Gagne, R. M., Briggs. L. J., & Wager, W. W. (1977). *Principles of Instructional Design* (3rd ed.). Holt Rinehart and Winston Inc.

Gerlach, V. S., & Ely, D. P. (1980). *Teaching & Media: A Systematic Approach* (2nd ed.). Englewood Cliffs, NJ: Prentice-Hall Incorporated.

Glaser, R. (1963). Instructional Technology and The Measurement of Learning Outcomes: Some Questions. *American Psychologist, 18,* 519-521.

Heinich, R., Molender, M., & Russell, J. D. (1996). *Instructional Media.* N.Y.: Macmillan Publishing.

Hessong, R. F. (1987). *Introduction to education.* N.Y.: Macmillan Publishing.

Hilgard, E. R. (1996). *Theories of Learning.* N.Y.: Appleton-Century-Crofts.

Hoyle, E. (1969). *The Role of the Teacher.* Humanities Press.

Jarolimek J., Foster, C. D. (1981). *Teaching and learning in the Elementary School* (2nd ed.). Macmillan Publishing.

Johnson, M. (1967). Definitions and Models in Curriculum Theory. *Educational Theory, 17*(2).

Keller, J. M., & Kopp, T. W. (1987). An Application of the ARCS model of motivational design. In D. M. Reigeluth (Ed.), *Instructional theories in action.* Hillsdale. NJ: LEA.

Kirk, S. A., & Gallagher, J. J. (1979). *Education exceptional children.* Boston: Houghton Mifflin Co.

Macdonald, J. B., & Leeper, L. R. (Eds.) (1965). Educational Models for Instruction. *Theories of Instruction.* Association for Supervision and Curriculum Development. Washington, D. C.

Morrison, A., Mcintyre, D. (1984). *Teacher and teaching.* Penguin Books.

Patterson, C. H. (1973). *Humanistic education.* Englewood Cliffs, NJ: Prentice-Hall.

Pullias, E. V., Young, J. D. (1973). *A Teacher Is Many things.* Pan Korea Crop.

Richardson, Virginia (2002). The role of attitudes and beliefs in learning to teach. In J. Sikula (Ed.). *Handbook of research on teacher education* (2nd ed). N. Y.: Macmillan library reference U.S.A. 102-119.

Sills, D. L. (Ed.) (1968). *International Encylopedia of the Social Sciences.* V.13. The Macmillan Company & The Free Press.

Smith, R. M. (1988). Toward a Taxonomy of Feedback: Content and Scheduling. ERIC Document Service No. ED295 665.

Taba, H. (1962). *Curriculum Development: Theory and Practice.* N.Y.: Harcourt, Brace & World, Inc.

Tatto, M. T. (1998). The influence of teacher education on teachers' beliefs about purposes of education, roles, and practice. *Journal of Teacher Education, 49*(1), 66-77.

Tyler, R. W. (1949). 진영은 역(1996). 교육과정과 수업지도의 기본원리. 양서원.

Walter D., & Lou C. (1993). 김형립 외 편역. 체제적 교수 설계-이론과 기법. 교육과학사.

Yost, D. S., Sentner, S. M., & Bailey, A. F. (2000). An examination of construct of critical reflection: Implications for teacher education programming in the 21st century. *Journal of Teacher Education, 51*(1), 39-47.

Zais, R. S. (1976). *Curriculum: Principles and Foundations.* Harper & Row, Publishers.

Zeichner, K. M., & Liston, D. P. (1987). Teaching student teachers to reflect. *Harvard Educational Review, 57*(1), 23-48.

찾아보기

저자 약력

진영은

성균관대학교 문과대학 영문학과 졸업(문학사)
미국 Kent State University 교육학과 졸업(문학 석사)
미국 University of Pennsylvania 교육학과 졸업(교육학 박사)
성균관대학교 사범대학장, 교육대학원장, 교육연구소 소장 역임
현재 성균관대학교 교육학과 교수

조인진

성균관대학교 사범대학 교육학과 졸업(문학사)
성균관대학교 대학원 교육학과 졸업(교육학 석사, 교육학 박사)
성균관대학교 교육학과 겸임교수, 한양대학교 연구교수
한국교육개발원 부연구위원 역임
현재 총신대학교 조교수

예비교사 워크북 - 교육실습의 이론과 실제

2006년 1월 10일 1판 1쇄 발행
2010년 4월 20일 1판 3쇄 발행

지은이 • 진영은 조인진
펴낸이 • 김 진 환
펴낸곳 • ㈜학지사
121-837 서울시 마포구 서교동 352-29 마인드월드빌딩 5층
대표전화 • 02) 330-5114　　팩스 • 02) 324-2345
등록번호 • 제313-2006-000265호
홈페이지 • http://www.hakjisa.co.kr
커뮤니티 • http://cafe.naver.com/hakjisa

ISBN 978-89-5891-100-5 93370

정가 13,000원

저자와의 협약으로 인지는 생략합니다.
파본은 구입처에서 교환하여 드립니다.